生态驾驶行为特征识别与优化方法及应用

Identification and Optimization of Eco-driving Behaviors and the Applications

伍毅平 赵晓华 姚莹 边扬 荣建 编著

中国建筑工业出版社

图书在版编目（CIP）数据

生态驾驶行为特征识别与优化方法及应用 = Identification and Optimization of Eco-driving Behaviors and the Applications / 伍毅平等编著. — 北京：中国建筑工业出版社，2021.8
ISBN 978-7-112-26456-8

Ⅰ.①生… Ⅱ.①伍… Ⅲ.①汽车驾驶-行为控制-研究 Ⅳ.①U471.1

中国版本图书馆CIP数据核字(2021)第159280号

责任编辑：李玲洁
责任校对：赵　菲

生态驾驶行为特征识别与优化方法及应用
Identification and Optimization of Eco-driving Behaviors and the Applications
伍毅平　赵晓华　姚莹　边扬　荣建　编著

*

中国建筑工业出版社出版、发行（北京海淀三里河路9号）
各地新华书店、建筑书店经销
北京红光制版公司制版
北京建筑工业印刷厂印刷

*

开本：787毫米×1092毫米　1/16　印张：18¾　字数：466千字
2021年9月第一版　2021年9月第一次印刷
定价：78.00元
ISBN 978-7-112-26456-8
(37792)

版权所有　翻印必究
如有印装质量问题，可寄本社图书出版社中心退换
（邮政编码　100037）

前　言

机动车能耗排放问题一直是困扰交通系统健康可持续发展的难题。《交通强国建设纲要》《国家综合立体交通网规划纲要》等明确要求提升交通运输绿色发展水平。"力争于2030年前实现碳达峰，努力争取2060年前实现碳中和"进一步加速了交通行业绿色发展紧迫性。虽然新能源汽车已开始普及，但我国作为世界机动车产销第一大国，机动车节能减排工作依旧迫在眉睫。

有效降低机动车能耗排放既是国家和政府的职责，也是惠及民生的社会热点。研究表明，生态驾驶通过改善个体驾驶操控行为和单车运行行为（及时换挡、保持速度平稳、避免突然加/减速等）可使目标车辆燃油消耗降低3%~10%、尾气排放减少3%~20%，且较开发新能源、优化出行结构等其他节能减排措施更具可持续性和易实施性。因此，研究生态驾驶行为优化方法和推广应用模式，对促进机动车节能减排工作具有重要意义。

本书在充分借鉴国内外生态驾驶行为相关研究成果的基础上，首先介绍了生态驾驶行为内涵、研究及应用现状，然后介绍了生态驾驶行为研究测试平台；在分析明确生态驾驶行为综合影响的基础上，重点讨论了生态驾驶行为特征描述、评估预测以及优化方法，进而阐述了"安全—生态"驾驶行为识别、预测及致因分析方法，并从静态宣教、模拟实操、动态反馈等方面给出了生态驾驶行为实施案例以及实施效益测算结果；最后结合车路协同技术发展现状，探究了车路协同背景下的生态驾驶特征及未来展望。

本书共10章，其中第2、第4和第7章由伍毅平编写，第1、第3和第10章由伍毅平、赵晓华、边扬和荣建编写，第5、第6和第9章由伍毅平、姚莹和陈晨编写，第8章由姚莹、刘畅编写，全书由伍毅平和赵晓华统稿。在编写过程中也得到了国内多位交通行业专家的支持。北京工业大学交通运输工程的博士研究生杨丽平、李雪玮、郭淼、丁阳，硕士研究生付强、陈浩林、张晓龙，本科生李思宇参与了书稿资料整理与图表绘制工作，这里一并表示感谢。由于编写者水平和编写时间的限制，本书难免有错误和不足之处，恳请广大读者指正。

目　录

第1章　绪论	1
1.1　机动车能耗排放概况	1
1.2　机动车能耗排放影响因素	2
1.3　机动车节能减排策略	3
1.4　生态驾驶行为节能减排潜力概述	4
本章参考文献	5
第2章　生态驾驶行为概述	6
2.1　驾驶行为的含义	6
2.2　生态驾驶行为的内涵	7
2.3　生态驾驶行为研究现状	9
2.3.1　影响因素	9
2.3.2　特征描述	11
2.3.3　评估甄别	12
2.3.4　行为优化	13
2.3.5　效果评估	14
2.4　生态驾驶行为应用现状	15
2.4.1　宣传教育	15
2.4.2　驾驶辅助	16
2.4.3　其他手段	17
本章参考文献	17
第3章　生态驾驶行为研究测试平台	22
3.1　驾驶行为研究测试平台概述	22
3.2　台架试验系统	22
3.3　驾驶模拟器	27
3.4　车辆运行监测平台	29
3.5　常用驾驶行为感知设备	30
3.5.1　车载设备	30
3.5.2　驾驶人穿戴设备	32
3.6　生态驾驶行为驾驶模拟研究测试平台	35
3.6.1　平台框架结构	35
3.6.2　数据采集平台	36
3.6.3　能耗排放计算方法	41
3.6.4　平台展示	44

3.7 生态驾驶行为自然驾驶研究测试平台···45
　　3.7.1 平台框架结构··46
　　3.7.2 数据采集设备··46
　　3.7.3 平台展示··48
本章参考文献···48

第4章 生态驾驶行为综合影响分析···51
4.1 生态驾驶行为影响概述···51
4.2 生态驾驶行为节能减排潜力分析··52
　　4.2.1 驾驶模拟实验测试··52
　　4.2.2 实车监测数据测试··61
　　4.2.3 跟踪调查测试··63
4.3 生态驾驶行为对车辆运行安全影响分析······································67
　　4.3.1 交通安全事故率··67
　　4.3.2 驾驶人分心及驾驶负荷···68
4.4 生态驾驶行为对车辆运行效率影响··68
　　4.4.1 驾驶模拟实验测试··68
　　4.4.2 实车监测数据分析··69
本章参考文献···70

第5章 生态驾驶行为特征描述···72
5.1 驾驶行为特征概述··72
　　5.1.1 特征指标··72
　　5.1.2 影响因素··73
5.2 驾驶行为与车辆能耗关联关系···74
　　5.2.1 快速路驾驶行为与车辆能耗关系···75
　　5.2.2 交叉口驾驶行为与车辆能耗关系···78
5.3 生态驾驶行为特征分析··81
　　5.3.1 速度特征··81
　　5.3.2 加速特征··82
　　5.3.3 减速特征··82
　　5.3.4 城市道路油耗分布特征··84
5.4 生态驾驶行为特征表达··85
　　5.4.1 概述···85
　　5.4.2 驾驶操作行为特征图谱··87
　　5.4.3 车辆运行状态特征图谱··95
5.5 生态驾驶行为特征分类··106
　　5.5.1 特征分类方法概述···107
　　5.5.2 基于动态时间规整与隐马尔可夫模型的驾驶行为特征分类·······110
　　5.5.3 驾驶行为分类结果及特征描述··112
本章参考文献···119

第6章 生态驾驶行为评估及预测 121
6.1 驾驶行为评估及预测方法概述 121
6.2 驾驶行为生态特性评估方法 121
6.2.1 面向驾驶事件的生态驾驶行为评估 121
6.2.2 面向驾驶操作的生态驾驶行为评估 127
6.2.3 面向车辆运行的生态驾驶行为评估 137
6.3 生态驾驶特性预测方法 144
6.3.1 快速路基本路段车辆生态性预测 144
6.3.2 考虑外部条件复杂性的车辆生态性预测 152
6.3.3 基于手机数据的驾驶行为生态性预测 160
本章参考文献 168

第7章 生态驾驶行为优化方法 170
7.1 概述 170
7.2 典型生态驾驶行为优化手段 170
7.3 考虑驾驶人差异性的生态驾驶行为优化方法 172
7.3.1 驾驶人分类方法 173
7.3.2 生态驾驶行为综合反馈优化方法 177
7.3.3 生态驾驶行为优化效果测试 180
7.4 生态驾驶行为优化效果评价方法 182
7.4.1 柯氏层次评估模型简介 182
7.4.2 基于柯氏层次评估模型的生态驾驶行为培训效果评价 182
本章参考文献 186

第8章 "安全—生态"驾驶行为识别、预测及致因分析 189
8.1 概述 189
8.2 "安全—生态"驾驶行为等级划分及评估方法 189
8.2.1 安全性评估 189
8.2.2 生态性评估 192
8.2.3 安全—生态性分类 193
8.2.4 安全—生态性评估 197
8.3 "安全—生态"驾驶行为特征图谱表达 197
8.3.1 等级划分与指标提取 198
8.3.2 数据编码 198
8.3.3 图谱构建 200
8.3.4 结果分析 202
8.4 "安全—生态"驾驶行为预测模型 203
8.4.1 数据库特征提取 203
8.4.2 模型选取及建立 204
8.4.3 模型评估 206
8.5 "安全—生态"驾驶行为致因分析 209

  8.5.1　模型选取 ･･･ 209
  8.5.2　安全驾驶行为模型构建 ･･ 209
  8.5.3　生态驾驶行为模型构建 ･･ 211
  8.5.4　"安全—生态"驾驶行为模型构建 ･･･････････････････････････････････ 212
  8.5.5　驾驶行为模型构建结果汇总分析 ････････････････････････････････････ 214
 本章参考文献 ･･ 214

第9章　生态驾驶行为实施案例 ･･･ 216
 9.1　概述 ･･ 216
 9.2　基于静态宣教的生态驾驶行为培训体系 ････････････････････････････････ 216
  9.2.1　培训教材编制原则 ･･ 216
  9.2.2　培训教材主要特点 ･･ 217
  9.2.3　生态驾驶培训手册 ･･ 218
  9.2.4　生态驾驶宣传视频 ･･ 219
  9.2.5　培训效果测试 ･･ 220
 9.3　基于驾驶模拟技术的生态驾驶行为培训体验系统 ････････････････････････ 222
  9.3.1　基础平台构建 ･･ 222
  9.3.2　场景设计开发 ･･ 227
  9.3.3　系统功能设计 ･･ 228
  9.3.4　评价模型与算法开发 ･･ 233
  9.3.5　效果评价 ･･ 240
 9.4　基于互联网技术的生态驾驶行为动态反馈系统 ･･････････････････････････ 250
  9.4.1　基础平台构建 ･･ 250
  9.4.2　面向企业的生态驾驶行为监管系统 ････････････････････････････････ 251
  9.4.3　面向用户的生态驾驶行为手机APP ････････････････････････････････ 252
  9.4.4　效果评价 ･･ 255
 9.5　北京市生态驾驶行为实施效益分析 ････････････････････････････････････ 258
  9.5.1　生态驾驶节能减排潜力测算 ･･････････････････････････････････････ 258
  9.5.2　经济社会效益概算 ･･ 263
 本章参考文献 ･･ 264

第10章　车路协同背景下生态驾驶探究 ･･･････････････････････････････････････ 265
 10.1　概述 ･･･ 265
 10.2　车路协同生态驾驶测试平台 ･･ 265
  10.2.1　驾驶模拟系统 ･･ 266
  10.2.2　协同处理中心 ･･ 266
  10.2.3　人机交互终端 ･･ 266
 10.3　车路协同雾区预警系统 ･･ 267
  10.3.1　实验目的 ･･ 267
  10.3.2　实验方案 ･･ 267
  10.3.3　实验结果分析 ･･ 269

10.4 车路协同生态驾驶预警系统（Ecolane-HMI-CVIS）……………………………… 274
    10.4.1 实验目的………………………………………………………………… 274
    10.4.2 实验方案………………………………………………………………… 274
    10.4.3 数据分析思路…………………………………………………………… 276
    10.4.4 实验结果分析…………………………………………………………… 279
    10.4.5 总结分析………………………………………………………………… 287
10.5 未来展望…………………………………………………………………………… 289
本章参考文献……………………………………………………………………………… 289

第1章 绪　　论

1.1　机动车能耗排放概况

2015～2019年，我国机动车保有量呈逐年增长趋势（图1-1）。截至2019年年底，全国机动车保有量达3.48亿辆，其中汽车保有量达2.6亿辆。全国66个城市汽车保有量超过百万辆，30个城市超200万辆，11个城市超300万辆。根据交通运输部发布的《2019年交通运输行业发展统计公报》数据显示，全国国道观测里程21.75万公里，机动车年平均日交通量为14852辆，年平均日行驶量为322599万车公里。

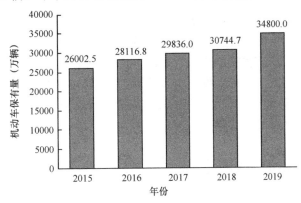

图1-1　2015～2019年全国机动车保有量

随着机动车保有量和行驶里程的不断增长，机动车能耗排放问题成为困扰交通系统健康可持续发展的难题。根据生态环境部发布的2020中国移动源环境管理年报数据显示，在机动车能耗方面（图1-2），2015～2019年全国燃油消费量保持在27000万吨以上。机动车尾气排放方面（图1-3），除2019年排放量略有下降，2015～2018年机动车污染物排放量保持在3000万吨以上。

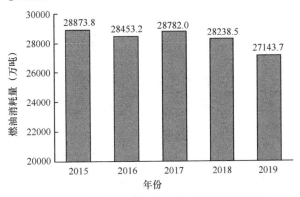

图1-2　2015～2019年全国机动车燃油消耗量

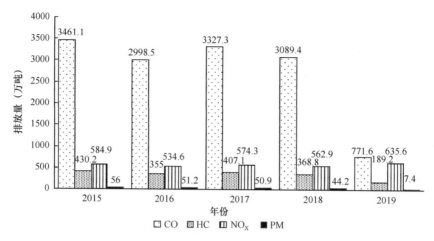

图 1-3　2015~2019 年全国机动车污染物排放量变化趋势

为切实加强交通行业节能减排工作，有效降低车辆能源消耗和尾气排放，近年国家制定和出台了一系列促进交通可持续发展、大力发展绿色交通的政策措施。2017 年 10 月，党的十九大报告明确提出要建设"交通强国"，绿色交通成为交通强国的重要特征和内在要求。2017 年 11 月，交通运输部印发《关于全面深入推进绿色交通发展的意见》，从顶层设计绘就了绿色交通未来发展蓝图。2019 年 9 月，中共中央、国务院印发了《交通强国建设纲要》，进一步强化交通行业节能减排和污染防治。交通节能减排已成为各级政府和行业企业的工作重点和重要任务。

1.2　机动车能耗排放影响因素

影响机动车能源消耗和尾气排放的因素主要有车辆技术、道路环境条件及汽车运用水平三大方面（图 1-4）。其中，车辆技术决定了车辆本身的能源经济性和尾气排放水平，道路环境条件是车辆实现较高能源经济性和较低排放量的基础，汽车运用水平则是有效实现汽车较高燃油经济性和较低尾气排放量的保障。

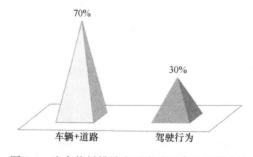

图 1-4　汽车能耗排放主要影响因素及贡献占比

梳理总结汽车能耗排放主要影响因素见表 1-1。以往研究结果表明，驾驶人对车辆的操控行为即汽车驾驶是汽车运用方面影响汽车能源消耗的关键环节。一个激进的驾驶人能将发动机、轮胎、流线设计、高效润滑剂等车辆技术进步措施带来的节能减排效果全部抹杀掉。即使是专业汽车驾驶人，不同驾驶习惯也会导致汽车燃料消耗量相差 2%~12%。

汽车能耗排放主要影响因素　　　　　　　　　　　　　　　　　表 1-1

车辆技术	道路环境条件	汽车运用
• 发动机性能 • 变速箱性能 • 车身重量 • 车体线形 • 车辆状况（胎压、零部件磨损、老旧） • 能源消耗类型及质量 • ……	• 空气阻力 • 温度及气候条件 • 道路类型（沥青、混凝土、碎石、卵石、土路等） • 交通运行状态（顺畅、缓慢、拥堵等） • 车辆行驶地区（高原、平原、山区、市区等） • ……	• 车辆行驶速度 • 行车挡位选择 • 车内温度调节 • 车辆怠速时长 • 方向控制稳定性 • 变换车道频次 • 加/减速频次及激烈程度 • 保养维护 • ……

1.3 机动车节能减排策略

面向车辆能耗及排放主要影响因素，机动车节能减排策略主要从车辆性能提升、外部道路环境改善和驾驶行为优化三个方面展开。

1) 车辆性能提升

针对车辆性能的机动车节能减排技术主要包括提升发动机性能、改进传动系统、减小汽车行驶阻力、减轻汽车整备质量、采用汽车定压源能量回收系统、开发使用新能源等，具体措施见表 1-2。

针对车辆性能的机动车节能减排措施　　　　　　　　　　　　　　表 1-2

车辆性能提升要素	具体节能减排措施
发动机性能	• 选用发动机与车辆用途相匹配的车辆 • 选用变速器的挡位数较多的车辆 • 选用低黏度机油降低发动机内部运动件的摩擦损失
传动系统	• 选用挡位较多的机械式手动变速器（或无级自动变速器） • 选用传动路线较短、机械效率高的传动系统
行驶阻力	• 选用车身流线性较好的车型 • 选用滚动阻力较小的轮胎
车身重量	• 选择车辆自重轻的车辆 • 清理出车上平时不用的物件 • 经常清洗车辆，尤其是附着在汽车底盘上的泥土
能量回收	• 将汽车行驶时产生的动能/热能转换为电能后存储利用
新能源	• 选用以压缩天然气、液化石油为燃料的新型能源汽车 • 选用可充电电池（铅酸、镍镉、锂离子等电池）供能的汽车

2) 外部道路环境改善

面向车辆节能减排的外部道路环境改善主要可分为完善路网结构、采用绿色路面材料、优化交通管控措施三方面。

（1）完善路网结构。旨在以路网燃油消耗成本最小和出行时间成本最小为目标，结合道路通行能力和交通流量等参数,对路网间距及路网级配进行优化改善。

(2) 采用绿色路面材料。旨在采用新型工艺提升路面材料性能,进而改善车辆行驶条件,减小燃油消耗。

(3) 优化交通管控措施。旨在对多种交通管控措施优化改进实现节能减排目标,包括铺设生态驾驶专用车道、干线道路绿波控制、ETC 不停车收费等。

3) 驾驶行为优化

面向车辆节能减排的驾驶行为优化主要可以分为宏观意识、微观驾驶操作、车辆日常检查、车辆维护保养四部分。

(1) 宏观意识。旨在要求驾驶人具有节能减排的意识,主要体现为行车前合理规划行驶路径,行驶过程中注意观察周边环境以采用预见性驾驶,并保持理解他人、不争不抢的平和心态。

(2) 微观驾驶操作。旨在要求驾驶人采用节能减排的驾驶操作行为,包括发动机预热、汽车起步、换挡变速、加/减速、车速选择与控制、汽车转向、制动停车、泊车熄火、温度控制、空调使用等多项内容。

(3) 车辆日常检查。出车前、行驶过程中以及车辆停驶后,驾驶人均应注意检查车身情况及各部机件状况,保证车况正常,无故障报警信号等。

(4) 车辆维护保养。通过定期开展发动机、底盘、车身、轮胎、齿轮油、制动液等项目的维护保养,以保持车辆处于良好状态。

1.4 生态驾驶行为节能减排潜力概述

由于驾驶行为习惯对机动车能耗排放具有较大影响,并且相比改进车辆技术和改善道路环境等机动车节能减排措施,优化驾驶行为具有成本低、风险小、易实施等优势,为此欧盟早在十年前就提出了生态驾驶行为的理念。

生态驾驶行为是继安全驾驶之后,以适应现代引擎技术为基础的经济、绿色驾车理念和技能,以促进经济、环境与安全"三赢"。西方国家经验显示,以 3 年为周期进行评估,生态驾驶至少可使燃油消耗平均降低 5%~10%,表现优异者甚至达到 20%~50%,同时,还可使地面交通温室气体排放减少 10%。

为充分考虑我国驾驶环境,进一步明确生态驾驶行为的节能减排潜力,北京市交通行业节能减排中心针对北京市实际路况,对提前减速、停车熄火、车辆加速和持续行驶四种生态驾驶行为在若干场景下的污染物排放以及油耗情况进行测试。以 2.0L 排量小汽车为例,测试结果见表1-3。由此可知,生态驾驶行为对于降低机动车能耗排放具有重要作用。

机动车节能减排潜力测试结果　　　　　　表 1-3

驾驶行为	具体参数	油耗 ↓	CO_2 ↓	CO ↓	NO_X ↓	HC ↓
提前减速	减速距离由 20m 调整至 50m	48.0%	48.0%		7.0%	
停车熄火	停车不熄火与熄火 60s	40.4%	40.4%	40.0%	6.0%	
车辆加速	加速时间 6s 与 2s	33.2%	12.8%	92.9%	27.5%	64.6%
持续驾驶	匀速相对于加减速	14.9%	12.2%	94.7%	92.6%	92.6%

本章参考文献

[1] 中国移动源环境管理年报. 中华人民共和国生态环境部. https://www.mps.gov.cn/n2254314/n6409334/c6852472/content.html, 2020.

[2] 2019年交通运输行业发展统计公报. 中华人民共和国交通运输部. http://xxgk.mot.gov.cn/jigou/zhghs/202005/t20200512_3374322.html, 2019.

[3] 交通运输部关于全面深入推进绿色交通发展的意见. 中华人民共和国交通运输部. http://xxgk.mot.gov.cn/2020/jigou/zcyjs/202006/t20200623_3307286.html, 2017.

[4] 中共中央 国务院印发《交通强国建设纲要》. 中华人民共和国交通运输部. http://xxgk.mot.gov.cn/2020/jigou/zcyjs/202006/t20200623_3307512.html, 2019.

[5] 付锐, 张雅丽, 袁伟. 生态驾驶研究现状及展望[J]. 中国公路学报, 2019, 32(3): 5-16.

[6] 白崤. 汽车驾驶节能技术研究[D]. 西安: 长安大学, 2011.

[7] 邱兆文. 汽车节能减排技术[M]. 北京: 化学工业出版社, 2015.

[8] 李嫚. 考虑能耗的城市路网结构特性优化研究[D]. 合肥: 合肥工业大学, 2017.

[9] 王鹏. 基于低碳理念的城市路网结构优化研究[D]. 重庆: 重庆交通大学, 2015.

[10] 曾诚, 蔡凤田, 刘莉, 等. 不同驾驶操作方法下的汽车运行燃料消耗量分析[J]. 交通节能与环保, 2011(1): 31-34.

[11] 李世武, 蒋彬, 初秀民, 等. 驾驶行为对车辆燃料消耗和污染物排放的影响研究综述[J]. 公路交通科技, 2003(1): 155-158.

[12] CABAN J, VRABEL J, ŠARKAN B, et al. About eco-driving, genesis, challenges and benefits, application possibilities [J]. Transportation Research Procedia, 2019, 40: 1281-1288.

[13] 伍毅平. 生态驾驶行为特征甄别及反馈优化方法研究[D]. 北京: 北京工业大学, 2017.

[14] ANDRIEU C, PIERRE G S. Comparing effects of eco-driving training and simple advices on driving behavior [J]. Procedia-Social and Behavioral Sciences, 2012, 54: 211-240.

[15] 伍毅平, 赵晓华, 荣建, 等. 基于驾驶模拟实验的生态驾驶行为节能减排潜力[J]. 北京工业大学学报, 2015, 41(8): 1212-1218.

[16] 伍毅平, 程颖, 刘莹, 等. 出租汽车驾驶人生态驾驶行为培训方法——以北京市为例[J]. 城市交通, 2016, 14(6): 36-39.

第 2 章　生态驾驶行为概述

2.1　驾驶行为的含义

驾驶行为一般指驾驶过程中驾驶人自身行为和车辆运行状态。按照驾驶人行车过程对信息处理及加工，一般分为信息感知、决策和操作、车辆状态表现三个主要阶段。信息感知阶段表征驾驶人获取道路和其他车辆运行信息的特点，主要体现为视觉特征；决策和操作阶段描述驾驶人对各种信息的认知态度、反应能力和操纵技能，主要体现为认知特性、生理及心理特性，以及驾驶人对车辆转向、加速踏板、制动踏板等的操纵水平；车辆状态是具体表现出来的车辆运行特征，包括车辆速度、加速度、横向位置等。

一般从驾驶人感知行为、决策行为、操控行为、生（心）理状态和车辆运行状态五个方面描述驾驶行为特征。

1) 驾驶人感知行为

驾驶人在驾驶车辆时，90％以上的信息依靠视觉获取，是影响驾驶安全的重要因素。眼动是驾驶人感知行为特性的重要表征，主要有注视、扫视和眨眼三种基本形式。

2) 驾驶人决策行为

在影响驾驶人决策的因素中，主要包括反应能力、注意水平 2 个常用心理测评指标。驾驶人的判断特性因人而异。驾驶经验与驾驶水平的差异、感知速度的差异、疲劳、酒后驾驶及驾驶适应性等问题都会影响驾驶人的判断特性。在影响驾驶人判断特性的所有心理中，最重要的是驾驶人对道路情况变化的反应及注意能力，因此驾驶人的判断特性通常用选择反应时间及注意水平指标来测评。

3) 驾驶人操控行为

驾驶人在驾驶过程中的操作行为表现为对汽车操纵装置的控制，汽车操纵装置包括方向盘、变速杆、加速踏板、制动踏板、离合器踏板及各种开关、按钮等，操控的合理性直接决定车辆运行的安全性。

(1) 方向盘转角信息：该指标直接反映了驾驶人横向操控行为，是驾驶操作行为的重要表征参数之一。

(2) 挡位信息：驾驶人挡位控制能力是安全驾驶的前提，是表征驾驶人操控行为的一个重要参数。驾驶人挡位操作能力主要表现在对挡位的合理选择与流畅切换方面。

(3) 加速踏板开合度：加速踏板操控是车辆纵向操控行为的重要构成，直接影响车辆的启动、正常行驶中的加、减速过程以及乘坐舒适性。该指标与驾驶所处交通环境与驾驶人的个性特征有密切关系。激进驾驶人通常表现出加速踏板开合度较大，且加、减过程迅速的特征。

(4) 制动踏板开合度：制动踏板行程反映了驾驶人使用制动踏板的轻重程度，是表明驾驶人操作行为的重要参数。在正常的行驶过程中，降低速度、停车都是驾驶人不可避免的操作行为，有效利用制动，可以减少道路交通事故的发生。

（5）转向灯状态：转向灯的使用与车辆变道、转弯等横向运动行为密切相关，该指标在分析驾驶人横向操控行为合理性时，可以与驾驶人眼动变化规律协同分析，结果可用于评估驾驶人横向操控行为安全性。

4）生（心）理状态

受驾驶工况、道路环境、驾驶任务等因素的影响，驾驶人的生、心理状态会有明显的差异。这一类指标虽然不能直接描述驾驶行为，但是可以从人的生理和心理特征方面，反映出驾驶人对交通环境刺激的反应特性。常用指标包括心率变异性指标、呼吸指标、体温指标和脑电指标，以及驾驶人的深度知觉、反应时间、速度知觉、动作稳定性、时空判断及综合反应等信息。

5）车辆运行状态

车辆运行状态是驾驶操控行为的结果，主要体现为车辆运行速度、加速度、横向位移和行驶距离等信息的变化，既包括车辆纵向运动特征的变化，也包括车辆横向位置的改变。

2.2 生态驾驶行为的内涵

由于驾驶行为习惯对机动车能耗排放具有较大影响，欧盟早在十年前就提出了生态驾驶行为（Eco-driving）的理念。目前生态驾驶行为还没有严格的定义，在不同国家也使用了不同的术语，如生态驾驶、节油驾驶、明智驾驶、环境驾驶、节能驾驶或绿色驾驶等。

广义上的生态驾驶行为，其内容不仅包括驾驶过程中的驾驶操作行为，也涵盖车辆日常检查维护和定期专业保养等内容。狭义上的生态驾驶行为通常针对驾驶操作行为，是指驾驶人在驾驶过程中及时换挡、保持平稳的行驶速度、预测前方交通流状态及信号变化情况，最大限度地避免突然加/减速和长时间怠速等行为，以更加经济、环保的方式驾驶汽车的方式。对应不同国家，生态驾驶行为的操作方法也不尽相同，以日本、欧盟和美国等最具全面性和代表性。

1）日本

日本对生态驾驶行为的操作方法进行了比较系统的总结，以"生态驾驶10法"最为系统和著名，其内容主要包括：

（1）轻点油门平缓起步，将最初5s的时速保持在20km左右；
（2）尽量减少加速和制动的次数，保持充分的车间距离；
（3）提前松开油门，利用发动机制动器减速；
（4）尽量少用空调；
（5）停止不必要的空转；
（6）恰当暖机，避免不必要的预热；
（7）充分利用道路交通信息，出发前预知交通状况；
（8）及时检查胎压；
（9）尽量减轻车载；
（10）注意停车场所，避免引起交通拥堵。

2) 欧盟

生态驾驶行为一直受到欧盟各国的重视和推行,积极推行生态驾驶行为的国家有奥地利、瑞士、德国、荷兰等,虽然各国对生态驾驶行为操作方法的规定不尽相同,但以欧洲环保驾驶计划得到的生态驾驶行为"黄金法则"最为出名和权威。具体包括:

(1) 换挡及时,换挡时引擎的转速应介于 2000～2500r/min 之间;

(2) 保持稳定车速,尽量使用最高挡位、最低引擎转速驾驶;

(3) 注意交通车流情况,注意前方车流以及周围交通状况;

(4) 平顺地减速,当必须减速或是停车的时候,应及时松开油门踏板,平顺地减速,并保持车辆在入挡状态;

(5) 经常检查胎压,比正常值低 25% 的胎压会增加 10% 的滚动阻力以及 2% 的燃料消耗。

除此之外,欧洲环保驾驶 Treatise 计划也给出了省油要诀,主要内容包括:

(1) 短暂停车熄火;

(2) 去除不必要的负载重量;

(3) 避免车顶加载车架及负载;

(4) 合理使用空调冷气;

(5) 定期检查胎压;

(6) 使用油耗咨询装置。

3) 美国

美国对生态驾驶行为也进行过系统的研究,其能源部网站上也提供了全面的省油驾驶方法,并对每项驾驶方法的节油原因和潜力进行了解释:

(1) 温和地驾驶汽车。激进的驾驶人(如超速行驶、急加速及刹车)其车辆的油耗状况会比较差,与一般驾驶人相比,市区行驶的油耗会增加 5%,高速公路行驶时甚至可能增加 33%。

(2) 注意车速限制。对于汽油引擎车辆,当时速超过 96km/h 时,每增加 8km/h,油耗会相应增加 7%。

(3) 移除车上不必要的物品。车辆载重每增加 100kg,油耗可能会增加 4.4%。

(4) 避免长时间保持在怠速状态。现今燃油喷射系统引擎的车辆,冷车启动后不需要怠速暖车,可以通过缓慢行驶逐渐加速达到暖车的目的,怠速暖车增加油耗量为 0.221mL/s。

(5) 使用超速转动挡位行驶。利用超速转动挡位行驶,可以降低引擎转速,提升燃油经济性,同时降低引擎的磨耗。

(6) 将引擎维持在调整好的状况。引擎或尾气排放系统状况不良的车辆,经维修调整后,可以提升燃油经济性约 4.1%。

(7) 定期检查并更换空气滤清器。更换阻塞的空气滤清器最多可以提升油耗约 10%。空气滤清器可以避免污浊的空气进入引擎,避免造成引擎损坏。因此,更换被污染的空气滤清器不仅可以节省燃油,同时也会保持引擎的效果。

(8) 保持正确的胎压。保持正确的胎压可以降低油耗约 3.3%。轮胎每降低 1psi(约 0.069bar),油耗会增加 0.4%。而且,正确的胎压也会提高车辆行驶过程中的安全性,降低轮胎的磨损。

(9) 使用指定等级的机油。使用制造商指定的机油等级可以降低油耗1%～2%。

(10) 避免增加车辆风阻系数及阻力。在车辆上方安装行李架、加挂行李等会增加车辆风阻系数及阻力，造成油耗增加，应将行李放置在车内。高速行驶时不开空调而将车窗打开，反而增加了空气阻力，会增加车辆耗油。

(11) 规划行程。利用GPS卫星定位系统找出最短距离的行程，不仅节油，而且能够有效缩短出行时间。

4) 中国

相对之下，生态驾驶行为这一驾车理念在我国并不被广大驾驶人熟知。不过在20世纪90年代，交通运输部公路科学研究所联合西安公路学院针对解放、东风系列车型进行了驾驶人节能操作技术研究，并对驾驶人13个操作环节的燃料消耗量进行了实验分析。2007年年底，国际交通论坛、国际能源署等组织联合邀请欧、美、日等主要发达国家百余位生态驾驶专家、政策制定者、研究人员以及业界人士等就各国10多年来实施和推广生态驾驶的经验组织了一个较大规模的交流会，证实生态驾驶具有显著的节能效果，值得加以更大规模的推广。除此之外，国内学者也开展了众多有关驾驶技术与车辆燃油消耗之间关系的研究，并提出了很多节油驾驶的操作方法。

2.3 生态驾驶行为研究现状

2.3.1 影响因素

生态驾驶行为主要由车辆能耗及排放特征表征。影响汽车燃油消耗和尾气排放的因素主要包括车辆技术、道路条件和汽车运用水平三个方面。车辆技术决定了车辆本身的燃油经济性水平，道路环境条件是实现其较高燃料经济性的基础，汽车运用水平则是能否有效实现汽车较高燃料经济性的保障。较低的汽车运用水平，即使是较高燃料经济性的车辆运行在优良的道路环境下，也无法实现较少的燃料消耗。

按照驾驶行为构成，驾驶行为可分为"感知""决策""操控"和"运行"四个方面。从影响车辆燃油消耗和尾气排放的因素出发，驾驶行为对车辆能耗排放的影响主要由驾驶人的操控行为决定，进而体现为车辆的运行状态。另外，驾驶人在出发前的驾驶准备行为和日常及定期保养维护行为对车辆能耗排放也有较大影响。

2.3.1.1 驾驶操控行为

从车辆能耗排放的角度考虑，影响车辆燃油消耗和尾气排放的操控行为主要包括：

1) 方向盘转角

驾驶人利用方向盘控制车辆的行驶方向，方向盘的转角大小和急缓程度决定了车辆的横向位置。车辆行驶过程中，来回晃动方向盘变更车道，除影响其他车辆正常行驶、容易造成交通事故以外，频繁变更车道还会使车辆的行驶阻力和行驶距离增加，浪费燃料。

2) 挡位

当道路状况、交通流等交通特征发生变化时需要更换挡位，以适应道路状况。一般的变速箱有4～5个前进挡位和1个倒挡，其中1挡、2挡为低速挡，减速增扭作用显著，但油耗较高。3挡为中速挡，是汽车由低速到高速或由高速到低速的过渡挡位，车速稍快，但油耗也较大，不宜长距离行驶。4挡、5挡为高速挡，由于传动比小或直接传动，车速快，油耗最低。因此，车辆换挡时如果操作不当会增加燃油消耗，驾驶车辆时也应尽量使用高速挡驾驶。

  3）加速踏板开合度

加速踏板直接控制着汽车起步、加减速、车速，它的操作直接关系到汽车的燃料消耗量。加速的操纵方式有两种：其一为轻踩加速踏板，缓加速；其二是猛踩加速踏板，急加速。试验结果表明，急加速要比缓加速耗费更多的燃油。

  4）制动踏板开合度

车辆减速的操纵方式有两种：制动器制动减速和车辆滑行减速。从节能的角度考虑，除遇紧急情况时，在保证安全行车和安全停车前提下，尽量不使用制动减速。不必要的制动都会造成燃料的浪费。

2.3.1.2 车辆运行状态

车辆运行状态是车辆能源消耗和尾气排放量的直接体现，速度、加速度、行驶轨迹、发动机转速、空调状态等均与车辆能耗排放直接相关。

  1）速度

每一种车辆类型均对应一个经济车速区间，由车速和能耗曲线可知，不同的行驶速度下车辆能耗存在显著差别。对于小型汽车而言，一般其经济车速应维持在97km/h左右。同时，尽量保持车速稳定对于减少车辆燃油消耗同样具有重要作用。以瑞风七座车为例，当加速踏板不稳，车速上下波动时，汽车可多消耗38%甚至更多的燃油。同时，美国的研究表明，当车速大于96km/h时，车速每增加8km/h，车辆的百公里燃油消耗同比增加7%。

  2）加速度

加速度是车辆行驶速度变化的直接体现，加速和减速过程均对应加速度的改变。急加速和急减速除了会造成车辆机械结合部冲击力增大、加快磨损程度以外，还会造成车辆燃油消耗的增加。美国研究表明，在城市中温和驾驶汽车比激进驾驶平均节约油耗5%，在高速公路上行驶能达33%。

  3）行驶轨迹

车辆的行驶轨迹体现为车辆横向位置和纵向位置的改变，当行驶起、终点确定后，车辆频繁变道超车不仅不会带来明显的时间效益，同时还会增加车辆的燃油消耗。欧洲实验表明，通过实施频繁车道变换、急加速和急减速等激进驾驶行为，最多能节省4%的出行时间，相当于1h的出行时间能省2.5min。然而，以瑞风七座汽车为例，以四挡80km/h等速直线行驶时，油耗为8.1L/100km，频繁变道行驶时，油耗为14.8L/100km，同比增加了82.7%。可见，频繁变换车道，将导致车辆油耗率急剧上升。

  4）发动机转速

在同一行驶速度下，发动机转速越高，车辆燃油消耗和尾气排放量相应越大。美国研究表明，维持引擎处于最好的状态，可同比平均降低4.1%的燃油消耗。另外，发动机怠速时间也应控制在一定的时间内。以排量为5000mL左右的大中型公交车为例，发动机每小时的怠速油耗为2000~2800mL，怠速1min以上的油耗比重新启动的油耗更大。同时，日本和美国的研究均表明，小型汽车怠速时的燃油消耗为 0.221mL/s，怠速 4.74s 就会比熄火后重新启动发动机消耗的燃油多。更重要的是，发动机处于怠速状态时，由于燃料不能完全燃烧，残留物除对发动机造成污染和损害以外，由于燃料不完全燃烧排出的有毒气体对环境有较大污染，危害身体健康。

5) 空调状态

夏季行车，空调的使用是造成车辆能耗排放较高的主要原因之一，合理使用空调对实现车辆节能减排具有重要作用。美国研究表明，从节能减排的角度出发，空调的开启与否应结合当前车辆的行驶速度。以小型汽车为例，当车速小于 64km/h 时，使用自然风比使用空调更节能；而当车速大于 64km/h 时，由于空气阻力的影响，应当关闭车窗使用空调。

2.3.1.3 其他行为因素

除驾驶过程中驾驶人操控行为和车辆运行状态之外，驾驶人出发前驾驶准备行为和日常保养与维护行为对车辆能耗排放也有较大影响。

1) 出发前驾驶准备行为

出发前驾驶准备行为对车辆能耗排放的影响，集中体现为路线规划和车身检查行为。出发前事先做好路线规划，尽量缩短行驶里程和避免拥挤路段，对于减少车辆能耗排放具有重要作用。同时，出发前对车身进行检查，除去车身上不必要的附件，保持车身光洁，减小车身表面的摩擦系数，从而减小空气阻力，有助于降低燃油消耗。

2) 日常保养与维护行为

对车辆进行的日常保养和维护行为对车辆能耗排放量同样具有重要作用。影响车辆燃油消耗和尾气排放的主要日常保养与维护行为包括胎压检查、杂物整理、燃油使用和设备保养四个方面。

(1) 经常检查汽车轮胎胎压，维持胎压处于正常水平，从而减少车辆行驶滚动阻力和摩擦阻力，对于降低车辆能耗排放具有积极作用。美国研究结果表明，维持正常的胎压可同比减少车辆 3% 的能源消耗。

(2) 车辆后备箱以及行李架上的杂物无疑会增加车辆的总重，进而增加车辆的行驶阻力，增大车辆的能耗排放。定期对车辆后备箱和行李架等处的杂物进行清理，对于降低车辆能耗排放具有积极作用。

(3) 使用与车辆自身相匹配的燃油对实现车辆节能减排同样具有一定作用。美国的研究表明，使用指定等级的机油，同比可节约 1%~2% 的燃油消耗。

(4) 定期对车辆零部件进行检查和维修，除对保障车辆行驶安全具有重要作用以外，还可有效降低车辆的能耗排放情况。美国研究表明，定期检查和更换车辆空气滤清器，可实现车辆能耗排放值同比减少 10% 的效益。

2.3.2 特征描述

当前研究主要通过驾驶行为特征指标和生态驾驶模型描述生态驾驶行为。另外，驾驶人个性特征也是生态驾驶行为特征描述的研究范畴。

1) 驾驶行为特征指标

目前国内、外学者主要借助驾驶行为表现和车辆发动机参数等进行生态驾驶行为特性分析。Ericsson 以加速度、减速度、速度和挡位信息表征生态驾驶行为特性；在此基础上，Beusen 等人还补充加入了滑行距离指标；Ebru 等人应用速度、发动机转速、减速度、制动力、加速踏板行程、制动踏板行程等指标刻画了车辆驶入、驶出交叉口时生态驾驶行为特性。Wang 等人研究发现单位时间的能源消耗与巡航速度成正相关，柴油车的最佳巡航速度为 40~50km/h，轻型汽油车为 60~80km/h，电动车为 50~60km/h。澳大利亚环境部门建议行驶速度不要超过速度为 90km/h，经验证，行驶速度为 110km/h 时的燃油消耗量比速度为 90km/h 时的燃油消耗量高出 25%。

2) 生态驾驶行为模型

生态驾驶行为模型构建方面，其研究特点除了考虑目标车辆的自身运行参数，还引入外界相关因素的作用，外部因素主要包括临近车辆的运行速度、信号状态及其他交通设施条件等。Kamal 等人构建了道路交通环境变化条件下的生态驾驶行为模型；Hesham 等人利用专用短程通信（Dedicated Short Range Communication，DSRC）技术构建了生态驾驶模型，提出不同交通设施及信号条件下的瞬时速度建议值；Chen 等人基于交叉口信号灯状态及停车线前车辆排队长度，结合车辆当前运行状态，推导了以车辆能耗排放最小为控制目标的交叉口车辆最优行驶轨迹；伊朗的 Saboohi 和 Farzanehb 开发了节约燃油条件下最佳驾驶策略模型；Ciarla 等利用离线约束优化控制问题的原理，建立车辆模型和最优控制模型，计算出最小能耗的行驶速度曲线；郑秀征建立城市公交车生态驾驶模型，通过车路协同技术采集实时交通状况信息，建立车辆最优行驶方案，控制车辆适应道路交通状况干扰。

3) 驾驶人个体特征

影响生态驾驶行为的驾驶人个体特征主要包括年龄、驾驶风格、驾驶里程、驾驶动机等。Ando 等人以起步、行驶、空转和排放为评估指标，提出影响生态驾驶的因素有信息提供频率、年龄、行驶里程和驾驶风格。Gonder 等人发现通过改变驾驶风格，可以引起攻击型驾驶人 20% 的燃油消耗量变化，性格温和的驾驶人燃油消耗变化也可以达到 5%~10%。Gunther 等人研究表明驾驶人的生态驾驶与驾驶动机密切相关。Franke 等人针对混合动力汽车驾驶人的研究显示生态驾驶动机是影响生态驾驶效率的重要因素。

2.3.3 评估甄别

针对驾驶行为生态性评估与甄别，当前研究主要集中在基于经验规则、关系模型和机器学习模型三个方面。

1) 基于经验规则

驾驶行为生态特性评估多集中在静态层面，以驾驶人驾驶经验为主要参考；定量化的驾驶行为特性评估也主要参考各国规定的生态驾驶行为操作准则，对比分析特定条件下某个单一行为参数与目标值间的差值。欧洲生态驾驶"五大黄金法则"和日本"生态驾驶 10 法"等成熟经验常被当作驾驶行为生态性评估的标准。

2) 基于关系模型

利用统计分析方法，建立驾驶行为与车辆能耗排放之间关系模型，进而评估驾驶行为的节能减排特性。例如，长安大学白崤通过车辆燃油消耗的理论计算研究驾驶过程中的节油技术；吉林大学的张浩基于整车道路实验，获取了驾驶人在加速换挡过程中驾驶行为特性和燃油消耗间的规律特征,对驾驶人换挡行为特性和燃油经济性间的关联性进行了探讨;另外,为了校正驾驶人对一些常见节油驾驶操作方法的错误认识,交通运输部公路科学研究院的曾诚等人通过发动机台架实验,分析了不同驾驶操作方法对应的车辆燃油消耗。

3) 基于机器学习模型

实际行车过程中,驾驶行为是驾驶人与道路、交通及周边环境等各种因素相互作用的结果,受到多种影响因素的交互影响。因此,驾驶行为外在驱动的多维度、复杂性、随机性、不确定性是驾驶行为评估甄别的难点,道路条件、交通条件、运行状态、行为习惯等外在因素的耦合关联及层级特征导致驾驶行为致因的混沌性、非线性。以往分类、回归等浅层结构对于复杂关系的表达能力有限,制约了驾驶行为与油耗排放关系的深度挖掘。由于机器学习在挖掘隐性特征方面具有独特优势,人们已经意识到机器学习是解决此类问题的主要手段。在作者前期研究中,采用BP神经网络机器学习方法,分别构建了基于3层BP网络结构的驾驶操作行为和车辆运行状态生态性评估甄别模型,并通过实验仿真测试获得了最佳模型结构与参数,平均精度分别为92.89%和96.89%。

2.3.4 行为优化

以车联网和车路协同技术为分界线,生态驾驶行为优化可以分为传统生态驾驶行为优化、车联网与车路协同生态驾驶优化两个方面。随着新能源汽车大规模投入使用,电动汽车生态驾驶优化也是当前研究热点。

1) 传统生态驾驶行为优化

传统生态驾驶行为矫正优化方法主要有静态和动态两种形式。静态方式是指驾驶人通过观看网站、电视等媒体或者学习宣传培训手册等,运用获取的知识指导行为优化。由于具有可实操体验的特点和优势,驾驶模拟技术和宣教相结合是静态培训的发展趋势;动态形式主要以车载反馈装置为载体,实时获取行为特征和改进措施。

传统生态驾驶行为优化策略主要基于经验总结和理论求解两种。其中,典型的生态驾驶行为经验总结成果,包括欧洲生态驾驶"五大黄金法则"、日本"生态驾驶10法"等,具有简单易懂、实施性强、易于推广等特点,但在应对不同外部变化条件时同样具备精确性差等缺陷。理论求解法摒弃经验总结法的定性描述的缺点,通过建立车辆行驶模型、能耗模型,依据数学方法建立能耗最优的驾驶行为优化模型,对生态驾驶策略进行定量描述,一般而言,理论型生态驾驶控制策略将转化为车辆速度控制策略。

2) 车联网与车路协同生态驾驶优化

车联网和车路协同技术的快速发展为进一步开展生态驾驶优化提供了更好的外部环境。Chen等基于车联网系统,以车辆到达交叉口时最小排放及最小行程时间为优化目标,提出了车辆轨迹优化模型。Rakha等人利用车辆网系统,提出交叉口处最经济燃油消耗运行速度选择策略。Mandava等人以最经济燃油消耗为目标,利用上游信号灯信息,提出生态驾驶策略,为驾驶人提供最优车速建议。Asadi等人研发出速度控制系统,降低车辆在红灯期间到达停车线的几率。Barth等人利用信号灯相位配时信息,以主干道速度控制算法为核心,研发一种实时生态驾驶系统。靳秋思等人基于比功率排放模型和交叉口信号灯相位状态,定量分析了交叉口范围内的驾驶行为特性,针对6种交通信号灯情景设计了生态驾驶策略模型和车辆轨迹优化算法。魏学新在车路协同环境下，基于驾驶人实际操作与驾驶人适应性建立了车辆通过交叉口的驾驶策略初判模型，控制车辆行驶通过前方交叉口。

3) 电动汽车生态驾驶优化

国内外最初对生态驾驶的研究多以传统燃油车为对象，近年来随着各国陆续提倡推广新能源汽车，加之电动汽车行驶里程有限，也逐步展开对电动汽车生态驾驶策略的研究，目的在于节省电能增加行驶里程。Qi等人设计了基于模型预测控制和人机界面的生态进出场系统以及电动车能源消耗估算模型，利用对比试验研究不同场景、不同信号灯剩余时间、不同运行速度下车辆通过交叉口的速度曲线和能源消耗。Heppeler等人以并联混合动力电动客车为研究对象，采用离散动态规划方法寻求燃料效率潜力分析的全局最优解，优化转矩分配，换挡和速度轨迹。Kuriyama等人开发了基于动态规划的生态驾驶技术，在固定的起点和终点、运行时间和轨迹条件下确定了电动汽车的最佳速度曲线。Zhang等人通过底盘测功机测试给出了不同运行模式下的微观能耗模型，根据驾驶行为分析，借助当前车辆状态信息和信号灯配时信息，建立了提供速度曲线的电动汽车生态驾驶模型。潘龙利用台架试验采集速度、加速度等车辆行驶数据，并以此为控制变量，车辆性能、路段信息、网络动态交通信息为影响因素，建立电动汽车节能行驶控制模型，设计节能路径规划算法，并基于改进遗传算法，求解电动汽车节能行驶速度控制曲线。

2.3.5 效果评估

生态驾驶行为效果评估方面的研究主要集中在生态驾驶行为的节能减排短期及长期效果评测，同时考虑生态驾驶行为与交通顺畅及安全需求的耦合协同关系，分别分析生态驾驶行为对车辆运行状态及分心和驾驶负荷的影响。

1) 节能减排效果

面向生态驾驶行为节能减排效果评估的研究主要借助驾驶人行为优化前后车辆能耗排放的改善效果来体现，研究方法主要包括实车实验和模拟实验等。早在1987年，Syme等人就评价了通过电视媒体播放生态驾驶行为内容对观众节能行为产生的影响；2004年，Van Mierlo等人指出荷兰生态驾驶行为规则可获得5%～25%的节能减排效果；Boriboonsomsin等人于2011年在加利福尼亚州南部进行了实车实验，通过对20名被试者的实地测试，结果表明被试驾车的燃油经济性在城市道路上可以提高6%，在公路上却只能提高1%；日本的Hiraoka等人利用驾驶模拟实验平台分析得出使用油耗计可节约油耗约10%，而告知生态驾驶行为操作方法可同比节约油耗15%左右。对于燃油车，生态驾驶对于单个车辆可以减少5%～10%的燃油消耗量，对电动汽车，甚至可以引起30%的行驶里程变化。除此之外，美国的Martin等人分析了动态生态驾驶系统的节能减排效果；Shaheen等人对不同汽车生产厂家开发的生态驾驶行为辅助装置进行了对比；Gonder等人对比了不同形式的生态驾驶行为辅助装置的利弊；此外，国外学者Beusen、Wahlberg和Zarkadoula等人针对生态驾驶行为优化的长效性进行了研究，结果均表明生态驾驶行为对驾驶人的影响具有随时间而消退的特性。

除针对单车以外，部分研究还考虑了外部交通量等因素对车辆能耗排放的影响。周钰严设计了不同交通量和生态驾驶混入率的仿真场景，对比分析不同交通场景下的生态驾驶行为的实施效果，结果表明：加速和匀速状态对机动车能耗有显著影响；车均能耗随着生态驾驶混入率的增加而减少；交叉口到达交通量越大，实施生态驾驶行为的效果越好。Morello 等人利用仿真平台从微观和宏观上研究 3 种不同拥挤水平（自由、正常、拥挤）和 5 种生态驾驶扩散率（10%、25%、50%、75%、100%）下生态驾驶对 CO_2 排放率的影响，结果表明，生态驾驶可以在自由和正常情况下降低燃油消耗和 CO_2 排放，在拥挤状态下，平均速度降低，反而会增加燃油消耗和 CO_2 排放。王福景等以燃油消耗和尾气排放为指标，基于 Vissim 仿真平台采用正交试验法分析生态驾驶行为对交叉口运行效率的影响，结果表明，生态驾驶在交通流密度低时应用具有更好地减少能源消耗和尾气排放的效果；在交通流密度较大时对车辆的能源消耗和尾气排放起负面作用。

2）对运行安全和效率的影响

生态驾驶行为对交通安全的影响主要体现在对于驾驶人驾驶负荷的影响层面，Lee 等人研究表明生态驾驶行为相对常规驾驶行为，驾驶人脑力需求增加 128%，体力需求增加 49%，努力程度增加 71%，并且挫折感增加 243%；但 Birrell 等人通过驾驶模拟实验，发现生态驾驶行为辅助装置不会引发驾驶人行车过程中分心和驾驶负荷变大。

生态驾驶行为对交通运行状态的影响主要体现在生态驾驶行为与交通顺畅性之间的耦合关系，主要借助仿真软件实现微观行为特征对中观、宏观交通状态的影响作用。澳大利亚昆士兰科技大学的 Qian 等人基于 AIMSUN 微观仿真软件研究了生态驾驶行为对信号交叉口交通运行状态的负面影响；日本 Kobayashi 等人利用仿真技术从交通路网层面研究了生态驾驶行为对交通运行状态的影响，结果表明当交通量大于 1700pcu/h 时，生态驾驶行为会造成交通拥堵；美国弗赛德大学的 Xia 等人利用 Paramics 微观仿真软件，研究了生态驾驶行为对跟随车辆的影响，结果显示跟随车辆较前导车辆而言，加减速更加频繁，能耗排放也相应高于前导生态驾驶车辆。Ando 等研究跟随生态驾驶车的其他车辆的驾驶行为表明，车辆跟随时间约占总时间的 76%，生态驾驶车辆会影响其他车辆的经济性和生态性。

2.4 生态驾驶行为应用现状

2.4.1 宣传教育

宣传教育主要包括静态宣教和实操培训两种方式。静态宣教旨在通过培训手册、网站及其他信息资源，鼓励驾驶人采用生态驾驶。生态驾驶宣教的内容主要依据欧洲生态驾驶"五大黄金法则"和日本"生态驾驶 10 法"等成熟经验。

生态驾驶实操培训通常基于模拟驾驶系统、实验测试场地或实际行车道路，由专业的驾驶教练指导驾驶人完成相关生态驾驶操作任务。随着虚拟现实技术的不断发展，利用驾驶模拟器对驾驶人进行生态驾驶培训的方式也逐步趋于成熟。由于驾驶模拟培训不存在安全隐患，已发展成为生态驾驶实操培训的主流趋势。除依靠专业教练指导外，部分模拟器还配备有生态驾驶反馈系统，可实现行车过程中非生态驾驶行为的实时语音提醒和排放曲线展示，驾车结束后可获得针对性的生态驾驶评测报告。

除单独实施静态宣教和动态实操，部分培训采用先静态、后动态两种方式并存的模式。统计不同国家生态驾驶培训时间要求见表 2-1。另外，作者在前期研究中发现，相同生态驾驶培训方法对于不同驾驶群体的行为提升效果存在明显不同。培训前，职业驾驶人的驾驶行为更加节油，但职业驾驶人展现出的节油提升潜力相比非职业驾驶人更低。

虽然静态宣教和动态实操培训对驾驶人养成生态驾驶习惯具有积极作用，但该方法不具有实时约束性，需要依靠驾驶人本身的主观能动性和自觉性。同时，生态驾驶线下培训的优化目标较难量化，单向传播的培训方式也未形成闭环的优化结构。因此，基于上述驾驶行为训练得到的节油效果往往是短期的，随着时间增长，生态驾驶培训效果逐渐减弱，甚至部分驾驶人会逐渐回到原有的驾驶习惯。

表 2-1 欧洲部分国家生态驾驶培训时间要求

国家	生态驾驶培训最少时间（h）	生态驾驶实践最少时间（h）
奥地利	32	13
捷克	36	34
克罗地亚	2	2
芬兰	1	1
希腊	20	20
匈牙利	28	30
立陶宛	40	30
波兰	30	30

2.4.2 驾驶辅助

生态驾驶辅助系统（Eco-Driving Assistance Systems，EDAS）是一种为驾驶人提供动态生态驾驶建议，必要时对驾驶行为进行适当干预，以使车辆达到节能减排效果的驾驶辅助系统。主要通过采集行车过程中车辆实时运行数据和道路环境信息，通过分析处理进而向驾驶人提供具有时效性的驾驶建议，其优化目标较线下培训更具体和量化。反馈形式主要包括听觉提示、视觉显示和触觉感知。反馈载体主要借助汽车仪表盘、智能手机终端（手机APP）、人机交互系统（HMI）、专用成套车载装置和加速踏板等。除针对燃油车外，部分学者也研究了电动汽车生态驾驶辅助系统。

虽然生态驾驶辅助系统已经广泛应用，但仍存在一定的缺陷。大多生态驾驶辅助系统按照群体广播式的方式向驾驶人提供驾车建议，较少考虑不同驾驶个体对干预内容和形式的差异需求。实际上，驾驶人在性别、年龄、驾龄、性格、职业、教育、价值取向等特性方面均存在一定的差异，势必致使驾驶人在外在知识学习和行为转化过程中存在一定的滞后、偏差及倾向。研究表明，相比均态统一干预模式，依据驾驶人个体价值和目标取向差异建立的差别化生态驾驶干预方法，可有效提升节能减排效果。因此，分类别、个性化干预方法作为驾驶行为矫正和管理的发展趋势值得关注。

对于生态驾驶辅助系统的研究，不止停留在高校和研究所，现已有部分汽车企业将其应用于实际。东风本田思域、北京现代朗动等车型加入了经济驾驶模式，启动此模式将会改变驾驶参数，例如相同的油门踏板行程对应的节气门开度变小，挡位变换更偏重于经济性等。

2.4.3 其他手段

除常规的宣传教育和驾驶辅助以外，当前生态驾驶应用还包括生态驾驶专用车道设置、跟踪监测与评估、运用市场激励机制、采用法律手段、设置生态驾驶投资机构等。

1）设置专用生态驾驶车道

生态车道概念于 21 世纪初由欧美等国家最先提出，旨在通过规划专供驾驶人生态驾驶的车道来达到节能减排目的。生态车道可由一条或多条专用车道组成，通常设置于快速路、高速路等高等级道路。生态车道采用经济车速作为限速指标，同时其具有相应的交通标志标线，铺设特征道路颜色为其特点之一。

2）跟踪监测与评估

1998 年以来，"德国驾驶教练协会联盟"与"德国道路安全理事会"联合福特举行"福特生态驾驶"的培训和比赛项目，并对参与者进行跟踪问卷调查，每年吸引千余人参与其中，比简单的宣传和培训所产生的节能效果要高出 4～5 个百分点。日本政府在 2007 年将 11 月定为"生态驾驶月"。除此之外，日本还开设了一些互联网络空间，汽车用户可免费注册参与"生态驾驶课程"，即输入自己驾车的实际油耗与里程比以及各种影响因素（如计算期限、驾驶环境、使用率、车型等）的信息，便可从多个角度获得自己的燃油经济值与其他用户相比的排名情况，并获得免费的历史分析和改善驾车习惯的建议。

3）市场激励机制

伦敦实行货运经营者奖励计划（FORS），对实现燃油高效、环保效应和安全目标的经营者进行奖励。荷兰通过税收优惠，激励新上市的汽车安装燃油经济电子监测设备，响应率高达 75%。日本颁布政策为安装"无空转"系统的车辆销售提供补贴，实施效果也很好。肯尼亚的首都内罗毕曾经给每辆机动车安装 GPS 系统来监测驾驶驾驶人的驾驶行为，并每月对采取生态驾驶行为的驾驶人给予资金奖励，最终全市的机动车能耗减少，车辆的使用寿命也得到了延长。

4）法律手段

《欧盟驾证指南》要求将生态驾驶教育纳入驾校培训内容，荷兰、英国等甚至已经将其纳入驾照考试的一部分，并产生越来越多的示范效应。英国交通部出台"生态驾驶"新规定，要求英国警察在执勤过程中开车应平稳、逐渐加速，避免"过度加速"或不必要换挡等行为，车内空调在不必要时应关闭，以减少燃料消耗。

5）生态驾驶投资机构

荷兰政府 1999～2010 年，预算 2400 万欧元用于推广生态驾驶，经验结果显示，项目活动直接或间接带来的每年二氧化碳减排达 90 万吨，平均每吨二氧化碳减排仅仅花费 7 欧元。日本国家警察厅、经产省、国土交通省、环境省联合组建了"生态驾驶促进联席委员会"和"生态驾驶促进咨询委员会"，负责制定和实施"生态驾驶行动计划"，传播和推行节能驾驶理念和技能。

本章参考文献

[1] 严新平，张晖，吴超仲，等. 道路交通驾驶行为研究进展及其展望[J]. 交通信息与安全，2013，31(1)：45-51.

[2] 付锐,张雅丽,袁伟. 生态驾驶研究现状及展望[J]. 中国公路学报,2019,32(3):1-12.

[3] HO S H, WONG Y D, CHANG V W. What Can Eco-driving Do for Sustainable Road Transport? Perspectives from a City (Singapore) Eco-Driving Programme [J]. Sustainable Cities and Society, 2015, 14(1): 82-88.

[4] ERICSSON E. Independent Driving Pattern Factors and Their Influence on Fuel-Use and Exhaust Emission Factors [J]. Transportation Research Part D: Transport and Environment, 2001, 6(5): 325-345.

[5] BEUSEN B, BROEKX S, DENYS T, et al. Using on-Board Logging Devices to Study the Longer-Term Impact of an Eco-Driving Course [J]. Transportation Research Part D: Transport and Environment, 2009, 14: 514-520.

[6] EBRU D, LINDA S and PATRICIA D. The Influence of Multiple Goals on Driving Behavior: The Case of Safety, Time Saving, and Fuel Saving [J]. Accident Analysis and Prevention, 2011, 43: 1635-1643.

[7] WANG J, RAKHAH A. Fuel Consumption Model for Conventional Diesel Buses [J]. Applied Energy, 2016, 170: 394-402.

[8] Autralian Government Department of the Environment. 10top Tips for Fuel Efficient Driving [R]. 2008-03-10. https://www.environment.gov.au/settlements/transport/fuelguide/tips.html.

[9] KAMAL M, MUKAL M, MURATA J, et al. On Board Eco-Driving System for Varying Road Traffic Environments Using Model Predictive Control [C]. IEEE International Conference on Control Applications, Japan, 2010: 1636-1641.

[10] HESHAM R, RAJ-KISHORE K. Eco-Driving at Signalized Intersections Using V2I Communication [C]. 14th International IEEE Conference on Intelligent Transportation Systems, Washington, D. C., U. S., 2011: 341-346.

[11] CHEN Z, ZHANG Y and LV J. Model for Optimization of Eco-Driving at Signalized Intersection [J]. Transportation Research Record, 2014, 2427: 54-62.

[12] SABOOHI Y, FARZANEHB H. Model for Developing an Eco-Driving Strategy of a Passenger Vehicle Based on The Least Fuel Consumption [J]. Applied Energy, 2009, 86: 1925-1932.

[13] CIARLA V, CHASSE A, MOULIN P, et al. Compute Optimal Travel Duration in Eco-Driving Applications [J]. IFAC-papers online, 2016, 49(11): 529-524.

[14] 郑秀征. 城市公交车辆最优生态驾驶研究[D]. 北京:北京工业大学,2016.

[15] ANDO R, NISHIHORI Y. A Study on Factors Affecting the Effective Eco-Driving [J]. Procedia social and Behavioral Sciences, 2012, 54(4): 27-36.

[16] GONDER J, EARLEYWINE M, SPARKS W. Analyzing Vehicle Fuel Saving Opportunities through Intelligent Driver Feedback [J]. SAE Paper 2012-01-0494.

[17] GUNTHER M, RAUH N, KREMS J F. Conducting a Study to Investigate Eco-Driving Strategies with Battery Electric Vehicles a Multiple Method Approach [J]. Transportation Research Procedia, 2017, 25: 2247-2261.

[18] FRANKE T, ARENED M D, MCILROY R C, et al. Eco-Driving in Hybrid Electric Vehicles-Exploring Challenges for User-Energy Interaction [J]. Applied Ergonomics, 2016, 55: 33-45.

[19] 陈晨. 城市道路驾驶人生态驾驶行为评估方法研究[D]. 北京:北京工业大学,2016.

[20] 马聪. 基于OBD技术的驾驶行为习惯评价方法研究[D]. 南京:南京大学,2016.

[21] 白崤. 汽车驾驶节能技术研究[D]. 西安:长安大学,2011.

[22] 张浩. 基于燃油经济性的驾驶人换挡品质研究[D]. 长春:吉林大学,2009.

[23] 曾诚, 蔡凤田, 刘莉, 等. 不同驾驶操作方法下的汽车运行燃料消耗量分析[J]. 交通节能与环保, 2011(1): 31-34.

[24] 张景阳, 潘光友. 多元线性回归与BP神经网络预测模型对比与运用研究[J]. 昆明理工大学学报(自然科学版), 2013, 38(6): 61-67.

[25] WU Y P, ZHAO X H, YAO Y, et al. An Ecolevel Estimation Method of Individual Driver Performance Based on Driving Simulator Experiment [J]. Journal of Advanced Transportation, 2018, 2018: 1-12.

[26] ZHENG J B, WU Y P. Development of a Practical Method to Estimate the Eco-Level of Driver Performance [J]. Journal of Advanced Transportation, 2020: 1-11.

[27] STAUBACHA M, SCHEBITZA N, KOSTER F, et al. Evaluation of an Eco-Driving Support System [J]. Transportation Research Part F: Traffic Psychology and Behaviour, 2014, 27: 11-21.

[28] TULUSAN J, STAAKE T, FLESICH E. Providing Eco-Driving Feedback to Corporate Car Drivers: What Impact Does a Smartphone Application Have on Their Fuel Efficiency? [C]. Proceedings of the 2012 ACM conference on ubiquitous computing. ACM, 2012: 212-215.

[29] WASA T, YOSHIMURA K, DOI S, et al. Proposal of an Eco-Driving Assist System Adaptive to Driver's Skill [C]. Intelligent Transportation Systems (ITSC), 14th International IEEE Conference on. IEEE, 2011: 1880-1885.

[30] RAKHA H, KAMALANATHSHARMA R K. Eco-Driving at Signalized Intersections Using V2I Communication[C]. Intelligent Transportation Systems (ITSC), 14th International IEEE Conference on. IEEE, 2011: 341-346.

[31] MANDAVA S, BORIBOONSOMSIN K, BARTH M. Arterial Velocity Planning Based on Traffic Signal Information under Light Traffic Conditions in Intelligent Transportation Systems [C]. 12th International IEEE Conference on Intelligent Transportation Systems, 2009.

[32] ASADI B, VAHIDI A. Predictive Cruise Control: Utilizing Upcoming Traffic Signal Information for Improving Fuel Economy and Reducing Trip Time. Control Systems Technology, IEEE Transactions, 2010: 1-9.

[33] BARTH M, MANDAVA S, BORIBOONSOMSIN K, et al. Dynamic ECO-Driving for Arterial Corridors [C]. 2011 IEEE Forum on Integrated and Sustainable Transportation Systems, Vienna, Austria, June 29-July 1, 2011.

[34] 靳秋思, 宋国华, 叶蒙蒙, 等. 车辆通过交叉口的生态驾驶轨迹优化研究[J]. 安全与环境工程, 2015, 22(3): 75-82.

[35] 魏学新. 车路协同环境下城市道路车辆生态驾驶策略研究[D]. 长春: 吉林大学, 2016.

[36] QI X, BARTH M J, WU G, et al. Energy Impact of Connected Eco-Driving on Electric Vehicles [M]. Berlin: Springer, 2018.

[37] HEPPELER G, SONNTAG M, SAWODNY O. Fuel Efficiency Analysis for Simultaneous Optimization of the Velocity Trajectory and the Energy Management in Hybrid Electric Vehicles [J]. IFAC Proceedings Volumes, 2014, 47(3): 6612-6617.

[38] KURIYAMA M, YAMAMOTO S, MIYYATAKE M. Theoretical Study on Eco-Driving Technique for an Electric Vehicle with Dynamic Programming[C]. IEEE International Conference on Electrical Machines and Systems. New York: IEEE, 2010: 2026-2030.

[39] ZHANG R, YAO E. Eco-Driving at Signalised Intersections for Electric Vehicles [J]. IET Intelligent Transport Systems, 2015, 9(5): 488-497.

[40] 潘龙. 基于动态交通信息的电动汽车节能行驶控制模型研究[D]. 北京: 北京交通大学, 2014.

[41] SYME G, SELIGMAN C, KANTOLA S, et al. Evaluating a Television Campaign to Promote Petrol Conservation [J]. Environment and Behavior, 1987, 4: 444-461.

[42] VAN J, MAGGTTO G, BURGWAL E, et al. Driving Style and Traffic Measures—Influence on Vehicle Emissions and Fuel Consumption [J]. Proceedings of the Institution of Mechanical Engineers, Part D: Journal of Automotive Engineering, 2004, 218(1): 43-50.

[43] BORIBOOMSOMSIN K, BARTH M, VU A. Evaluation of Driving Behavior and Attitudes towards Eco-Driving: A Southern California Limited Case Study [C]. The 90th Annual Meeting of Transportation Research Board, Washington, D. C, January, 2011.

[44] HIRAOKA T, TERAKADO Y, MATSUMOTO S, et al. Quantitative Evaluation of Eco-Driving on Fuel Consumption Based on Driving Simulator Experiments [C]. Proceedings of the 16th World Congress on Intelligent Transport Systems, 2009: 21-25.

[45] MARTIN E, CHAN N D, SHAHEEN S A. Understanding How Ecodriving Public Education can Result in Reduced Fuel Use and Greenhouse Gas Emissions[C]. Presented at the 91th Annual Meeting of the Transportation Research Board, Washington, D. C. , 2012.

[46] A. SHAHEEN S, W. MARTIN E, S. FINSON R. Ecodriving and Carbon Footprinting: Understanding How Public Education Can Reduce Greenhouse Gas Emissions and Fuel Use [R]. Ca-Mti-12-2808, April 2012.

[47] GONDER J, EARLEYWINE M, SPARKS W. Final Report on the Fuel Saving Effectiveness of Various Driver Feedback Approaches [R]. Milestone Report, NREL/MP-5400-50836, March 2011.

[48] WAHLBERG A E. Long-Term Effects of Training in Economical Driving: Fuel Consumption, Accidents, Driver Acceleration Behavioral and Technical Feedback [J]. International Journal of Industrial Ergonomics, 2007, 37(4): 333-343.

[49] ZARKADOULA M, ZOIDIS G, TRITOPOULOU E. Training Urban Bus Drivers to Promote Smart Driving: A Note on a Greek Eco-Driving Pilot Program [J]. Transportation Research Part D, 2007, 12: 449-451.

[50] 周钰严. 基于微观仿真的交叉口范围内生态驾驶行为影响分析[D]. 北京: 北京交通大学, 2016.

[51] MORELLO E, TOFFOLO S, MAGRA G. Impact Analysis of Ecodriving Behaviour Using Suitabale Simulation Platform[J]. Transportation Research Procedia, 2016, 14: 3119-3128.

[52] 王福景, 于继承, 赵雨旸, 等. 基于VISSIM仿真的生态驾驶行为对交叉口运行效率影响[J]. 交通科技与经济, 2014, 16(2): 109-113.

[53] LEE H, LEE W, LIM Y K. The Effect of Eco-Driving System towards Sustainable Driving Behavior [C]. CHI'10 Extended Abstracts on Human Factors in Computing Systems. ACM, 2010: 4255-4260.

[54] BIRRELL S A, YOUNG M S. The Impact of Smart Driving Aids on Driving Performance and Driver Distraction [J]. Transportation Research Part F, 2011, 14: 484-493.

[55] QIAN G B, CHUNG E. Evaluating Effects of Eco-Driving at Traffic Intersections Based on Traffic Micro-Simulation [C]. Australasian Transport Research Forum 2011 Proceedings, 28-30 September 2011, Adelaide, Australia: 1-11.

[56] KOBAYSHI I, TSUBOTA Y, KAEASHIMA H. Eco-Driving Simulation: Evaluation of Eco-Driving within a Network Using Traffic Simulation [J]. Urban Transport XIII: Urban Transport and the Environment in the 21st Century, 2007: 741-750.

[57] XIA H T, BORIBOONSOMSIN K, BARTH M. Indirect Network-Wide Energy/Emissions Benefits from Dynamic Eco-Driving on Signalized Corridors [C]. 14th International IEEE Conference on In-

telligent Transportation Systems, Washington, D. C., U. S. A, 2011: 329-334.

[58] NISHIHORIY A R. How Does Driving Behavior Change When Following an Eco-Driving Car? [J]. Procedia Social and Behavioral Sciences, 2011, 20(6): 577-587.

[59] ZHAO X H, WU Y P, RONG J, et al. Development of a Driving Simulator Based Eco-Driving Support System [J]. Transportation Research Part C: Emerging Technologies, 2015, 58: 631-641.

[60] BELOUFA S, CAUCHARD F, VEDRENNE J, et al. Learning Eco-Driving Behaviour in a Driving Simulator: Contribution of Instructional Videos and Interactive Guidance System [J]. Transportation Research Part F: Traffic Psychology and Behaviour, 2019, 61: 201-216.

[61] WU Y P, ZHAO X H, RONG J, et al. How Eco-Driving Training Course Influences Driver Behavior and Comprehensibility: A Driving Simulator Study [J]. Cognition, Technology & Work, 2017, 19(4): 731-742.

[62] WU Y P, ZHAO X H, RONG J, et al. The Effectiveness of Eco-Driving Training for Male Professional and Non-Professional Drivers [J]. Transportation Research Part D: Transport and Environment, 2018, 59: 121-133.

[63] GONDER J, EARLEYWINE M, SPARKS W. Final Report on the Fuel Saving Effectiveness of Various Driver Feedback Approaches [J]. Contract, 2011, 303: 275-3000.

[64] AZZI S, REYMOND G, MERIENNE F, et al. Eco-Driving Performance Assessment with In-Car Visual and Haptic Feedback Assistance [J]. Journal of Computing and Information Science in Engineering, 2011, 11(4): 041005.

[65] GUILLAUME S P, RINO B, JEROEN H, et al. Eco-Driving in the Real-World: Behaviroural, Environmental and Safety Impacts [R]. The University of Leeds, Leeds, 2016.

[66] WU Y P, ZHAO X H, CHEN C, et al. Development and Application of an Ecodriving Support Platform Based on Internet+: Case Study in Beijing Taxicabs [J]. Transportation Research Record: Journal of the Transportation Research Board, 2017, 2645: 57-66.

[67] VAEZIPOUR A, RAKOTONIRAINY A, HAWORTH N, et al. A Simulator Evaluation of In-Vehicle Human Machine Interfaces for Eco-Safe Driving [J]. Transportation Research Part A: Policy and Practice, 2018, 118: 696-713.

[68] DAHLINGER A, TIEFENBECK V, RYDER B, et al. The Impact of Numerical Vs. Symbolic Eco-Driving Feedback on Fuel Consumption-A Randomized Control Field Trial [J]. Transportation Research Part D: Transport and Environment, 2018, 65: 375-386.

[69] SANGUINETTI A, QUEEN E, YEE C, et al. Average Impact and Important Features of Onboard Eco-Driving Feedback: A Meta-Analysis [J]. Transportation Research Part F: Traffic Psychology and Behaviour, 2020, 70: 1-14.

[70] C. MCILROY R, A. STANTON N, GODWIN L. Good Vibrations: Using a Haptic Accelerator Pedal to Encourage Eco-Driving [J]. Transportation Research Part F: Traffic Psychology and Behaviour, 2017, 46: 34-46.

[71] LI M, WU X, HE X, et al. An Eco-Driving System for Electric Vehicles with Signal Control under V2X Environment [J]. Transportation Research Part C: Emerging Technologies, 2018, 93: 335-350.

第3章 生态驾驶行为研究测试平台

3.1 驾驶行为研究测试平台概述

精细化的微观驾驶行为数据感知与测试平台是开展驾驶行为研究的前提和基础。由于驾驶行为数据包括驾驶人视觉感知、反应决策、车辆操控、车辆运行以及驾驶人生心理状态等各个方面，多维度、细粒度、动态性等特征明显，给全方位和精细化获取微观驾驶行为参数带来了挑战。实车采集和驾驶模拟是当前驾驶行为数据感知的两种主流手段。

实车驾驶行为数据主要通过在车端安装感知设备获得，通常分为本地化采集和在线监测两种形式。本地化采集根据数据感知需求选择车载感知设备，按照规定路线进行数据采集。在线监测将车载设备与车辆定位和通信技术等相结合，实现车辆运行状态动态感知，具有样本量大、覆盖范围广、对驾驶人影响小等优势，可以实现车辆运行轨迹的动态监测，但综合考虑成本与通信等因素，通常采集的驾驶行为数据内容相对较少。

驾驶模拟实验平台借助虚拟现实技术，联通硬件设备和软件系统，使驾驶人在虚拟驾驶环境中，能够感受接近真实效果的视觉、听觉和体感的汽车驾驶体验。驾驶模拟实验平台具有安全风险小、测试成本低、条件可控制、事件可重复等优势，是驾驶行为相关研究的重要支撑。目前，台架测试和驾驶模拟器仿真测试是驾驶模拟实验研究的两种主流手段。

由于不同驾驶行为数据感知手段各有特点，单一的车载感知设备只能采集某些特定的驾驶行为参数，因此将专业驾驶行为数据采集设备与实车运行监测和驾驶模拟实验测试进行统合，构建综合测试平台实现不同维度驾驶行为参数的同步感知，是当前驾驶行为数据感知的主流手段。例如，同步利用眼动仪、脑电仪、心电仪等采集驾驶人生心理状态，VBOX传感器获取驾驶人操控行为，移动式车载排放检测（PEMS）设备感知收集车辆尾气排放，进而通过时空匹配获得综合数据。

本章主要介绍台架试验系统、驾驶模拟器、车辆运行监测平台等常见驾驶行为研究测试平台，并结合前期生态驾驶行为研究工作，阐述生态驾驶驾驶行为驾驶模拟研究测试平台和自然驾驶研究测试平台。

3.2 台架试验系统

台架试验具有精度高、效率高、干扰小、重复性好等特点，不仅可以进行车辆机构、总成及零部件试验，还可进行整车性能试验，如动力性、经济性、制动性、操纵稳定性、平顺性等。通常情况下，台架试验系统主要分为整车性能、整车道路振动、能耗和排放、主要总成4种。

1）整车性能台架试验系统

在室内进行整车性能测试，需要利用转毂替代车辆行驶路面。转毂试验台，又称汽车底盘测功机，是汽车在室内进行整车性能试验最基础的设备。汽车底盘测功机有单毂、双毂、二轮转毂、四轮转毂等多种不同结构（图 3-1）。汽车底盘测功机的结构形式和转毂直径对实验精度影响很大。常采用大直径的单转毂式汽车底盘测功机，以获得高精度测试结果。当转毂直径超过 6m，转毂曲率对测试结果的影响几乎可以完全忽略。大直径单毂式汽车底盘测功机的体积庞大、制造成本较高，对于汽车噪声、排放、行驶可靠性与耐久性等对滚动阻力大小不敏感的试验项目，通常采用体积小、制造成本低的双毂式或转毂直径相对较小的单毂式汽车底盘测功机。由于双毂式底盘测功机的转毂直径不能做得很大，转毂曲率对测试结果的影响不可忽略。

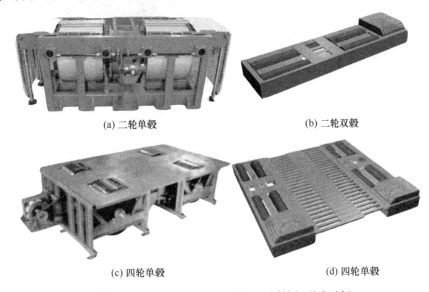

(a) 二轮单毂　　　　　　　　　　(b) 二轮双毂

(c) 四轮单毂　　　　　　　　　　(d) 四轮单毂

图 3-1　台架试验汽车底盘测功机不同转毂形式示例

汽车底盘测功机主要由测功机、传感器、转毂组件、控制系统及车辆固定装置等组成（图 3-2）。其中，电力测功机和计算机控制系统是汽车底盘测功机的核心部分。为了满足某些特殊性能试验需求，需对转毂组件、动力转动装置、测功机等机械部分进行特殊设计，如专门针对行驶噪声的低噪声汽车底盘测功机。计算机控制系统是汽车底盘测功机的"神经中枢"，其功能很大程度上决定了底盘测功机性能的优劣。

汽车整车室内台架试验内容十分丰富，除汽车动力性和经济性测试外，还能进行汽车制动性能、低高温环境试验、噪声试验、操纵稳定性试验、行驶平顺性试验、排放实验及其他各类研究性试验。针对汽车动力性、经济性、噪声、环境、可靠性与耐久性等室内试验，所采用的主体基础设备均为汽车底盘测功机。对于不同试验项目，根据试验内容和要求，在室内构建与之相适应的测试环境，并补充相应的传感器便可完成试验。

2）整车道路振动台架试验系统

汽车整车道路振动台架试验于 20 世纪 60 年代便开始用于研究汽车整车可靠性，目前已拓展至整车异响评估、噪声与汽车整车动态特性研究等领域。其工作原理为：根据引起汽车疲劳损伤的主要因素，编排汽车在典型道路或汽车试验场行驶的路面，采集汽车在典

(a) 汽车底盘测功机外形

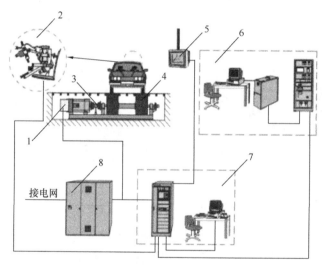

(b) 汽车底盘测功机组成

图 3-2 汽车底盘测功机

1—电力测功机；2—自动驾驶仪；3—测试用传感器；4—转毂；5—显示器；
6—实验室中心机房；7—主控计算机；8—电源柜；9—车辆固定装置

型道路或汽车试验场行驶过程中车轮轴头的振动响应信号，通过对所采信号的编辑与处理，获得汽车在行驶过程中的道路谱；然后，将汽车置于汽车整车道路振动台架试验平台进行试验。在试验起始阶段，先将汽车视作未知控制系统，给车轮激振器噪声信号驱动，通过测量该噪声信号产生的车轴响应及计算频率响应函数识别该未知系统。编排后的道路谱信号是道路振动台架试验期望得到的响应信号，将测得车轴的频率响应函数信号与之比较，并通过反复迭代计算逐渐修正初始驱动信号，以得到模拟路面行驶所需的高精度目标驱动信号，再将获得的目标驱动信号作为输入值进行试验。

汽车整车道路振动模拟试验平台有电动式和电控液压伺服式两种。由于电控液压伺服式道路台架振动试验平台具有制造成本相对较低且性能优良等特点，应用较为广泛。汽车整车道路振动试验台由液压站、带车轮（或车轴）托架的液压伺服激振器、路谱模拟控制器等组成。早期的试验台大多采用单轴式结构（图 3-3a）。虽然单轴振动试验方法具有较强的通用性和适用性，但用单轴振动模拟汽车实际运行过程中的多轴振动环境的真实性仍受到质疑。为了获得更加准确可靠的试验结果，三轴六自由度的汽车整车道路振动模拟试验系统已成为汽车制造与产品研发部门的主流设备（图 3-3b）。

(a) 单轴汽车道路振动模拟试验平台

(b) 六自由度汽车道路振动模拟试验平台

图 3-3　汽车整车道路振动模拟试验平台

3）能耗和排放台架试验系统

由于场地条件限制，较难利用道路试验检测汽车的燃油经济性和尾气排放，汽车检测站常在底盘测功试验台上参照有关规定模拟道路试验来检测汽车的燃油经济性和尾气合格性（图 3-4）。

我国自 2001 年开始改变过去只检测汽油车怠速污染物浓度和柴油车自由加速烟度的方法，引进欧盟的汽车排放标准体系，制定了我国的第一部汽车排放法规，对新开发的车

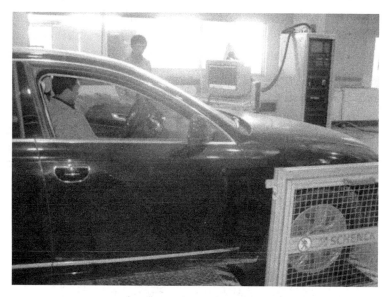

图 3-4　台架实验检测车辆排放示意图

型采用工况法检测汽车排放有害气体的总量。测试汽车按照规定的 15 个工况运行四个循环，加上 400s 郊外高速运行工况，全过程平均每公里排出的 HC、CO、NO_X 和 PM 等有害气体的质量。由于需要模拟较为复杂的汽车运行工况，需要使用性能良好的高精度汽车底盘测功机。汽车排放污染物测试需要的硬、软件设备包括：汽车排放定容稀释采样系统、多组分排放分析系统、颗粒物测试系统、汽车排放检测控制系统和汽车排放测试主控软件系统等。

交通行业标准《道路运输车辆技术等级划分和评定要求》JT/T 198—2016 对用底盘测功试验台检测等速百公里燃油消耗量作了以下规定：启动发动机，使汽车运转至正常热工况。在底盘测功试验台上，变速器置于直接挡（无直接挡的用最高挡），底盘测功试验台加载至限定条件，使汽车稳定在测试车速，测量燃油消耗量，并换算成百公里燃油消耗量。台架试验时，汽车燃油经济性检测是底盘测功试验台和油耗仪配合使用完成的。底盘测功试验台用于提供行驶路面并模拟汽车在道路上行驶时的阻力，油耗仪则用于燃油消耗量的测量。

4）主要总成台架试验系统

总成台架试验系统主要用于测试汽车总成部件的性能。由于汽车总成部件的种类、数量繁多，汽车总成部件的试验设备十分繁杂，其种类、数量和试验内容远多于整车试验。典型的总成台架试验系统包括发动机台架试验系统、汽车动力与传动试验系统、传动系统主要总成部件试验系统等。

发动机是汽车中结构最复杂、要求最高的总成。发动机台架试验系统可以完成发动机速度特性、负荷特性、万有特性、调速特性、可靠性、耐久性、噪声、排放、转动惯量等的测试和研究工作。

汽车动力与转动试验系统是从事汽车动力与转动系统研发与匹配研究不可或缺的重要工具。不仅可以用于汽车动力与转动系统开发、性能研究（如整车动力性、经济性、可靠性、排放与噪声），而且在汽车动力与转动系统的各总成部件开发的前期，就可以借助汽车动力与转动试验系统进行汽车整车性能的预测与评估、修正与确定转动系统的结构与性能参数，可以大大缩减汽车产品的开发周期，还能有效规避产品研发风险。

传动系统主要总成部件试验系统可分为变速器、离合器、传动轴试验系统。变速器、离合器试验系统可以对变速器传动效率、运行平稳性、动力传动能力、可靠耐久性、变速操纵机构、离合器的传扭能力、摩擦片的寿命、离合器结合的平稳性、离合器操纵力等内容进行测试。传动轴试验系统可以按照设定的主从动轴夹角变化规律模拟汽车行驶工况对其进行各项性能试验，为研究传动轴的结构、性能、寿命及开发新产品提供技术支持。

3.3 驾驶模拟器

驾驶模拟系统利用虚拟现实技术（Virtual Reality）营造虚拟驾车环境，驾驶人通过操作模拟器的部件与虚拟环境产生交互，从而完成驾驶训练或驾车体验。驾驶模拟系统由动力学仿真系统、视景仿真系统、声频仿真系统、运行操作系统和数据记录系统组成，驾驶人驾驶模拟器时，计算机实时产生行驶过程中的虚拟视景、音响效果和运动感觉，使用户沉浸在虚拟环境中，给予真实的驾驶感觉。驾驶模拟最早出现在航空驾驶训练中，随着计算机成像技术和运算能力的发展，其逐渐应用在汽车训练中。目前，驾驶模拟器已经广泛应用于车辆工程、交通工程、人因工程等领域。当前驾驶模拟器主要有三种形式，分别是简单电脑驾驶模拟器、真实车辆驾驶模拟器和多自由度驾驶模拟器。

1）简单电脑驾驶模拟器

简单电脑驾驶模拟器如图 3-5 所示。简单电脑驾驶模拟器安装有一台或者几台计算机，以及屏幕、方向盘、离合器、挡位等驾驶操作部件。操作部件上安装有传感器，传感器检测用户动作，通过传感器采集系统进行信息获取，然后输入计算机进行处理，再通过显示器和传感器反馈给用户。此类驾驶模拟器造价低，功能简单，真实驾车体验感不强，主要应用于汽车驾驶人和飞行员的常规驾驶操作流程训练等。

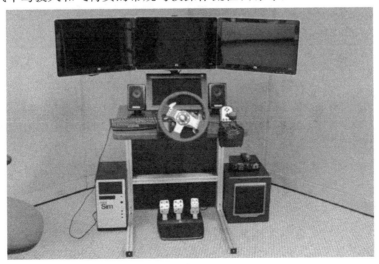

图 3-5　简单电脑驾驶模拟器

2) 真实车辆驾驶模拟器

图 3-6 为真实车辆驾驶模拟器,该模拟器采用多个屏幕或者环形屏幕提供视角大于 140°的水平视野和大于 40°的垂直视野。真实车辆驾驶模拟器通过音频设备模拟喇叭、发动机、车辆运行过程中的振动以及道路上其他声音,同时还能模拟车辆制动、鸣笛、转弯侧滑时发出的声音。通过振动发生器产生纵向振动,增强驾驶模拟器真实有效的模拟性能。北京工业大学驾驶行为模拟实验平台是真实车辆驾驶模拟器的典型代表,硬件系统由控制系统、显示系统和车辆系统三部分组成,控制驱动系统是整个平台的核心,显示系统是平台运行主要结果的体现,车辆系统则是实现人机对接的平台,也是驾驶人能够进行驾驶操作的接口。由于此类模拟器造价相对便宜并且能够产生较为真实的驾车体验,目前国外高校和科研机构大都采用此类模拟器进行交通安全方向的科学研究。

图 3-6 真实车辆驾驶模拟器

3) 多自由度驾驶模拟器

如图 3-7 所示,多自由度驾驶模拟器基于液压伺服装置,其运动系统(体感模拟系统)可以模拟多自由度姿态,动力学模型非常完善,视景仿真系统复杂逼真。在多自由度驾驶模拟器中,驾驶人可以体验到与实车驾驶几乎完全相同的驾车感受。多自由度模拟器主要用于研制和开发车辆以及交通安全科学研究,价格比较昂贵,但精度高、功能全。日本汽车研究所于 1995 年研制成功了具有体感模拟系统的模拟器。美国通用公司研制成功的第二代驾驶模拟器,其各项性能指标居世界领先水平。美国 IOWA 大学的液压伺服体感模拟系统被称作为"美国国家高级驾驶模拟器"(NADS)。吉林大学构建的我国第一台驾驶模拟器 ADSL,属于六自由度模拟器,采用圆形座舱,视景系统采用三个投影仪投影,模拟驾驶环境,座舱底部的三个大型液压装置联动控制,可以实现汽车的平纵横运动感。目前,同济大学、东南大学、交通运输部公路科学研究院等高校和科研机构陆续构建了多自由度驾驶模拟器,在国内得到了广泛关注。

第 3 章 生态驾驶行为研究测试平台

图 3-7 多自由度驾驶模拟器

3.4 车辆运行监测平台

根据监测及管控目的和需求不同，车辆运行监测平台具有不同形式，并采用不同的技术手段和车载设备。通常情况下，车辆运行监测平台以定位系统为基础支撑，通过整合其他车载设备和通信技术，实现车辆运行数据的动态感知，部分平台还可以实现车辆运行状态的实时判别和反馈。

图 3-8 是基于 GPS 定位系统专门用于校车安全运行监测与管理的平台架构。平台主要由车载终端（包含 3G 车载录像机、4G 车载录像机、车载 SD 卡录像机、车载硬盘录像机、车载摄像机等）、监控中心、传输网络等组成。GPS 监控管理系统可以对车辆的出车

图 3-8 校车安全监管平台

时间、途中用时、到达时间、回程时间、停车时间、超速行驶、疲劳驾驶、轨迹分析、迟到管理、进出地点、网点管理、线路管理、里程统计、油耗管理、数据统计等业务进行报表分析。具体功能包括：

（1）实时跟踪。利用全球卫星定位系统，24小时提供车辆位置并可通过卫星地图等进行可视化显示。系统自动最大化显示车辆当前地点和前两分钟的行车轨迹，自动以蓝色线条描述需监控车辆的运行路线，自动刷新和实时查看车辆最新位置。

（2）轨迹查询。可查询车辆在任何时段的行车情况以及停车地点、停车时长，并可直观地在地图上显示。

（3）油耗管理。应用车辆GPS运行轨迹计算技术及车辆油耗数据，对车辆任意时段内的行车里程和油耗进行科学化管理。

（4）安全管理。具备强大的防盗、防抢、求助功能，当车辆越界、超速或拆除GPS时，终端自动发送信息进行提醒。

（5）报表统计。对不同车辆行驶状态进行统计分析：①车辆停车地点及时间；②车辆行车状况；③车辆停车未熄火情况；④堵车地点及时间等。

（6）存储定位报告。当GPRS没有信号或与监控中心通信中断，GPS定位报告数据将被存储在设备的存储器中，当GPRS再次连通后，所有存储数据重新传送到服务器。

（7）地图位置标注。可在地图上标注自己的网点及客户地点，通过更多网点标注，可确定最有效行车路径，并可清楚知道车辆是否按规定运行。

（8）网上查询位置。可上网登录查车系统查询车辆实时位置。

3.5 常用驾驶行为感知设备

为更全面地获取驾驶行为参数和研究驾驶行为特征，除依靠台架试验系统、驾驶模拟器和车辆运行监测平台，还经常借助其他驾驶行为感知设备。常用驾驶行为感知设备主要可以分为车载设备和驾驶人穿戴设备两类。

3.5.1 车载设备

车载设备固定安装在车辆特定位置，主要用于采集车辆自身运行数据，并可实现诸如面部表情、注视行为等部分驾驶人生心理特征监测，一般不会与驾驶人直接接触，具有干扰小、数据稳定等优势。常见的驾驶行为车载感知设备包括车载定位终端、VBOX数据采集系统、车载OBD终端、移动式车载排放检测终端（PEMS）、高清摄像头等。

1）车载定位终端

GPS是目前最常用的车载定位设备，随着北斗技术的快速发展，基于北斗的车载定位终端在我国逐渐普及。通常情况下，车载GPS或北斗设备融合通信模块，可以实时感知和传输车辆运行时间、位置、速度等信息，不仅是车辆导航系统的重要支撑，也是车辆运行监控的重要手段。由于具有安装简单便捷、易于普及等特点，车载定位终端常用作车辆基本运行行为的感知手段。但是，由于在定位精度、行为信息内容、数据稳定性等方面仍存在一定局限性，常常需要结合其他设备共同完成更加精细的驾驶行为数据感知。典型的车载定位终端见图3-9。

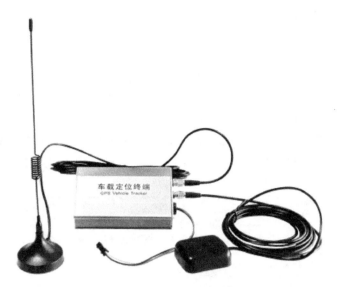

图 3-9 车载定位终端示例

2）VBOX 数据采集系统

新一代 VBOX 数据采集系统基于高性能卫星接收器，由主机和外部接口组成，可外接各种模块和传感器。主机用于测量移动车辆的位置、速度、距离、时间、航向角、加速度等，外接传感器可以采集油耗、温度、转向角速度及角度、转向力矩、制动踏板力、制动踏板位移等其他诸多数据。VBOX 体积较小，便于安装，可以有多种数据采集和更新频率供选择，适合用于汽车综合测试数据采集。由于 VBOX 本身带有标准的模拟、数字、CAN 总线接口，整个数据采集系统可以根据用户需求进行扩充。典型的 VBOX 数据采集设备如图 3-10 所示。

3）OBD 终端

OBD 终端是结合 GPRS 通信、GPS 定位、ODB 诊断，且双天线全内置的一体化小型定位诊断终端，并且支持扩展外置 GPS 天线以提高定位信号强度。终端即插即用，无需专业人员即可实现自行安装。结合 android 和 iphone 手机 APP，车主可轻松地实现车辆定位跟踪、车辆防盗和行程回放，而且可以对汽车进行体检，实时获取汽车运行工况。根据相关数值的变化，结合 3D 传感器，可以准确统计驾驶习惯（如急加速、急减速、急转弯、超速）。另外，终端支持标准的 OBD 通信协议，通过实时获取汽车 ECU 数据，可以精确计算油耗及里程。典型车载 OBD 终端见图 3-11。

图 3-10 VBOX 数据采集设备

图 3-11 OBD 车载终端

4)车载尾气检测设备(PEMS)

车载尾气检测设备又称便携式排放测试系统(Portable Emission Measurement System,PEMS)(图3-12),由车载气态污染物测量仪OBS-2200和车载微粒物测量仪ELPI组成,是用于实际道路行驶条件下实时检测车辆排放特性的专用设备。PEMS通过与汽车尾气管道相连的探针采集污染物的浓度,包括一氧化碳(CO)、碳氢化合物(HC)、氮氧化合物(NO_x)和颗粒物(PM)等。同时PEMS可以与车辆OBD接口相连接,从而得到发动机及车辆的相关技术参数,如发动机转速、进气管压力、进气管温度以及车辆速度等,通过这些车辆参数可以计算出机动车的尾气排放量,从而可与PEMS检测得到的排放量进行相互验证。

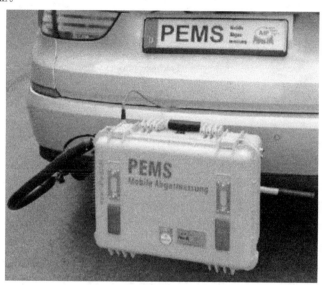

图3-12 车载尾气检测设备(PEMS)

5)视频采集设备

随着视频感知和图像识别技术的快速发展,尤其是微型和高清摄像头的出现,车载视频采集设备广泛应用,成为感知和监测车内车、外环境和驾驶人状态的重要手段。利用微型摄像头,可实时感知驾驶人面部表情(如哈欠)、眨眼频率、注视行为等生心理特征,通过在不同位置安装多组摄像头,还可以监测驾驶人对方向盘和踏板等的操控行为,可以为识别驾驶人疲劳状态和风险驾驶行为等提供支撑。Insight非接触式眼动仪是基于视频图像处理系统远程监控驾驶人注意力状态的典型设备(图3-13),可以测量瞳孔直径和眼睛睁开程,也能够测量被试者的头部运动和注视方向。Insight采用红外线检测,能够实现从白天到完全黑夜环境条件下检测。

3.5.2 驾驶人穿戴设备

驾驶人穿戴设备通过与驾驶人直接接触,从而获得驾驶人生心理等方面的特征参数。常用的驾驶人穿戴设备包括眼动仪、脑电仪和心电仪,分别用于采集驾驶人视觉、反应决策和心理特征。由于设备需要和驾驶人直接接触,难免会对驾驶人造成一定干扰,因此其应用广泛性和便捷性受到一定限制,主要用于特定目标下的实验测试。

图 3-13 非接触式眼动仪

1) 眼动仪

眼动仪分为接触式和非接触式两种,其中非接触式主要依靠高清视频感知技术,如图 3-14 所示。根据佩戴位置不同,接触式眼动仪又可分为头盔式和眼镜式。SMI 公司提供的两种眼动仪集被试活动的自由性和设置及操作的便捷性于一体,功能包括:(1) 强大且便于调整的眼动追踪算法,确保在特殊环境条件下数据的精确性;(2) 用户界面友好,系统集成性管理,可以实现实时数据定性预览;(3) 眼部视频图像可实现即时分析,被试凝视位置以及辅助信息被添加到凝视视频图像上,可实现所有相关信息的存储;(4) 系统可采集所有相关的眼动数据并可实现快速精确的控制和分析,在被试者移动或静止条件下测查凝视位置及瞳孔大小。

(a) 头盔式眼动仪

(b) 眼镜式眼动仪

图 3-14 接触式眼动仪

2) 脑电仪

Neuroscan 32 导脑电仪(图 3-15)是目前世界范围内被广泛使用的脑电采集分析系统,适合进行脑认知科学研究。仪器包括脑电帽、NuAmps 型放大器、导电膏、数据采集狗、数据分析狗、Scan 数据分析软件。脑电帽上的电极是安放于头皮上的金属导体,头皮电位通过电极与导电膏传送至电脑,在插有数据采集狗的电脑中以脑电图的形式被记录和保存。Neuroscan 具有全新的脑电分析研究方法,包括采用 DC 方式(也可采用 AC 传统方法)采集脑电信号、在线实时分析(ERP、脑电频谱分析、相干同步分析等)、通过ICA/PCA（独立成分分析和主成分分析）的方法去掉EEG中无效成分、通过Source实时观察偶极子的状态等。

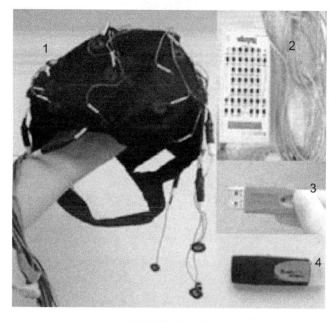

图3-15 脑电仪
1—脑电帽；2—放大器；3—数据采集狗；4—数据分析狗

3）心电仪

KF2型动态多参数生理检测仪（图3-16）是驾驶人心理状态感知的常用设备，可以

图3-16 心电检测仪
1—生理参数记录保护套；2—心电数据记忆卡；3—充电器；
4—检测仪主机；5—副带

用于长时间检测驾驶人在各种状态（运动、睡眠等）下的生理参数（心电图、心率、呼吸、体位、体动）以及体表温度等信号。仪器由检测仪主机、副带、软件光盘和充电器构成。分析软件用于分析检测仪记录的数据，具有显示信号波形、QRS 波检测、呼吸率检测、心律失常分析、HRV 分析、ST 段分析、体动强度分析等功能。

3.6 生态驾驶行为驾驶模拟研究测试平台

生态驾驶行为驾驶模拟研究测试平台基于北京工业大学驾驶模拟系统开发搭建。一方面，基于驾驶模拟技术，重点攻克场景设计、事件设计、实验控制和能耗排放计算等关键问题，实现能耗排放约束下的驾驶操作行为数据感知与汇聚。另一方面，结合用户数据通信协议（UDP）和无线通信技术（WiFi），开发形成生态驾驶行为辅助系统上位机软件，为从驾驶操作层面实现驾驶人驾驶行为生态性评估和反馈优化提供支撑。

3.6.1 平台框架结构

为完成驾驶人驾驶操作行为数据感知，并实现驾驶操作行为生态特性的评估与优化，研究以驾驶模拟器为基础，通过计算机编程语言二次开发，形成综合实验平台框架结构，如图 3-17 所示：

驾驶模拟实验平台主要由基础数据采集模块、数据存储与处理模块、数据应用模块和数据传输模块四个部分组成。

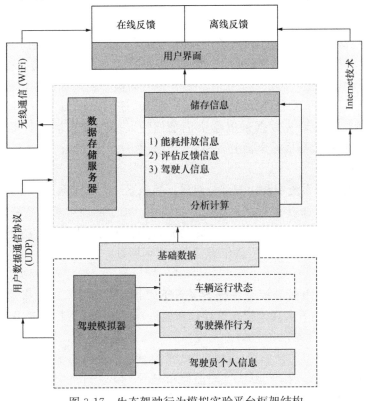

图 3-17 生态驾驶行为模拟实验平台框架结构

1) 数据采集模块

利用驾驶模拟器可以获取车辆行驶过程中驾驶人操作行为数据及车辆运行状态数据，连同驾驶人性别、年龄、驾龄等个人信息数据，可形成研究数据基础，支撑驾驶人驾驶行为能耗排放特征分析和生态驾驶行为评估甄别及反馈优化。

2) 数据存储与处理模块

利用本地服务器，一方面存储由数据采集模块感知获得的基础数据，另一方面完成车辆能耗排放计算、驾驶行为生态性评估及反馈优化信息生成等核心数据处理任务，共同服务于数据应用端的生态驾驶行为评估甄别及反馈优化。

3) 数据应用模块

基于数据存储与处理模块生成的数据处理结果，通过在线反馈和离线反馈两种形式，分别在车辆行驶过程中提供驾驶人实时动态信息反馈和在行车结束后提供评估反馈报告。

4) 数据传输模块

驾驶模拟实验平台数据传输主要涉及用户数据通信协议（UDP）、无线通信技术（WiFi）及 Internet 技术三种形式。基于 UDP 协议，实现原始采集数据向数据存储及处理模块传输；基于 WiFi 技术，实现处理分析后的数据结果向驾驶人实时动态反馈；基于 Internet 技术，将生成的生态驾驶行为评估反馈报告向驾驶人离线反馈。

3.6.2 数据采集平台

北京工业大学驾驶模拟数据采集平台由真实车辆驾驶模拟器和控制系统组成（图 3-18）。该平台能够虚拟再现道路条件、交通设施、路侧环境、运动车辆等实际行车过程的驾驶场景，可根据需求设置天气条件和时间情景。模拟平台提供前方 130°水平视野和 40°垂直视野，后方 30°水平视野和 40°垂直视野，拥有左、右后视镜。模拟器所用车辆为丰田 Yaris 手动挡车型，具备驾驶操作项目包括方向盘、加速和制动踏板、离合踏板及挡位等，并能产生 0~10Hz 的振动感。除此，模拟器还可以模拟发动机运行、车辆制动及振动、转弯侧滑等音效。数据采集模块记录驾驶人操作和车辆运行参数的频率可达 30Hz，并能产生和记录与目标车辆前后相近其他车辆的运行参数。

1) 平台硬件

该模拟平台的硬件系统主要由三部分组成：控制系统、显示系统和车辆系统。硬件基本组成如图 3-19 所示。其中，控制系统是平台核心，用于实现对实验系统的设计、控制、监控和记录等。车辆系统实现人机对接，是驾驶人能够进行驾驶操作的平台，实现逼真的车辆驾驶感受。显示系统为驾驶人提供虚拟 3D 驾车场景。

2) 平台软件

模拟平台软件主要由核心控制系统 SCANeR™ studio 和虚拟环境搭建系统两部分组成，如图 3-20 所示。前者实现模拟场景计算和运行，后者完成虚拟场景设计。

SCANeR™ studio 主要功能包括：完成车辆与场景动态交互，模拟外界车辆及道路交通设施，计算和呈现模拟驾驶场景，接收驾驶操控信息，输出车辆运行参数。与此同时，SCANeR™ studio 完成车辆运行状态实时监控和记录，以 30Hz 的频率记录和输出车辆运行状态、驾驶人操作特征、车辆运行环境周边特征等。记录和输出参数包括：数据记录时

第 3 章　生态驾驶行为研究测试平台

(a) 驾驶模拟平台硬件设备

(b) 驾驶模拟平台软件系统

图 3-18　北京工业大学驾驶模拟数据采集平台

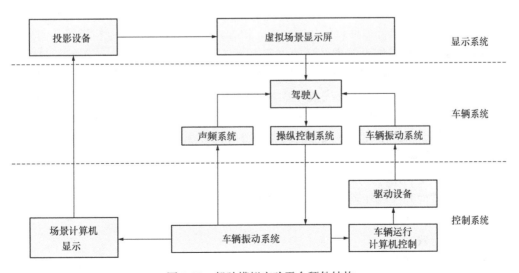

图 3-19　驾驶模拟实验平台硬件结构

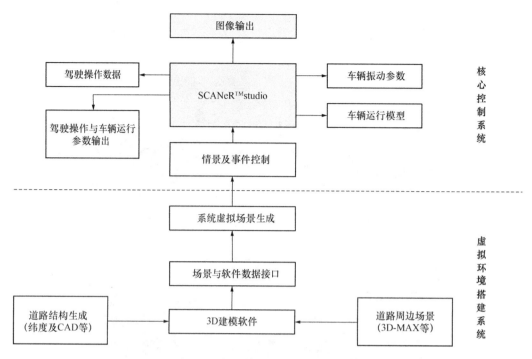

图 3-20 驾驶模拟实验平台软件结构

间、车辆速度、车辆加速度、发动机转速、方向盘转角、加速踏板踩踏深度、制动踏板踩踏深度、离合踩踏深度、挡位、车辆距下个交叉口距离、车辆距下个交通信号灯距离、车辆位置坐标、车辆横向位置、前车及后车标号、距前车及后车距离、前车及后车速度、前车及后车加速度等。更重要的是，SCANeR™studio 具有动态开放的编程接口，可根据实验需求，利用脚本语言控制其他车辆运行状态、交通信号、时间、天气及突发事件等，完成驾驶事件设计。

虚拟场景是驾驶模拟平台运行的基本条件，是保障实验结果科学可信的前提。为实现场景的逼真性，需要结合多种软件共同实现，比如，利用 AutoCAD 进行道路几何条件绘制、HintCAD（纬地）解决坡道及桥梁高程问题、3D MAX 和 Creator 实现场景三维建模、Photoshop 完成图形图像处理。除此，场景设计的逼真性有时还涉及灯光控制效果，常需采用 3D 编程技术实现。在完成实验场景制作后，需通过数据接口导入 SCANeR™ studio 软件，生成系统可识别的驾驶场景。总体看来，虚拟场景开发是一项细致工作，可靠逼真的虚拟场景来源于设计者大量时间和精力的花费。

3）平台有效性

有效性验证是利用驾驶模拟实验平台开展相关研究工作的前提。从驾驶人视觉、行为及生心理三个方面开展内外场对比实验，并采用调查问卷评估驾驶人主观真实感受，综合实施平台有效性验证。

（1）视觉有效性

交通标志是道路交通环境中的重要元素之一，是规范驾驶人驾驶行为的无声语言。由于存在光线和视距等方面的差异，在模拟驾驶场景中，需要将实际道路中的交通标志进行尺寸上的放大才能达到逼真的仿真效果，放大原理如图 3-21 所示。

第 3 章 生态驾驶行为研究测试平台

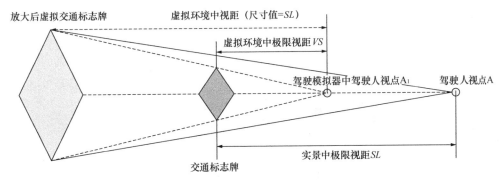

图 3-21 交通标志视觉有效性示意

根据图 3-21 所示原理，研究经过多次反复测试：虚拟环境极限视距（VS）/实景中极限视距（SL）=1.5。因此，最终确定适用于本驾驶模拟器视觉有效性的标志放大倍数为 1.5 倍。

（2）驾驶行为有效性

车辆运行速度是表征驾驶模拟仿真驾驶行为有效性的重要指标。为测试驾驶模拟实验测试速度的有效性，研究选取北京市四环快速路四方桥及连接路段为测试点。一方面，在内场搭建高仿真度模拟实验场景，并选取 30 名驾驶人开展驾驶模拟实验，获取车辆运行速度；另一方面，外场利用雷达枪实地调查测试路段不同关键点位的运行速度。其中，平直路段处车辆在不同关键点位的内外场平均速度如图 3-22 所示；图 3-23 为平纵线形组合路段各关键点处的内外场平均车速。

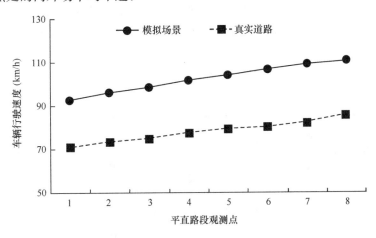

图 3-22 平直路段速度有效性测试

图 3-22 表明，在平直路段各关键点处，驾驶模拟获得平均速度总体高于真实道路条件下的车速，但二者的变化趋势一致，具有良好的相对一致性。图 3-23 显示，在平纵线形组合路段的各关键点处，驾驶模拟获得平均速度总体略微高于真实道路条件下的车速，二者同样具有较高一致性。综上两种比较可以得知，驾驶人在实车实验和模拟实验条件下的车辆运行状态指标具有相对有效性。

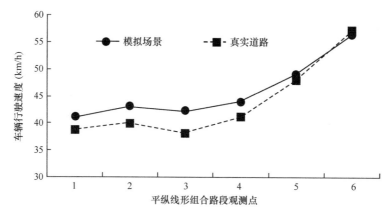

图 3-23 平纵线形组合路段速度有效性测试

(3) 驾驶人生(心)理有效性

驾驶人的生(心)理反应是表征驾驶模拟实验有效性的又一重要指标。研究同样采取内外场实验对比的方式,以北京市后沙峪镇某一实际道路为测试点,道路条件涉及平直线、平曲线、直线上坡、直线下坡、曲线上坡、曲线下坡、急弯等几种形式,通过对比内外场条件下生心理指标变化特征,确定真实与虚拟场景下驾驶人生(心)理指标的一致性。

首先,研究提取β波用以表征驾驶人脑电反应特征,进而根据实验时间截取场景各位置点数据并进行归一化,处理结果如图 3-24 所示。分析对比表明,β波的变化趋势在两种场景对应位置具有相关性,第 6 点除外,其余点相关系数均超过 0.8。由此可知,相比模拟和真实场景,驾驶人的脑电反应相似,模拟实验条件下驾驶人的脑电信号β波具有相对有效性。另外,第 6 点差异性较大的原因可能与道路条件有关,该位置处于道路纵坡的坡顶,坡下连接急弯,模拟和真实条件对驾驶人心理冲击的程度可能不同,这也说明驾驶模拟实验对此类情景的模拟程度存在较大偏差。

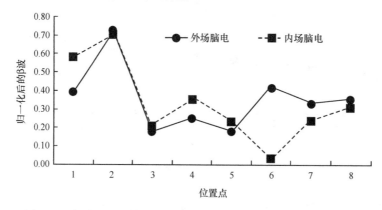

图 3-24 驾驶人β波值在模拟和真实场景中各位置点处的对比情况

类似地,提取心电信号中的心率数据表征驾驶人紧张情况,根据实验时间截取场景各位置点数据并进行归一化,处理结果见图 3-25。分析对比表明,驾驶人心率在两种场景对应位置具有相关性,除第 6 点外,其余点相关系数均大于 0.8。因此,驾驶人的心率在模拟和真实场景下的变化趋势相类似，模拟驾驶实验条件下的心电指标心率具有相对有效性。同理可以推测，第6点差异性较大的原因与道路条件相关。

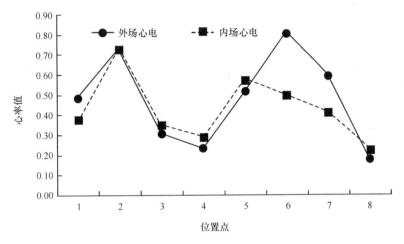

图 3-25　驾驶人心率值在模拟和真实场景中各位置点处的对比情况

（4）主观评价

目前已有超过500名被试主观评价了模拟舱的真实性。评价指标主要包括速度真实感，操作方向盘、加速踏板、减速踏板等部件的真实感。评价以打分制的形式实施，0表示最不真实，10表示最真实，分数越高真实性越好。评价结果（表3-1）表明，该实验平台模拟仿真程度较高。

被试主观评价驾驶模拟实验平台有效性结果　　表3-1

	方向盘	加速踏板	制动踏板	离合	挡位	速度感
均值	7.9	7.9	7.5	8.2	7.5	7.7
标准差	1.25	1.20	1.50	1.20	1.46	1.39

综合驾驶人视觉、驾驶行为、生（心）理和主观评估四个方面，可知本研究采用的驾驶模拟器在实施驾驶行为相关研究方面具有较高的相对有效性，能较好地反映和刻画驾驶人及车辆在不同道路交通及环境条件下的变化趋势。但需要明确的是，驾驶模拟实验结果的有效性与模拟场景的仿真度、实验设计的科学性、驾驶事件安排的合理性等密切相关，需要综合优化各种影响因素才能获得较好的实验结果。

3.6.3　能耗排放计算方法

由于一般的驾驶模拟器不具有车辆能耗排放输出模块，需要基于车辆运行数据推算车辆能耗排放值。通常情况下，可以基于车辆比功率计算尾气的方法获得车辆排放值，进而根据碳平衡法，获得车辆的能耗情况。

1）车辆尾气排放计算方法

基于机动车比功率（Vehicle Specific Power，VSP）分布的微观排放模型，一方面可以实现机动车尾气排放逐秒测算，另一方面可以紧密联系车辆瞬时行驶状态与排放，能够计算对应不同运行状态的车辆排放值。

以北京市国Ⅳ排放标准的伊兰特出租车为测试对象，开展道路实车实验，通过 CAN 总线技术逐秒采集车辆的仪表盘速度（并计算加速度），利用车载排放检测系统（PEMS）对应采集车辆逐秒排放数据，通过引入 VSP 建立由车辆速度和加速度计算车辆尾气排放的方法，为通过驾驶模拟实验研究生态驾驶行提供了途径。

VSP 表征单位质量车辆瞬时功率，包括发动机克服车轮旋转阻力 F_r 和空气动力学阻力 F_a 做功、增加车辆动能 E_x 和势能 P_g 所需功率、因内摩擦阻力 F_i 造成传动系机械损失的功率。VSP 数值与机动车自身（质量、挡风面积等）、运行环境（海拔、坡度等）和运行状态（速度、加速度）相关，计算方法见式（3-1）。

$$VSP = \left[\frac{d(E_K + P_E)}{dt} + F_r v + F_a v + F_i v\right]/m$$

$$= v[a(a + \varepsilon_i) + g\sin\theta + gC_R] + 0.5 p_a \frac{C_D A}{m}(v + v_m)^2 v + C_i g v \quad (3\text{-}1)$$

式中　v——逐秒速度（m/s）；

　　　a——逐秒加速度（m/s²）；

　　　ε_i——车辆质量因子，无量纲；

　　　θ——道路纵坡坡度，无量纲；

　　　g——重力加速度，本文取 9.81m/s²；

　　　C_R——路面滚动阻力系数，无量纲；

　　　p_a——空气密度（kg/m³）；

　　　C_D——风阻系数，无量纲；

　　　A——车辆挡风面积（m²）；

　　　m——车辆质量（kg）；

　　　v_m——风速（m/s）；

　　　C_i——车辆内摩擦阻力系数，无量纲。

由于北京工业大学驾驶模拟数据采集平台选用固定车型，因此在计算 VSP 时，车辆因素按常量处理。同时，为简化计算方法，暂不考虑海拔及纵坡等外界影响因素。按照以上假设，得到基于车辆速度和加速度的 VSP 计算公式见式（3-2）。

$$VSP = 0.105802 v + 0.00135375\, v^2 + 0.00033311\, v^3 \quad (3\text{-}2)$$

根据式（3-2），当 VSP<0 时，车辆行驶状态为减速；当 VSP=0 时，车辆行驶状态为怠速；当 VSP>0 时，车辆行驶状态为匀速或加速。可以发现，当 VSP 值较高时，对应的车辆速度和加速度也相对较大。

由于计算获得的逐秒 VSP 值分布较为离散，而且在一定范围内、相邻 VSP 值所对应的排放率相差较小。因此，采用聚类方法实施 VSP 区间划分，进而获得不同 VSP 区间下的基准排放率。对应 VSP 计算值与 VSP 区间下的基准排放率，最终可获得逐秒排放值。测试标定后，不同 VSP 区间对应的基准排放率见表 3-2。

VSP 区间下的基准排放率 表 3-2

VSP 区间	CO_2	CO	HC	NO_X
<0	1.632545455	0.00217615	0.000438919	0.000073716
0	0.568829787	0.00110017	0.000135847	0.000007291
(0, 1]	1.255982829	0.003240577	0.000254022	0.00012592
(1, 2]	1.849368682	0.003378486	0.000299352	0.000183509
(2, 3]	2.306617803	0.003476258	0.000352772	0.000181848
(3, 4]	2.384342143	0.003559317	0.000415724	0.000174986
(4, 5]	2.416571296	0.003653089	0.00048991	0.000165734
(5, 6]	3.501662832	0.003782998	0.000577334	0.000188866
(6, 7]	3.491228867	0.00397447	0.000680359	0.000227813
(7, 8]	4.543236125	0.00425293	0.000801769	0.000298345
(8, 9]	4.678231939	0.004643802	0.000944845	0.000476234
(9, 10]	5.053493392	0.005172511	0.001113453	0.000537252
(10, 11]	4.339905443	0.005864483	0.001312148	0.00058717
(11, 12]	4.78196911	0.006745142	0.001421257	0.000686759
(12, 13]	5.8109181	0.007839914	0.001444166	0.000896791
(13, 14]	5.2327381	0.010074223	0.001504755	0.001158038
(14, 15]	5.4149725	0.010773495	0.001561731	0.00120127
(15, 16]	6.2459078	0.013563155	0.001615094	0.001417259
(16, 17]	6.0417608	0.014868627	0.001672916	0.001446777
(17, 18]	6.3793126	0.017415336	0.00177098	0.001620595
(18, 19]	6.2072115	0.020328708	0.001783503	0.001909484
(19, 20]	6.8681762	0.023634167	0.002024126	0.001924216
(20, 21]	7.3175052	0.027357139	0.001870938	0.002265563
(21, 22]	7.6165789	0.031523048	0.00209393	0.002334295
(22, 23]	7.8234731	0.03465732	0.002074634	0.002431184
(23, 24]	8.0016609	0.03828538	0.002211921	0.002857002
>24	8.3430313	0.040932652	0.002232765	0.00271252

由表 3-2 可知，车辆减速时，其排放值保持相对稳定。随着 VSP 值增加，车辆排放值呈总体上升态势，但并不是严格意义上的单调递增，对应不同尾气排放物，其变化趋势

并非完全一致。值得关注的是，不同于其他排放物，当 VSP 位于（1，5］时，NO_x 处于相对稳定的状态，而对应（1，2］、（2，3］、（3，4］和（4，5］这些区间，车辆速度和加速度均相对较小。由此可推测，当车辆低速运行时，NO_x 不会显著受到车辆速度变化的影响，该现象与先前已有研究结果一致。

根据以上处理，按行驶时间将排放率求和，可获得行驶时间内车辆的总体排放值。

2）能耗计算方法

汽油是碳氢化合物为主体的混合物，燃烧后会生成不同量的 CO、CO_2、HC、H_2O 及 NO_x 等。无论燃烧情况如何，尾气中 CO、CO_2 和 HC 中的 C 元素总量应与汽油消耗的 C 含量一致。据此，基于测算得到的汽车尾气排放量，依据碳平衡方法，反向推算汽车燃油消耗量。在此基础上，利用车辆行驶里程数据，将车辆总排放值转化为单位里程排放值（g/km），进而获得车辆百公里油耗（FC）的计算方法见式（3-3）。

$$FC = (0.866M_{HC} + 0.4286M_{CO} + 0.2727M_{CO_2}) \times 0.156 \tag{3-3}$$

式中　M_{HC}——HC 的排放量（g/km）；

　　　M_{CO}——CO 的排放量（g/km）；

　　　M_{CO_2}——CO_2 的排放量（g/km）。

基于以上测算方法，可获得不同时间、路段、交叉口及各种事件下的车辆能耗排放值，为基于驾驶模拟实验研究生态驾驶行为特征描述、评估甄别及反馈优化提供数据生产平台。

3.6.4　平台展示

为实现驾驶人驾驶行为生态特性评估与反馈优化，结合驾驶模拟平台可实操体验的优势及特点，基于驾驶模拟平台，通过计算机编程语言实施二次开发，搭建基于驾驶模拟技术的生态驾驶行为培训体验平台。平台总体框架及功能见图 3-26。

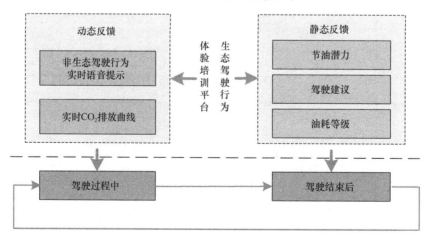

图 3-26　基于驾驶模拟技术的生态驾驶行为体验培训平台框架结构

开发形成基于驾驶模拟平台的生态驾驶行为培训体验系统软件界面如图 3-27 所示。如图 3-27（a）所示，驾驶过程中，一方面驾驶人可以看到界面左侧的实时 CO_2 排放曲线，另一方面当出现非生态驾驶行为时，还可以获得及时的语音提醒。如图 3-27（b）

所示，行车结束后，点击生成按钮可获得驾驶行为生态特性的评估诊断报告，包括驾驶人具有的节油潜力、目前的油耗等级排名及驾驶行为改进建议。将培训体验系统与模拟驾驶平台相结合，形成生态驾驶行为体验培训平台，为从驾驶行为层面研究生态驾驶行为提供支撑。

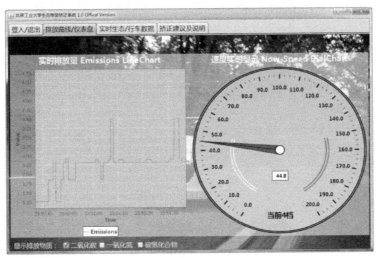

(a) 驾驶过程中实时反馈界面

(b) 驾驶结束后评估报告生成界面

图 3-27　基于驾驶模拟平台的生态驾驶行为培训体验系统界面截图

3.7　生态驾驶行为自然驾驶研究测试平台

基于 OBD+GPS 车载感知终端，结合网络和云平台技术，完成车辆运行数据采集及汇聚，并研发生态驾驶行为综合管理平台和面向驾驶人个体的手机应用软件，为实现生态驾驶行为反馈优化提供基础研究平台。

3.7.1 平台框架结构

驾驶人个体生态驾驶行为评估甄别与反馈优化平台主要基于 Internet 技术,由 OBD+GPS 车载数据采集终端和云数据服务平台构成,其物理框架如图 3-28 所示。利用车辆 OBD 接口,研发车载数据采集终端,将 GPS 与 GPRS 模块集成于数据采集终端,可实现如速度、瞬时油耗、转速、GPS 坐标等车辆运行数据的实时采集和上传。云端数据服务器能够接收实时的车辆数据上传并存储,同时提供多种数据交互 API 接口,支持算法嵌入、信息发布等二次开发,能够为基于面向 Internet+的相关研究及成果应用提供平台基础。将本地服务器和云平台相连接,进而可实现面向驾驶人个体的反馈优化以及面向企业和政府的监测和管理。

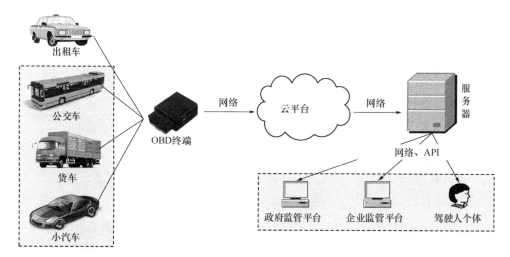

图 3-28 自然驾驶实验平台总体框架结构

3.7.2 数据采集设备

OBD+GPS 设备(图 3-11)具有北斗/GPS 兼容定位、OBD(CAN 总线)数据读取、GPRS 数据传输三大基本功能。其中北斗/GPS 兼容定位具备自由切换、互相补偿的能力;OBD 数据读取功能能够逐秒读取采集油耗、转速等数据;GPRS 数据传输具备断网续传能力,保证上传的数据不丢失,上传数据时间间隔根据需求灵活定制等功能。

1) 设备技术指标

(1) 工作环境

① 工作温度:$-40 \sim +85$℃;

② 相对湿度:10%~90%;

③ 体积质量:设备整体质量小于 300g;

④ 规格尺寸:长≤90mm,宽≤60mm,高≤25mm。

(2) GPRS 模块技术指标

满足工业级别要求的产品设计,可靠稳定数据传输。通过 CE、FCC、ROHS、AT&T、IC、ICASA、TA、GCF、PDCRP 认证。性能指标如下:

① 双频 GSM/GPRS 900/1800 MHz；

② GPRS（class 10/8）标准；

③ GPRS（class B）；

④ 支持 GPRS 编码 CS1、CS2、CS3、CS4；

⑤ 满足 GSM（2/2+）标准；

⑥ Class 4（2W@850/900MHz）；

⑦ Class 1（1W@1800/1900MHz）；

⑧ 支持 TCP/IP 协议栈，使用 TCP 协议传输数据。

(3) OBD 模块技术指标

① 支持以下 OBDII 协议：ISO 15765-4 CAN（11 bit ID，500Kbaud）、ISO 15765-4 CAN（29 bit ID，500Kbaud）、ISO 15765-4 CAN（11 bit ID，250Kbaud）、ISO 15765-4 CAN（29 bit ID，250Kbaud）和 SAE J1939 CAN（29 bit ID，250Kbaud）；

② 能够读取数据应包括：仪表盘速度、燃油消耗量、发动机转速、发动机扭矩数据；

③ 数据更新周期可自行定制，最低为每秒 1 次。

(4) 定位模块技术指标

北斗/GPS 定位模块引脚定义及输出协议符合业内通用标准要求。其中：

① 精度：位置<10m；速度<0.1m/s。

② 灵敏度：捕获优于－140dBm；跟踪优于－155dBm。

③ 定位时间（TTFF）：重捕<1s；热启动<1s；冷启动<36s。

2）终端采集数据字段说明

OBD+GPS 终端采集数据字段类型及说明如表 3-3 所示：

OBD+GPS 终端采集数据字段说明　　　　表 3-3

字段名称	长度	数据类型	说明
时间	12	ascii	格式为：yyyyMMddHHmiss
设备编号	4	整型	设备 IMEI 号码
故障后行驶里程	4	整型	单位：km
故障前行驶里程	4	整型	单位：km
前氧传感器	1	整型	单位 0.005V，(0~1.275V)，氧传感器电压值
后氧传感器	1	整型	单位 0.005V，(0~1.275V)，氧传感器电压值
空调状态	1	整型	车内环境温度
累积油耗	4	整型	油箱油位（%）
油耗	2	整型	单位 0.01L/h
仪表盘速度	1	整型	km/h
转速	2	整型	r/min
扭矩	1	整型	最大峰值扭矩百分比
北斗状态	1	ascii	A=数据有效，V=数据无效
纬度	4	整型	ddmm.mmmm

续表

字段名称	长度	数据类型	说明
经度	4	整型	dddmm. mmmm
北斗速度	4	整型	单位：Knot（节）
地面航向	4	整型	单位：°

3.7.3 平台展示

为实现驾驶人生态驾驶行为的综合监管与反馈优化，研究分别搭建面向管理需求的生态驾驶行为综合管理平台和面向驾驶人个体应用需求的生态驾驶行为手机 APP 软件，形成了"操作—评估—反馈—矫正—操作"的闭环反馈优化模式，进而为生态驾驶行为反馈优化理论及方法的研究工作提供实验平台（图 3-29）。

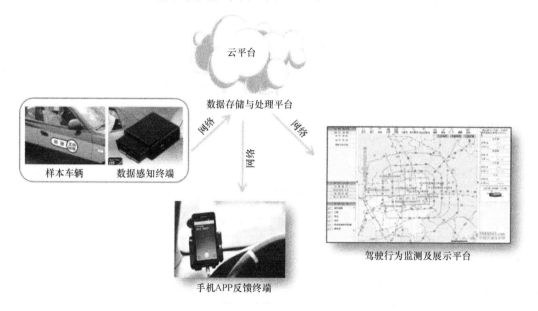

图 3-29 基于 Internet＋的生态驾驶行为研究测试平台

其中，综合管理平台面向监管需求，用于监测管理自然驾驶条件下的驾驶人驾驶行为，主要包括实时监控和历史查询两大功能模块。驾驶人可通过手机 APP 获得自身驾驶行为评估及反馈优化信息，主要包括行程信息统计、个人历史进程、生态驾驶行为对比排名和生态驾驶行为宣教材料。

本章参考文献

[1] 伍毅平，赵晓华，荣建，等. 基于驾驶模拟实验的生态驾驶行为节能减排潜力[J]. 北京工业大学学报，2015，41(8)：1212-1218.

[2] 赵晓华，陈晨，伍毅平，等. 出租车驾驶人驾驶行为对油耗的影响及潜力分析[J]. 交通运输系统工程与信息，2015，15(4)：85-91.

[3] 李世武，蒋彬，初秀民，等. 驾驶行为对车辆燃料消耗和污染物排放的影响研究综述[J]. 公路交通科技，2003(1)：155-158.

[4] 张志鸿. 基于OBD数据分析的驾驶行为研究[D]. 西安：长安大学，2017.
[5] 罗沂. 基于GPS数据的高速公路驾驶行为识别[D]. 哈尔滨：哈尔滨工业大学，2017.
[6] 孙川. 基于自然驾驶数据的车辆驾驶风险辨识及控制研究[D]. 武汉：武汉理工大学，2016.
[7] 张兴俭，赵晓华. 面向人因因素的驾驶模拟综合实验平台搭建[J]. 道路交通与安全，2014，14(01)：48-52.
[8] 赵晓华，房瑞雪，荣建，等. 基于生理信号的驾驶疲劳综合评价方法试验研究[J]. 北京工业大学学报，2011，37(10)：1511-1516.
[9] 赵晓华，房瑞雪，毛科俊，等. 基于生理信号的驾驶疲劳声音对策有效性实验[J]. 西南交通大学学报，2010，45(3)：457-463.
[10] 朱鹏兴. 基于车路协同的城市道路车辆生态驾驶研究[D]. 成都：西华大学，2019.
[11] 程颖，于雷，王宏图，等. 基于PEMS的MOBILE与COPERT排放模型对比研究[J]. 交通运输系统工程与信息，2011，11(3)：176-181.
[12] 《中国公路学报》编辑部. 中国汽车工程学术研究综述·2017[J]. 中国公路学报，2017，30(6)：1-197.
[13] 谢峰，瞿文平，林巨广. 整车制动系统台架试验方法的研究[J]. 合肥工业大学学报（自然科学版），2010，33(9)：1290-1294.
[14] 周伟. 重型汽车传动轴动力学特性对整车振动影响研究[D]. 吉林：吉林大学，2018.
[15] 彭磊. 基于底盘测功机的重型混合动力汽车能耗排放特性研究[D]. 武汉：武汉理工大学，2011.
[16] 李腾腾. 重型混合动力车辆排放能耗评价方法研究[D]. 武汉：武汉理工大学，2011.
[17] 孙显营，熊坚. 车辆驾驶模拟器的发展综述[J]. 交通科技，2001(6)：48-50.
[18] 魏朗，田顺，Chris SCHWARZ，等. 驾驶模拟技术在汽车智能技术研发中的应用综述[J]. 公路交通科技，2017，34(12)：140-150.
[19] 赵晓华，陈雨菲，李海舰，等. 面向人因的车路协同系统综合测试及影响评估[J]. 中国公路学报，2019，32(6)：248-261.
[20] 任有. 交通环境下驾驶行为模拟与应急驾驶可靠性建模[D]. 吉林：吉林大学，2007.
[21] 张彦宁，郭忠印，孙智. 驾驶模拟环境中激进驾驶行为的影响因素分析[J]. 中国公路学报，2020，33(6)：129-136.
[22] 金若梅. 基于虚拟现实的汽车驾驶模拟系统的设计与实现[D]. 南京：东南大学，2015.
[23] 赵晓华，鞠云杰，李佳，等. 基于驾驶行为和视觉特性的长大隧道突起路标作用效果评估[J]. 中国公路学报，2020，33(6)：29-41.
[24] 陈智宏，王茹，隋莉颖，等. 基于多源数据的出租车运行监测分析指标体系研究[J]. 道路交通与安全，2016，16(1)：9-13.
[25] 邢浩. 出租车运行监测系统的设计与实现[D]. 大连：大连理工大学，2014.
[26] 李雪玮，赵晓华，黄利华，等. 桥形标复杂度对驾驶人脑电认知特性的影响机理[J]. 西南交通大学学报，2021：1-8.
[27] 陈亮，熊坚，郭凤香，等. 基于视觉及认知的驾驶模拟器图像标定方法[J]. 中国公路学报，2017，30(1)：129-135.
[28] WU Y P, ZHAO X H, CHEN C, et al. Modeling the influence of chevron alignment sign on young male driver performance: A driving simulator study [J]. Accident Analysis and Prevention, 2016, 95: 479-486.
[29] WU Y P, ZHAO X H, RONG J, et al. Influence analysis of chevron alignment signs on drivers' speed choices at horizontal curves on highways [J]. Journal of Southeast University (Natural Science Edition), 2015, 31(3): 412-417.

[30] WU Y P, ZHAO X H, RONG J, et al. Effect of guide chevron alignment sign on driver performance. Journal of Beijing Institute of Technology, 2012, 21(Suppl. 2): 201-204.

[31] 伍毅平, 赵晓华, 荣建, 等. 基于驾驶模拟实验的生态驾驶行为节能减排潜力[J]. 北京工业大学学报, 2015, 41(8): 1212-1218.

[32] 徐龙. 面向排放测算的车辆跟驰模型对比分析与优化[D]. 北京: 北京交通大学, 2012.

[33] 郭栋, 王云鹏, 邹广德, 等. 基于车载测试的机动车比功率与排放关系的研究[J]. 汽车工程, 2012, 34(1): 18-21.

[34] ZHAO X H, WU Y P, RONG J, et al. Development of a driving simulator based eco-driving support system [J]. Transportation Research Part C: Emerging Technologies, 2015, 58: 631-641.

第4章　生态驾驶行为综合影响分析

4.1　生态驾驶行为影响概述

国外众多研究表明，生态驾驶行为对于降低机动车能耗排放具有重要作用，并且还能带来诸如节约车辆使用成本、提升驾驶安全和舒适度、减少噪声污染等益处；同时，生态驾驶行为并不会显著降低交通运行效率。针对生态驾驶行为综合影响，国外相关研究主要采用对比实验，评估生态驾驶行为培训前后，相同外部条件下驾驶人驾驶行为提升、车辆运行状态改变及车辆能耗排放变化情况。主要研究方法包括问卷调查和实验测试。其中，实验测试手段包含驾驶模拟实验测试和道路实车实验测试。车辆能耗排放值主要基于油耗记录设备及 MOVES 等仿真模型推算。另外，以往研究还探究了生态驾驶行为培训效果的长期效益，距离培训时间增长，生态驾驶行为培训的节能减排效益可能减弱。对于车辆运行安全，主要分析生态驾驶行为对交通事故率的影响以及使用生态驾驶行为辅助设备对驾驶分心及驾驶人负荷的影响。除此，常常通过对比相同条件下车辆运行时间以确定生态驾驶行为对运行效率的影响。

虽然生态驾驶行为在国外已经具有较为成熟的研究，但在国内仍属于新兴概念。相比之下，目前国内有关生态驾驶行为的研究较少，主要集中于理论推导和发动机台架试验探究驾驶行为与车辆能耗排放的关联关系，说明驾驶行为对车辆能耗排放的影响。近年来，也有研究开始尝试利用仿真软件探测生态驾驶行为的综合影响，但研究主要集中于城市道路交叉口这一特定区域。总之，一方面，目前的研究方法缺乏对车辆实际行驶过程中驾驶场景及事件的全面考虑；另一方面，相关研究主要集中于个别特定驾驶工况或特定区域范围，缺乏系统性的整合和分析。与西方国家相比，我国驾驶群体、车辆技术及驾驶行为特征等差别明显，有必要分析生态驾驶行为在我国的节能减排效果，进一步梳理明确生态驾驶行为对车辆运行安全及运行效率的影响，进而全面评测生态驾驶行为在我国的发展潜力。

本章旨在介绍针对我国生态驾驶行为影响分析的相关研究成果。以国外生态驾驶行为先进经验为基础，采用培训前和培训后对比测试的思想，结合我国驾培行业先静态讲解后实操培训的固有模式，运用驾驶模拟、实车监测和跟踪调查等多种实验手段，多方位剖析生态驾驶行为培训后，驾驶行为特征、车辆能耗及排放的变化情况；结合已有研究成果及部分实验测试数据，梳理明确生态驾驶行为对车辆运行安全和效率的影响。针对生态驾驶行为综合影响分析的总体研究框架如图4-1所示。

研究过程中，综合考虑不同实验手段的特点及优势，分角度共同完成生态驾驶行为综合影响测试。其中，基于驾驶模拟实验，主要完成生态驾驶行为培训前后，驾驶行为和车辆能耗及排放的对比分析；基于实车监测数据，主要分析不同生态驾驶行为培训方式的节能差异；基于跟踪调查，主要测试生态驾驶行为培训效果的长效性。在此基础上，结合已

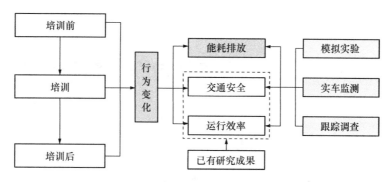

图4-1 生态驾驶行为综合影响分析总体研究思路

有研究成果,分析生态驾驶行为对车辆运行安全及效率的影响,最终完成生态驾驶行为综合影响评估。

4.2 生态驾驶行为节能减排潜力分析

4.2.1 驾驶模拟实验测试

4.2.1.1 实验目的

按照先静态宣教后实操培训的生态驾驶行为培训模式,通过培训前后对比,明确:(1)驾驶人驾驶行为变化情况;(2)车辆燃油消耗及尾气排放降低情况;(3)不同培训方式间的效能差异。

4.2.1.2 实验设计

1) 被试选取

共选取22名测试者参与驾驶模拟实验,其中职业驾驶人10名、非职业驾驶人12名,有3名非职业驾驶人为女性驾驶人。主要结合我国驾驶人群体特征实施被试选择:一方面,随着我国快速的机动化进程,非职业驾驶人急剧增加,已远超过职业驾驶人;另一方面,女性驾驶人数量较低,约占18.96%,并且很少为职业驾驶人。被试年龄及驾龄信息汇总结果见表4-1。

被试基本信息统计表　　　　表4-1

年龄信息(年)			驾龄信息(年)		
分布范围	平均值	标准差	分布范围	平均值	标准差
22~50	30	9.5	3~20	7.6	6.1

2) 实验流程

研究依据发达国家已有的生态驾驶行为操作指南,确定实验涉及的生态驾驶行为培训内容。本次实验中,按照与驾驶操作直接相关和易于量化的原则,共选取和定义4条生态驾驶行为准则:

(1) 起步:轻点加速踏板,用5s时间提升车速至20km/h;

(2) 停车:提前松开加速踏板,充分利用发动机制动器平缓减速;

(3) 速度选择：自由流条件高速行车时，尽量将车速维持在97km/h左右；
(4) 泊车熄火：预计停车时间大于10s时，熄灭发动机。

整体实验内容包含两部分：生态驾驶行为培训和模拟驾驶测试，涉及5个阶段，设计实验测试流程见图4-2。

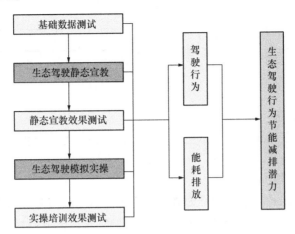

图4-2 基于驾驶模拟实验的生态驾驶行为节能减排潜力测试流程

生态驾驶行为培训包括生态驾驶静态宣教和生态驾驶模拟实操两种方式。驾驶模拟实验包括三部分：培训前、静态培训后、动态培训后。由于目前我国驾培行业均采用先理论讲解后实操培训的固定顺序，同样设计为先静态再动态的固定生态驾驶行为培训模式。5个实验阶段具体如下：

(1) 基础数据测试：被试根据自身驾驶习惯完成驾驶任务，不提供生态驾驶行为相关信息；

(2) 生态驾驶静态宣教：生态驾驶行为宣传手册学习和课堂讲解；

(3) 静态宣教效果测试：生态驾驶行为静态培训后，被试按培训内容和要求完成驾驶；

(4) 生态驾驶实操培训：聘请专业汽车驾驶教练，基于驾驶模拟舱，对驾驶人进行现场实操演练；

(5) 实操培训效果测试：生态驾驶行为动态培训后，被试按培训内容和要求完成驾驶。

3) 场景及事件设计

对应4项生态驾驶行为准则，实验基本场景设计为高速公路和城市道路，两种道路之间通过匝道相连。道路线形主要涉及平直线和平曲线等。实验场景及事件设计见图4-3：被试须在城市道路上完成"减速停车—泊车（对应不同的停车时间）—起步"3次，在高速公路上完成"速度选择"3次。除此，不增加其他实验事件，要求被试遵照交通法规正常驾驶。

实验路段总长30.7km，被试完成一次实验平均耗时约30min。为尽可能消除干扰因素，位于不同地点的相同事件保持场景一致。另外，车辆行驶于高速公路时，控制其他车辆与实验车保持一定距离，以保证不影响被试实施行驶速度选择；当行驶于城市道路时，实验车相同行驶方向无其他车辆，对向车道增设其他车辆以提升行车环境的真实感。

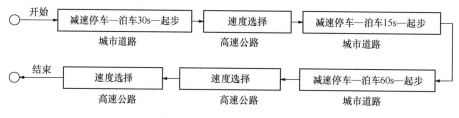

图 4-3 实验场景及事件设计

4.2.1.3 实验结果分析

生态驾驶行为节能减排潜力分析主要从驾驶人驾驶行为改善和车辆能耗排放改善情况两个方面展开。

1) 驾驶行为改善情况

针对研究定义的四种生态驾驶行为规则，着重分析与之相对的四种驾驶行为培训前后变化情况，同时，计算对比生态驾驶行为培训前后驾驶人主观测试得分，具体分析指标如下：

（1）起步过程。分析起步过程中加速度的均值（AVG）及标准差（SD）。起步过程定义为车辆速度从 0 开始连续增加直至车辆驶过 100m 的距离。

（2）停车过程。分析停车过程中减速度的均值（AVG）及标准差（SD）。停车过程定义为车辆开始减速时的第一个刹车点位置至车辆速度降为 0 的距离。

（3）速度选择。分析车辆在高速公路上行驶的速度均值（AVG）及标准差（SD）。以行驶 1min 为时间统计间隔。

（4）泊车熄火。分析车辆需长时间停车时，泊车熄火的比例。泊车熄火行为由停车时驾驶人关闭车辆发动机表征。

（5）生态得分。利用生态驾驶试卷得分表征驾驶人对生态驾驶行为培训的理解程度。试卷内容为如何实施生态驾驶的相关问题，包括选择、填空及判断三种题型，满分 100 分。各题型的具体问题举例如下：

A. 题型一（选择题）：出于节能减排考虑，当停车时间超过____，应关闭发动机。
□10s　□30s　□1min　□3min

B. 题型二（填空题）：在高速公路行车时，应将车速维持在____km/h 能节油。

C. 题型三（判断题）：减速时急刹车有助于降低车辆排放。□正确　□错误

（1）起步过程

根据定义的第一条生态驾驶行为准则：利用 5s 的时间将车速提升至 20km/h。假设加速过程为均匀加速，则可计算得到平均加速度为 $1.11m/s^2$。因此，定义平均加速度 $1.11m/s^2$ 并且加速度标准差越小为最优起步过程。计算每次实验各次起步过程的平均加速度和标准差均值如图 4-4 所示，明显可以看出，相对于生态驾驶行为培训前，培训后的加速度均值和标准差均明显降低，并且加速度均值更加接近目标值 $1.11m/s^2$。生态驾驶行为培训前、静态宣教后及实操培训后，加速度均值与目标值的绝对差分别为 $0.15m/s^2$、$0.11m/s^2$ 和 $0.08m/s^2$。

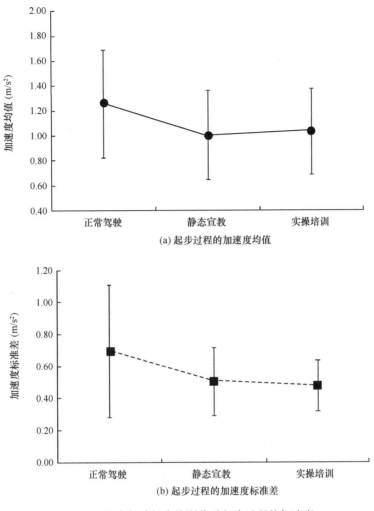

图 4-4 生态驾驶行为培训前后起步过程的加速度

在此基础上,运用方差分析(ANOVA)进一步统计检验生态驾驶行为培训对起步过程加速度改善效果的显著性。统计结果表明,在95%置信水平下,加速度均值无显著性改变($F_{(2,42)}=3.008$;$p=0.057$),但加速度标准差有显著性差异($F_{(2,42)}=3.801$;$p=0.028$)。据此,运用多重比较中的Bonferroni检验方法进一步找寻各次实验间加速度标准差的显著差异性。结果表明,在95%置信水平下,生态驾驶行为培训前和静态宣教后($p=0.044$)以及生态驾驶行为培训前和实操培训后($p=0.026$)的加速度标准差均有显著差异;但是静态宣讲后与实操培训后的加速度标准差无显著性差异($p=1.0$)。

由于标准差在一定程度上表征数据离散程度,由以上分析结果可以推测,生态驾驶行为培训对提升起步过程中加速度的稳定性有明显效果。另外,虽然三次实验间加速度均值并无显著性改变,但静态宣教可以在一定程度上减少起步过程急加速现象,并且相比静态宣教,实操培训可以使加速度均值更加接近加速度目标值。总体看来,静态宣教和实操培训两种方式对于改善起步过程加速度的差异是有限的,实操培训并没有带来更好的改善效果。

（2）停车过程

生态驾驶行为准则是通过提前松开油门踏板利用发动机制动器平缓减速，因此，采用更小的减速度均值和标准差表征更加生态的停车过程。计算每次实验各次停车过程的平均减速度及标准差，如图4-5所示。由此可知，由于生态驾驶行为培训的影响，停车过程中的减速度均值和标准差均明显降低，并且实操培训的效果更加明显。

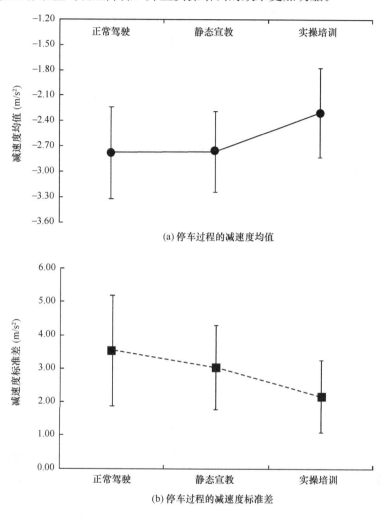

图4-5 生态驾驶行为培训前后起步过程的加速度

为进一步检验生态驾驶行为培训对停车过程减速度改善效果的显著性，同样采用方差分析（ANOVA）。统计结果显示，三次实验停车过程的平均减速度和标准差均存在显著性差异，减速度均值统计结果为$F_{(2,42)}=5.874$，$p=0.005$；减速度标准差统计结果为$F_{(2,42)}=6.017$，$p=0.004$。进而，运用多重比较中的Bonferroni检验方法找寻两种不同生态驾驶行为培训方式对停车过程减速度均值及标准差的显著差异性。结果发现，生态驾驶行为培训前和实操培训后，减速度均值（$p=0.01$）和标准差（$p=0.003$）均存在显著差异，而且这种显著性差异对于静态宣教和实操培训同样存在（对于均值，$p=0.016$；对于标准差，$p=0.046$）。但是，生态驾驶行为培训前和静态宣教后，停车过程的减速度均值（$p=1.0$）和标准差（$p=0.552$）均无显著性差异。

由以上分析结果可知，仅通过静态宣教并不能有效改善停车过程减速行为的生态性，减速行为的生态性通过静态宣教后的实操培训能够显著提升。由此也可以推测，静态宣教这种培训方式对于改善某些驾驶行为习惯的作用是有限的，毕竟静态宣教不能提供给驾驶人可遵循和模仿的实际操作过程，而诸如停车行为，需要通过实际操作和体验才能有效做到平缓减速。

（3）速度选择

在高速公路行车时将车速维持在 100km/h 左右并保持车速稳定是另一生态驾驶行为准则。因此，用平均车速接近 100km/h 并且具有较小的标准差表征更加生态的速度选择行为。图 4-6 为三次高速行车的速度均值及标准差。对比三次实验测试结果明显可以看出，生态驾驶行为实操培训后的速度均值最接近目标车速并且具有最小的标准差值；但相比生态驾驶行为培训前，静态宣教后的车速均值无明显变化甚至离目标车速更远。

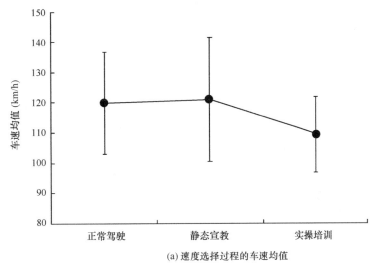

(a) 速度选择过程的车速均值

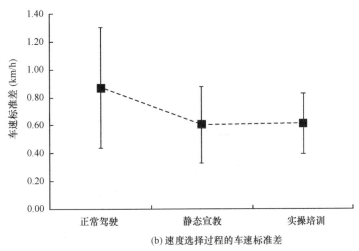

(b) 速度选择过程的车速标准差

图 4-6 生态驾驶行为培训前后速度选择行为

方差分析结果表明，生态驾驶行为培训可以显著改善速度选择行为的车速均值（$F_{(2,42)}=3.240$；$p=0.046$）及标准差（$F_{(2,42)})=4.831$；$p=0.011$）。同样运用多重比较中的 Bonferroni 检验方法找寻两种不同生态驾驶行为培训方式对速度均值及标准差的显著差异性。对于车速均值，Bonferroni 检验发现生态驾驶行为培训前和实操培训后具有显著性差异（$p=0.074$），并且这种显著性差异在静态宣教和实操培训之间同样存在（$p=0.04$），但培训前和静态宣教后的统计性差异并不存在（$p=1.0$）。对于车速标准差，Bonferroni 检验结果表明，生态驾驶行为培训前与静态宣教后（$p=0.025$）以及培训前和实操培训后（$p=0.03$）均存在显著不同，但静态宣教和实操培训间不存在显著差异（$p=1.0$）。

由于速度均值和标准差在生态驾驶培训前和实操培训后均存在显著差异，由此可以断定，实操培训可以促使驾驶人在高速行车时选择更加生态的速度值并维持稳定；但对于静态宣教，仅有速度标准差在培训前后有显著差异，因此静态宣教可以促使驾驶人在高速行车时尽量维持车速稳定，但并不能将车速控制到目标值。以上研究结果再一次验证说明，仅有的静态宣教并不足以改善某些驾驶行为至更加生态的水平，如停车和速度选择行为。

（4）泊车熄火

车辆长时间怠速不仅浪费燃油而且影响环境和公众健康。因此，生态驾驶行为的准则之一是长时间停车应熄火。在驾驶模拟实验中，利用速度和发动机转速判断车辆停车时是否熄火。数字"0"表示车辆处于熄火状态，数字"1"表示车辆未熄火。基于此，可以通过计算车辆长时间停车时熄灭发动机的百分比分析生态驾驶行为培训对驾驶人泊车熄火行为的影响，泊车熄火的比例越高则培训效果越明显。根据实验设计，分别计算车辆停车15s、30s 和 1min 时驾驶人熄灭发动机的比例。生态驾驶行为培训前、静态宣教后以及实操培训后驾驶人泊车熄火的比例如图 4-7 所示。

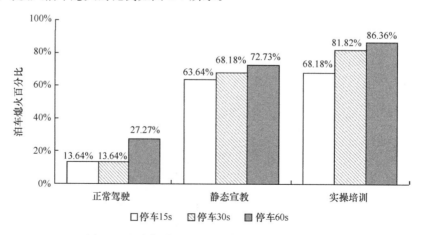

图 4-7 生态驾驶行为培训前后车辆泊车熄火比例

由图 4-7 可以明显看出：一方面，无论停车时间如何，生态驾驶行为培训后驾驶人泊车熄火的比例明显高于培训前；同时，实操培训后驾驶人泊车熄火的比例略好于静态宣教后。另一方面，生态驾驶行为培训后，停车时间为 1min 时泊车熄火的比例最高，停车

15s 时泊车熄火比例最低。除此之外,也可以发现,在接受生态驾驶行为培训前,同样是停车时间越长泊车熄火比例越高。

由于泊车熄火的统计结果为非连续变量,因此利用方差分析(ANOVA)中的非参数检验进行统计学显著性分析。在本研究中,选用 Friedman 检验分析生态驾驶行为培训前后驾驶人泊车熄火行为的显著性差异。检验结果显示,生态驾驶行为培训对提升泊车熄火比例的作用显著存在(停车时间 15s、30s 和 1min 时,Chi-square 值分别为 14.286、19.857 和 20.462,并且所有情况下 p 值均小于 0.001)。另外,当停车时间为 15s 时,生态驾驶行为培训前的 Friedman 检验结果平均排名值为 1.47,静态宣教和实操培训后均为 2.26。停车时间为 30s 时,生态驾驶行为培训前的 Friedman 检验结果平均排名值为 1.36,静态宣教后为 2.19,实操培训后均为 2.44。停车时间为 1min 时,生态驾驶行为培训前、静态宣教后以及实操培训后的 Friedman 检验结果平均排名值分别为 1.43、2.25 和 2.33。根据 Friedman 检验结果的平均排名,当停车时间为 30s 和 60s 时,实操培训的效果均稍微高于静态宣教;当停车时间为 15s 时,实操培训和静态宣教的效果基本一致。

综合以上分析可知,生态驾驶行为培训对于提升长时间停车的泊车熄火比例效果明显,静态宣教后便能显著提升,实操培训后的效果稍微好于静态宣教。另外,研究结果同样可以证明,停车时间是驾驶人决定是否实施泊车熄火的重要因素。

(5)生态驾驶得分

生态驾驶得分为驾驶人生态驾驶行为主观问卷答题结果统计值,反映了驾驶人对生态驾驶行为培训信息的主观理解。驾驶人生态驾驶行为平均得分如图 4-8 所示。

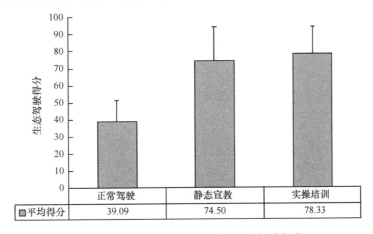

图 4-8 生态驾驶行为培训前后生态驾驶得分

由图 4-8 可知,生态驾驶行为培训前驾驶人生态驾驶得分最低,但接受生态驾驶行为培训后得分明显增高。另外,生态驾驶得分在静态宣教和实操培训后几乎一致。利用方差分析(ANOVA)可知,生态驾驶行为培训的确对提升驾驶人生态驾驶得分有显著作用($F_{(2,42)}=38.762$,$p<0.001$)。进而,运用多重比较中的 Bonferroni 检验可以发现,培训前和静态宣教后的生态驾驶得分有显著差异($p<0.001$),生态驾驶得分在培训前和实操培训后也有显著不同($p<0.001$);但是,静态宣教和实操培训在提高生态驾驶得分方面的差异并不明显($p=1.0$)。

驾驶人在接受生态驾驶行为培训前的生态驾驶得分非常低，这一结果说明驾驶人对生态驾驶行为的了解十分匮乏，进一步验证了生态驾驶行为培训前驾驶行为生态性较差的原因。更重要的是，结合驾驶人生态驾驶行为培训后驾驶行为提升和主观理解增强的结果，可以看出静态宣教在增强驾驶人对生态驾驶行为理解方面的效果是明显的，但是仅仅通过静态宣教以提升驾驶行为的生态性是有限的，尤其是针对那些本身难以操控的驾驶行为，如停车过程和速度选择行为。静态宣教后，驾驶人能够意识到提升驾驶行为生态性的重要性，但是仅有的静态宣教并不能提供驾驶人生态驾驶行为如何操作的实际过程。

综合以上研究结果可知：

（1）静态宣教可以促使驾驶人更好地理解生态驾驶行为，进一步的实操培训并不会再次较大程度地提升驾驶人对生态驾驶行为的主观理解；

（2）静态宣教有助于让驾驶人避免急加速，但并不能很好地接近最优加速目标值，实操培训也未能进一步促使驾驶人采用更生态的起步过程；

（3）实操培训可以让驾驶人实施平缓的减速停车，但对于停车过程，静态宣教并无明显效果；

（4）静态宣教有助于驾驶人在长时间停车时实施泊车熄火行为，实操培训可以进一步提升泊车熄火行为的比例；

（5）静态宣教可以促使驾驶人高速行车时维持车速稳定，但并不能将车速控制在经济目标值，实操培训可以有效改善高速行车时速度选择行为的生态性。

2) 车辆能耗排放改善情况

（1）节能潜力

基于本书第 3 章提供的通过运行速度和加速度计算车辆能耗排放的方法，推算得到 3 次实验后的平均车辆油耗量，如图 4-9 所示。结果表明，经生态驾驶行为培训后，车辆百公里耗油有不同程度的减小，动态培训后的效果更明显。采用改变量与原始值求商的方法推算生态驾驶行为的节油潜力，结果显示，生态驾驶行为的节油潜力达 3.43%～5.45%；并且，培训强度越大，节油潜力越大。

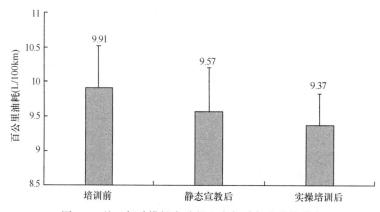

图 4-9 基于驾驶模拟实验的生态驾驶行为节能潜力

进一步通过方差分析对 3 次实验后的车辆耗油量进行检测，其结果表明 3 次实验后的车辆耗油量存在统计意义上的显著差别（$F_{(2,42)}=12.089$，$p<0.001$）。由此可见，生态驾驶行为对于减少车辆燃油消耗具有积极作用。

(2) 减排潜力

分别计算得到基础测试、静态宣教后和实操培训后的平均车辆尾气排放量，如表4-2所示。结果表明，经生态驾驶行为培训后，各种尾气排放量均有不同程度的减小；并且，随着培训程度的加强，尾气排放改善效果越明显。

各次实验后的车辆尾气排放量　　　　　　　　　　　　　　　表 4-2

排放量（g/100km）	CO_2	CO	HC	NO_X
基础测试	23187.38	57.29387	5.675933	4.15567
静态培训测试	22400.47	50.14583	5.309188	3.702665
动态培训测试	21941.63	42.31363	5.088228	3.302599

采用改变量与原始值的商进一步推算生态驾驶行为的减排潜力。根据尾气排放量计算结果，推算生态驾驶行为的减排潜力如表4-3所示。结果表明，对应不同尾气排放物，生态驾驶行为的减排潜力可达3.39%～26.25%；同时，生态驾驶行为的减排潜力与培训程度密切相关，动态培训后生态驾驶行为的减排潜力约为静态培训效果的2倍。

生态驾驶行为减排潜力测试结果　　　　　　　　　　　　　　表 4-3

减排潜力	CO_2	CO	HC	NO_X
静态培训后	3.39%	12.48%	6.46%	10.90%
动态培训后	5.37%	26.15%	10.35%	20.53%

进一步通过方差分析对三次实验后的车辆排放量进行检验，其结果如表4-4所示。由表4-4可知，三次实验后的车辆排放量存在统计意义上的显著差别。因此，生态驾驶行为能够明显减少车辆尾气排放量。

三次实验后的排放值重复测量方差分析检验结果　　　　　　　表 4-4

排放物	CO_2	CO	HC	NO_X
检验结果	$F_{(2,42)}=11.909$，$p<0.001$	$F_{(2,42)}=11.033$，$p<0.001$	$F_{(2,42)}=6.450$，$p=0.004$	$F_{(2,42)}=7.972$，$p=0.001$

综合以上研究结论可知：

(1) 生态驾驶行为节约汽车燃油消耗的潜力可达3.43%～5.45%；

(2) 对应不同排放物，生态驾驶行为减少车辆尾气排放的潜力可达3.39%～26.25%；

(3) 培训强度越大，生态驾驶行为所体现出的节能减排效果约明显。

4.2.2 实车监测数据测试

4.2.2.1 实验目的

基于OBD+GPS实车监测数据，通过实施驾驶人生态驾驶行为培训，对比培训前后车辆能耗变化情况，分析生态驾驶行为培训效果，并寻找不同培训手段对于降低车辆能耗的差异。

4.2.2.2 实验设计

1) 被试选取

为使样本分布涵盖不同车辆油耗等级，根据本书第3章自然驾驶平台监测的被试车辆，首先按照车辆某一天实际运行百公里油耗从高到低进行排序，并将油耗划分为高、中、低三档。然后，针对分布在三个油耗档次的车辆，分别随机选取20辆，共获得60辆车作为实验备用对象。

2）实验方案

驾驶人生态驾驶行为培训方案共设计3种方式：

（1）静态宣教：通过培训手册、宣传视频对驾驶人实施生态驾驶行为培训；

（2）实操培训：聘请专业汽车驾驶教练，基于驾驶模拟舱，对驾驶人进行生态驾驶行为现场实操培训；

（3）综合培训：综合上述两种方式，对驾驶人实施先静态后动态的综合培训。

为对比不同培训手段的效果差异，共设置3个实验组：静态宣教组（T_1）、实操培训组（T_2）和综合培训组（T_3）。将不同油耗水平的60辆车随机分为3组，因此每个实验组共有20个测试样本。设计实验总体方案如下表4-5所示。

出租汽车驾驶人生态驾驶行为培训方案　　　　　表4-5

实验分组	培训方案		培训形式		
			宣传视频（A）	培训手册（B）	模拟实操（C）
T_1	静态宣教组	A+B			
T_2	实操培训组	C			
T_3	综合培训组	A+B+C			

为获得培训前后一致的实验数据，以培训前一天和培训后一天的车辆运行数据作为对比分析对象，并统一规定数据采集时间为08:00~20:00。

4.2.2.3 实验结果分析

由于不同车辆的运行里程和时间均存在一定的差异，为实现数据的一致性和可比性，对比指标采用车辆百公里油耗，计算方法见式（4-1）：

$$FC = \left(\frac{\sum_{i=1}^{n} fc_i \times 0.01}{3600} \bigg/ \sum_{i=1}^{n} \frac{v_i}{3.6} \times \frac{1}{1000} \right) \times 100 = \sum_{i=1}^{n} \frac{fc_i}{v_i} \tag{4-1}$$

式中　FC——车辆百公里油耗（L/100km）；

　　　i——数据采集时间（s），$i=1, 2, 3, \cdots, n$；

　　　fc——车辆逐秒油耗（0.01L/h）；

　　　v——车辆逐秒运行速度（km/h）。

1）总体效果分析

根据式（4-1）计算得生态驾驶行为培训前后车辆平均油耗如图4-10所示。培训前车辆平均油耗为10.00L/100km，培训后降低至9.14L/100km，平均降幅为8.6%。

2）不同培训方式效果对比

进一步计算得到不同培训方式的节油效果如图4-11所示。对于不同培训方式，培训后的车辆百公里油耗均有明显降低。节油效果由高到低依次为综合培训、实操培训和静态宣教，降幅分别为9.95%、9.78%、6.02%。综合培训和实操培训的效果显著优于静态

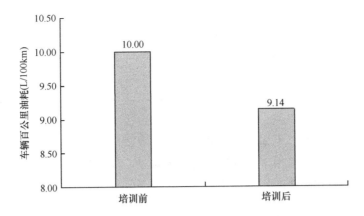

图 4-10 培训前后车辆平均百公里油耗（实车监测数据）

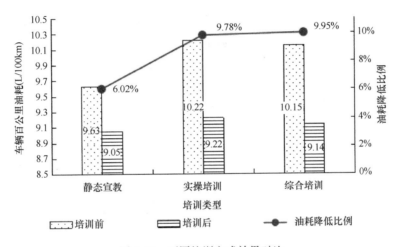

图 4-11 不同培训方式效果对比

宣教，但综合培训和实操培训之间的差异并不明显。

综合以上研究结果可知：

（1）生态驾驶行为培训平均降低车辆百公里油耗 8.60%；

（2）不同培训方式的效果存在差别，按节油效果由高至低的顺序依次为综合培训（9.95%）、实操培训（9.78%）、静态宣教（6.02%）。

4.2.3 跟踪调查测试

4.2.3.1 实验目的

基于主观跟踪调查，通过对比生态驾驶行为培训前后一段时间内车辆平均加油情况变化，分析生态驾驶行为节能减排潜力的长效性。

4.2.3.2 实验设计

1）被试选取

共选取三名男性出租车驾驶人实施车辆能耗跟踪调查实验，被试详细信息见表 4-6：

跟踪调查被试详细信息　　　　　　　　　　　　表4-6

驾驶人编号	年龄（岁）	驾龄（年）	平均每天驾驶时间（h）
1	33	6	15
2	42	20	8
3	33	14	10

2）实验设计

实验共分为三个阶段：生态驾驶培训前、生态驾驶培训后短时间内及生态驾驶培训4个月后。每个实验阶段，采用1个月数据为分析对象。详细时间安排如下：

(1) 生态驾驶培训前：2013年7月3日～8月2日；

(2) 生态驾驶培训：2013年8月5～6日；

(3) 生态驾驶培训后短时间内：2013年8月23日～9月23日；

(4) 生态驾驶培训长时间后：2014年12月5日～2014年1月4日。

要求驾驶人每天收车后填写调查表格相关信息，主要包括：车辆行驶时间、行驶里程、加油量、空调使用情况及车辆预热时间等。

生态驾驶行为培训主要通过静态宣教的形式进行，内容为国际生态驾驶行为经验总结，包括出发前做好路线规划、驾驶过程中平稳行驶以及日常保养维护等。具体内容包括：

(1) 充分利用道路交通信息，预知交通状况，在行驶之前对路程做出规划，尽量避开拥挤路段以减少能耗。

(2) 避免发动机不必要的预热，驾驶过程中不急起步和不急加速、尽量保持稳定的行驶速度、提前松开油门利用发动机制动器减速、保持安全车距、长时间停车应熄火等。

(3) 除了定期保养维护外，还需要注意合理使用空调、及时检查胎压、使用指定等级的机油、移除车上不必要的物品以减轻车载等。

4.2.3.3　实验结果分析

由于选取的3名驾驶人为实验志愿者，并且每月发放一定的劳务报酬，因此能保证驾驶人每天按时认真填写调查表格的各项内容，能较为准确地获得车辆每天的发动机预热时间、行驶时间、行驶里程、加油量及空调使用情况。表4-7为某一驾驶人生态驾驶行为培训后部分数据记录情况。

部分油耗跟踪调查数据示例　　　　　　　　　　表4-7

年/月/日	发动机预热时间(s)	行驶时间(h)	行驶里程(km)	空调使用时间(h)	加油量(L)
2013/08/23	0	11	180	7	26
2013/08/25	0	8	150	5	0
2013/08/26	0	13	210	9	26
2013/08/27	0	11	190	4	0
2013/08/28	0	9	170	2	26
2013/08/29	0	11	200	3	0

续表

年/月/日	发动机预热时间(s)	行驶时间(h)	行驶里程(km)	空调使用时间(h)	加油量(L)
2013/08/30	0	10	190	2	0
2013/08/31	0	13	190	4	39
2013/09/01	0	12	220	4	0
2013/09/02	0	13	230	5	25

为探究生态驾驶行为的节能效果，应获得单位运行距离下的车辆油耗以相互比较。首先，分别求和调查各阶段的油耗、运行距离、运行时间、空调使用时间及发动机预热时间，如表 4-8 所示。

生态驾驶行为培训前后各阶段调查数据求和　　表 4-8

调查数据项	驾驶人编号	培训前	培训短时间内	培训长时间后
运行时间(h)	1	483.00	542.00	503.00
	2	227.50	286.00	319.00
	3	326.00	336.00	320.00
运行距离(km)	1	10170.00	10750.00	10670.00
	2	3736.00	5398.00	5025.00
	3	5175.00	5980.00	5900.00
空调使用时间(h)	1	325.00	101.00	0.00
	2	174.00	57.00	0.00
	3	248.00	65.00	0.00
发动机预热时间(h)	1	0.00	0.00	2.37
	2	0.00	0.00	1.08
	3	0.00	0.00	2.15
车辆油耗(L)	1	1072.00	737.00	827.00
	2	367.40	444.90	374.95
	3	467.00	406.00	420.00

由表 4-8 可以明显看出，第一实验阶段的空调使用总时间明显高于后两个实验阶段；同时，发动机预热的现象仅存在于第三个实验阶段。结合实验时间安排可以发现，气候条件应该是导致上述两种现象的直接原因，而并非生态驾驶行为培训所导致的结果。因此，为避免夸大生态驾驶行为在节约车辆能耗方面的效益，实施生态驾驶行为培训前后车辆油耗比较时应消除由使用空调和预热发送机产生的影响。

根据邵莉等人的研究，小汽车空调产生的平均油耗约为 1.5L/100km。因此，通过计算车辆运行过程中使用空调时间占所有运行时间的百分比，可以获得使用空调的总体行驶里程，进而可确定由使用空调产生的油耗。计算公式见式（4-2）：

$$Q_{ij} = \frac{(t_{ij}/T_{ij}) \times L_{ij}}{100} \times q_0 \tag{4-2}$$

式中　Q——车辆行驶过程中空调油耗量（L）；
　　　t——车辆行驶过程中空调使用时间（h）；
　　　T——车辆行驶时间（h）；
　　　L——车辆行驶里程（km）；
　　　q_0——车辆空调平均油耗，取 1.5L/100km；
　　　i——驾驶人编号：1、2、3；
　　　j——调查阶段：培训前、培训后短时间内、培训长时间后。

另外，根据日本有关生态驾驶行为的研究结果，由小汽车急速所造成的车辆燃油消耗约为 0.221cc/s，由此可以粗略估算由于实施发动机预热所造成的燃油消耗。

综上，可以获得因使用空调和实施发动机预热所产生的油耗，如表 4-9 所示。

不同实验阶段使用空调和预热发动机所产生的燃油消耗　　表 4-9

驾驶人编号	生态驾驶培训前		培训后短时间内		培训长时间后	
	使用空调产生油耗（L）	预热发动机油耗（L）	使用空调产生油耗（L）	预热发动机油耗（L）	使用空调产生油耗（L）	预热发动机油耗（L）
1	102.65	0	30.05	0	0	1.89
2	42.86	0	16.14	0	0	0.86
3	59.05	0	17.35	0	0	1.71

消除因使用空调和实施发动机预热所产生的油耗，得到新的能耗数据如表 4-10 所示。

消除使用空调和发动机预热影响后的总体燃油消耗（单位：L）　　表 4-10

驾驶人编号	生态驾驶培训前	培训后短时间内	培训长时间后
1	969.35	706.95	825.12
2	324.54	428.76	374.09
3	407.95	388.65	418.29

基于总的行驶里程和燃油消耗，可以获得生态驾驶行为培训前、生态驾驶培训后短时间内及生态驾驶培训长时间后的车辆平均百公里油耗。如图 4-12 所示，生态驾驶培训后，

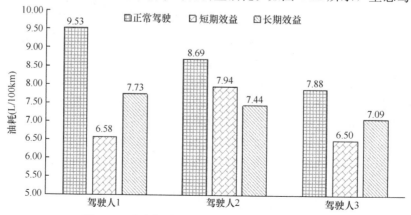

图 4-12　生态驾驶行为培训前后车辆百公里油耗

车辆百公里油耗均有不同程度降低。

对比生态驾驶行为培训前和培训后短时间内的车辆百公里油耗可以发现，车辆油耗降低现象最明显的是驾驶人1，其次为驾驶人3，最后为驾驶人2。通过培训前后油耗降低值与原始值相除，可得到车辆油耗降低比例。对于3名驾驶人，车辆油耗降低比例分别是31.00%、8.56%和17.56%。因此，基于跟踪调查数据，以一个月为统计周期，通过实施静态宣教培训，生态驾驶行为节油车辆燃油的潜力为9%~31%。

对比生态驾驶行为培训前和培训长时间后的车辆百公里油耗可以发现，车辆油耗降低现象最明显的仍然是驾驶人1，不过其油耗降低程度并没有生态驾驶行为培训后短时间内显著。生态驾驶培训4个月后，相对培训前3名驾驶人的车辆油耗降低比例分别为18.87%、14.30%和10.06%。即是，以4个月为统计周期，生态驾驶行为节约车辆燃油的潜力为10%~18%。

基于以上分析结果可知，从短期效益讲生态驾驶行为节约车辆燃油的潜力约为19.04%，但是随着时间增长其节油潜力随之降低为14.14%。总体看来，距离生态驾驶行为培训的时间越长，生态驾驶行为培训所带来的车辆燃油降低比例越低。因此，研究结果证实，相对于生态驾驶行为培训后短时间内，随着时间增长，驾驶人会部分地重新回到生态特性较低的驾驶行为状态，从而导致较高的燃油消耗。

综上基于跟踪调查的生态驾驶行为节能潜力长效性研究分析结果，一方面，研究明确了生态驾驶行为的节能效果具有随着时间增长而降低的长效性；另一方面，由于研究采用主观跟踪调查的方式进行，驾驶人主观因素对车辆油耗值的影响不能忽略，因此，生态驾驶行为降低车辆油耗比例的精确值应结合客观数据进一步验证。

4.3 生态驾驶行为对车辆运行安全影响分析

根据测试分析结果，生态驾驶行为确能改善驾驶人驾驶行为的生态特性，有助于降低车辆的能耗和排放。由于生态驾驶行为重在强调平缓和温和地驾驶车辆，因此，生态驾驶行为是否会降低车辆运行效率一直饱受关注；同时，生态驾驶行为对车辆运行安全到底有何影响也需要进一步明确。综合以上两个方面，以目前国内外已有研究成果为基础，部分结合实验测试数据，分析说明生态驾驶行为对车辆运行安全和效率的影响。

4.3.1 交通安全事故率

由于生态驾驶行为强调预见驾驶、维持车速稳定、尽量避免急加/减速、尽量少地超车或激进驾驶，因此，生态驾驶行为理应有助于提升车辆运行安全。实际上，在生态驾驶行为对车辆运行安全影响研究方面，包括澳大利亚、捷克、克罗地亚、芬兰、德国、希腊、匈牙利、意大利、立陶宛、荷兰、波兰、西班牙、英国、日本等众多国家的研究机构均证明生态驾驶行为有助于降低交通安全事故。生态驾驶行为对降低交通安全事故的贡献率可达40%，并且有助于降低交通安全事故成本52%。

其中，以日本为例，绿色管理认证是日本政府推行生态驾驶行为的重要手段之一。研究结果表明，在取得绿色管理认证一年后，由车辆引发的交通安全事故明显降低。分行业统计结果如图4-13所示，货车引发的交通安全事故降低了25.1%，公交车引发的交通安

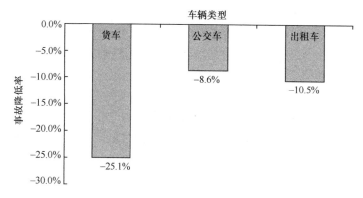

图 4-13 获取绿色管理认证一年后交通事故降低率（日本）

全事故降低了 8.6%，出租车引发的交通安全事故降低了 10.5%。

4.3.2 驾驶人分心及驾驶负荷

为更好地帮助驾驶人学习和实施生态驾驶行为，常应用包括视觉、触觉和听觉在内的生态驾驶行为辅助设备。由于附加设备可能造成驾驶人分心或增加驾驶人的驾驶负荷，因而生态驾驶行为辅助装置也可能成为间接影响交通安全的潜在威胁。

由以往的研究和实际经验表明，视觉分心和由此引起的驾驶负荷增加是造成交通安全风险最常见和最具威胁的情形。为此，Rouzikhah 等人专门研究对比了行车过程中以显示屏的形式向驾驶人提供生态驾驶行为信息所造成的驾驶分心影响。研究中，主要对比分析了驾驶过程中使用导航、调节 CD 以及查看生态驾驶行为反馈信息对驾驶分心的影响。研究结果表明，相比之下，驾驶过程中使用导航和调节 CD 对驾驶分心的影响更明显，生态驾驶行为反馈信息的影响并不十分显著。

需要强调的是，生态驾驶行为辅助装置对驾驶人驾驶分心和驾驶负荷的影响与装置的安装位置、反馈信息的难易理解程度、反馈信息的展示方式以及驾驶人个体的文化水平、年龄等均有密切联系。因此，在合理设计和安置生态驾驶行为辅助装置的同时，实施装置正式使用前培训，让驾驶人熟悉装置的使用流程和功能，能有效降低生态驾驶行为辅助装置对驾驶分心及负荷的影响。

4.4 生态驾驶行为对车辆运行效率影响

本研究结合模拟和实车测试数据，分别分析模拟实验条件下起步过程车辆油耗与行驶时间的关系，以及实车实验在快速路自由流条件下车辆油耗与行驶时间的关系，进而明确生态驾驶行为对车辆行驶效率的影响。

4.4.1 驾驶模拟实验测试

模拟实验条件下起步过程车辆油耗与行驶时间关系如图 4-14 所示。起步过程车辆行驶距离均为 100m。图 4-14 表明，随着车辆百公里油耗降低，车辆行驶时间总体呈现上升趋势。对比 3 名低等级和 3 名高等级驾驶人的油耗平均水平可以发现，低油耗均值为

17.31L/100km，行驶时间平均为20.6s；高油耗均值为25.54L/100km，平均行驶时间为12s。由此推算可知，对于起步过程，油耗绝对值降低4.94L/100km，行驶时间绝对值增大5.31s；油耗降低32.2%，行驶时间增长30.7%，油耗降低比例和行驶时间增长比例基本持平。

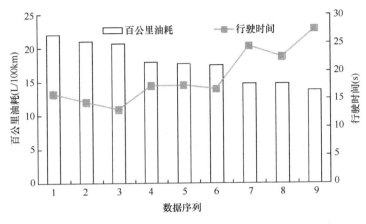

图4-14 模拟实验条件下起步过程车辆油耗与行驶时间关系

4.4.2 实车监测数据分析

为进一步分析生态驾驶行为对行车效率的影响，分析建立了实车实验快速路自由流条件下车辆油耗与行驶时间关系，如图4-15所示。为尽可能排除道路条件差异及拥堵状况不一致等外部条件的干扰，研究以城市快速路基本路段为实验道路条件（无坡道、弯道及出入口影响），选取自由流条件（即高速运行，车辆平均速度>57km/h）为分析对象；同时，规定车辆行驶距离均为200m。

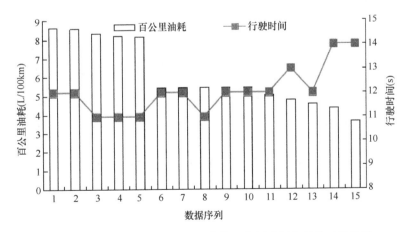

图4-15 实车实验快速路自由流条件下车辆油耗与行驶时间关系

图4-15表明，随着车辆百公里油耗降低，车辆行驶时间总体呈现上升趋势。对比5名低等级和5名高等级驾驶人的油耗平均水平可以发现，低油耗均值为3.95L/100km，行驶时间平均为13.0s；高油耗均值为7.43L/100km，平均行驶时间为11.4s。由此推算

可知,对于自由流行驶条件,油耗绝对值降低 3.48L/100km,行驶时间绝对值增大 1.6s;油耗降低比例为 46.8%,行驶时间增加比例为 12.3%,油耗降低比例约为行驶时间增长比例的 4 倍。

因此,结合国外研究成果和本研究实验测试结果可知,同等行驶条件下,生态驾驶行为并不会显著影响车辆行驶时间,生态驾驶行为所带来的节能效益大于其对车辆运行效率的影响。

本章参考文献

[1] BARTH M, BORIBOONSOMSIN K. Energy and emissions impacts of a freeway-based dynamic eco-driving system [J]. Transportation Research Part D: Transport & Environment, 2009, 14(6): 400-410.

[2] ANDO R, NISHIHORI Y. How does driving behavior change when following an eco-driving car? [J]. Procedia - Social and Behavioral Sciences, 2011, 20(6): 577-587.

[3] 李世武,蒋彬,初秀民,等. 驾驶行为对车辆燃料消耗和污染物排放的影响研究综述[J]. 公路交通科技, 2003, 20(1): 156-158.

[4] ERICSSON E. Independent driving pattern factors and their influence on fuel-use and exhaust emission factors [J]. Transportation Research Part D: Transport and Environment, 2001, 6(5): 325-345.

[5] STROEMBERG H K, KARLSSON M A. Comparative effects of eco-driving initiatives aimed at urban bus drivers - Results from a field trial [J]. Transportation Research Part D: Transport & Environment, 2013, 22: 28-33.

[6] JOHANSSON K H, TORNGREN M and NIELSEN L. Vehicle applications of controller area network [M]. Handbook of networked and embedded control systems. Birkhäuser Boston, 2005: 741-765.

[7] ABUZO A A, MUROMACHI Y. Fuel Economy of Ecodriving Programs: Evaluation of Training and Real-World Driving Applications in Manila, Philippines, and in Tokyo [J]. Transportation Research Record: Journal of the Transportation Research Board, 2014, 2427: 34-40.

[8] Environmental Protection Agency. Development of Emission Rates for Light-Duty Vehicles in the Motor Vehicle Emissions Simulator (MOVES2010). Assessment and Standards Division, Office of Transportation and Air Quality, 2011.

[9] BEUSEN B, BROEKX S, DENYS T, et al. Using on-board logging devices to study the longer-term impact of an eco-driving course [J]. Transportation Research Part D: Transport and Environment, 2009, 14(7): 514-520.

[10] WAHLBERG A E. Long-term effects of training in economical driving: fuel consumption, accidents, driver acceleration behavioral and technical feedback [J]. International Journal of Industrial Ergonomics, 2007, 37(4): 333-343.

[11] 白崤. 汽车驾驶节能技术研究[D]. 西安:长安大学, 2011.

[12] 曾诚,蔡凤田,刘莉,等. 不同驾驶操作方法下的汽车运行燃料消耗量分析[J]. 交通节能与环保, 2011(1): 31-34.

[13] 王福景,于继承,赵雨旸,等. 基于VISSIM仿真的生态驾驶行为对交叉口运行效率影响[J]. 交通科技与经济, 2014, 16(2): 109-113.

[14] 靳秋思,宋国华,叶蒙蒙,等. 车辆通过交叉口的生态驾驶轨迹优化研究[J]. 安全与环境工程,

2015(3): 75-82.

[15] HARMSEN R, VAN DEN HOED R, HARMELINK M. Improving the energy efficiency of road transport: the case of eco-driving in the Netherlands[C]. Conference proceedings eceee summer study, 2007.

[16] LIU B S, LEE Y H. In-vehicle workload assessment: effects of traffic situations and cellular telephone use [J]. Journal of safety research, 2006, 37(1): 99-105.

[17] MAY A, ROSS T, OSMAN Z. The design of next generation in-vehicle navigation systems for the older driver [J]. Interacting with computers, 2005, 17(6): 643-659.

[18] BERTI S, SCHROGER E. A comparison of auditory and visual distraction effects: behavioral and event-related indices [J]. Cognitive brain research, 2001, 10(3): 265-273.

[19] ROUZIKHAH H, KING M, RAKOTONIRAINY A. Examining the effects of an eco-driving message on driver distraction [J]. Accident Analysis & Prevention, 2013, 50: 975-983.

第5章 生态驾驶行为特征描述

5.1 驾驶行为特征概述

驾驶人行车过程是一个"感知—决策—操控—车辆运行"的过程，对应不同的阶段，由不同的驾驶行为指标描述。目前对于驾驶行为表征指标的研究比较分散，不同的研究者所采用的分析指标也各不相同。造成这种现象的主要原因是不同研究者所采用的实验设备及实验条件存在较大差异，在选择驾驶行为分析指标的时候只能"就地取材"所造成。在车辆操控及运动信息方面，不同的研究者所采用的指标较为统一，通常有方向盘转角、挡位、油门、刹车信息以及车辆运行速度、加速度信息等。而受驾驶人性别、年龄等基本信息、生理特征、心理特征以及车辆参数的影响，不同驾驶群体所体现出的驾驶行为存在较大差异。总结驾驶行为指标体系及其影响因素如图5-1所示。

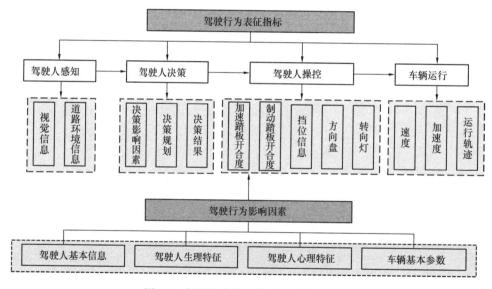

图5-1　驾驶行为指标体系及其影响因素

5.1.1 特征指标

1) 驾驶人感知行为

驾驶人在驾驶车辆时，90%以上的信息依靠视觉获取，这是影响驾驶安全的重要因素。眼动是驾驶人感知行为特性的重要表征，主要有注视、扫视和眨眼三种基本形式。

2) 驾驶人决策行为

在影响驾驶人决策的因素中，主要包括反应能力、注意水平两个常用心理测评指标。驾驶人的判断特性因人而异。驾驶经验与驾驶水平的差异、感知速度的差异、疲劳、酒后驾驶及驾驶适应性等问题都会影响驾驶人的判断特性。在影响驾驶人判断特性的所有心理品质中,最重要的是驾驶人对道路情况变化的反应及注意能力,因此驾驶人的判断特性通常用选择反应时及注意水平指标来测评。

3) 驾驶人操控行为

驾驶人在驾驶过程中的操作行为表现为对汽车操纵装置的控制,汽车操纵装置包括方向盘、变速杆、加速踏板、制动踏板、离合器踏板及各种开关、按钮等,操控的合理性直接决定车辆运行的安全性。

(1) 方向盘转角信息:该指标直接反映了驾驶人横向操控行为,是驾驶操作行为的重要表征参数之一。

(2) 挡位信息:驾驶人挡位控制能力是安全驾驶的前提,是表征驾驶人操控行为的一个重要参数。驾驶人挡位操作能力主要表现在对挡位的合理选择与流畅切换方面。

(3) 加速踏板开合度:加速踏板操控是车辆纵向操控行为的重要构成,直接影响车辆的启动、正常行驶中的加、减速过程以及乘坐舒适性。该指标与驾驶所处交通环境与驾驶人的个性特征有密切关系。激进驾驶人通常表现出油门开合度较大,且加减过程迅速的特征。

(4) 制动踏板开合度:制动踏板行程反映了驾驶人使用制动踏板的轻重程度,是表明驾驶人操作行为的重要参数。在正常的行驶过程中,降低速度、停车都是驾驶人不可避免的操作行为,有效利用制动,可以减少道路交通事故的发生。

(5) 转向灯状态:转向灯的使用与车辆变道、转弯等横向运动行为密切相关,该指标在分析驾驶人横向操控行为合理性的时候,可以与驾驶人眼动变化规律协同分析,结果可用于评估驾驶人横向操控行为安全性。

4) 车辆运行状态

车辆运行状态是驾驶操控行为的结果,主要体现为车辆运行速度、加速度、横向位移和行驶距离等信息的变化,既包括车辆纵向运动特征的变化,也包括车辆横向位置的改变。

5.1.2 影响因素

1) 驾驶人基本信息

受驾驶人个性特征的影响,不同驾驶人的驾驶行为存在明显差别。驾驶人个体特征的影响因素主要包括驾驶人驾龄、年龄、性别等。

(1) 驾龄:从交通事故责任者的驾龄看,驾龄在1年以下的新驾驶人,由于技术尚不熟练,经验不足,发生事故几率明显高于其他驾龄的驾驶人。驾龄满3年后,驾驶人会自以为技术熟练,出现忽视安全的倾向,以至于驾龄在3~10年之间的驾驶人发生交通事故呈上升的趋势。而当驾龄满10年以后,发生交通事故概率开始有明显下降。

(2) 年龄:年龄影响人的感知、判断及操作特性。年龄在10~17岁时,判断能力和动作与反应速度均未达到90%;在18~29岁时,人的判断能力和动作与反应速度均达到了最大值。尤其是20~25岁年龄段,反应速度为一生中最快的阶段。

(3) 性别:在正常驾驶条件下,男、女性驾驶人对交通状况的处理能力差别不大,而在紧急情况下,女性驾驶人的刹车距离比男性驾驶人的长,男性驾驶人的个性多为主动攻击性，女性则表现为被动的受攻击性。驾驶车辆时酒后开车、强行超车，多为男性驾驶人的行为，女性驾驶人则少见。对于违反行车速度的想法也不同，男性驾驶人对超速行车往往采取不在乎的态度，而女性则很重视。

2）驾驶人生理特征

根据驾驶工况的不同，驾驶人的生理指标会有明显的差异。这一类指标虽然不能直接描述人的驾驶行为，但是可以从人的生理特征方面，反映出驾驶人对交通环境刺激的反应特性。常用指标包括心率变异性指标、呼吸指标、体温指标和脑电指标等。

3）驾驶人心理特征

驾驶人的认知负荷、疲劳特征等都与驾驶人心理特征参数有密切关联，其特征指标主要体现为驾驶人的深度知觉、反应时间、速度知觉、动作稳定性、时空判断及综合反应等信息。

4）车辆基本参数

驾驶行为除受到驾驶人本身因素（如生理、心理特征等）的影响，也与车辆参数有着一定联系。按照我国的《道路车辆分类与代码机动车》GB 918.1—1989，将汽车分为载货汽车、越野汽车、自卸汽车、牵引汽车、专用汽车、客车、轿车和半挂车 8 类。不同种类的汽车对驾驶人操作行为要求也不一样，如客车和轿车相比，驾驶客车的技术要求更高，同时两种车辆的驾驶操作方法也存在一定差别。

除上述驾驶人本身特性和车辆参数，道路、交通及环境条件对驾驶行为也有较大影响。道路线形、等级、路面状况、桥梁、隧道、长大下坡、急弯处等特殊道路条件，交通流量大小，雨、雪、雾等不良天气，交通设施完备状况及路侧净空等因素，均会显著影响驾驶行为。

5.2 驾驶行为与车辆能耗关联关系

考虑到不同道路及交通条件下驾驶人驾驶行为可能存在差异，分析驾驶行为与车辆能耗关系时应考虑道路及交通条件带来的影响。结合已有 309 辆北京市出租车一天的运行轨迹和实时油耗数据，分别从快速路和交叉口两种典型城市道路条件探究驾驶行为与车辆能耗的关联关系。在具体分析过程中，着重考虑不同运行速度区间和不同工况条件下行为与油耗的关联关系。

通过聚类分析，将车辆运行速度划分为高速、中速和低速三个区间，表示不同的交通运行条件。根据聚类分析结果，快速路车辆运行速度分为 0~27km/h、28~55km/h、>55km/h三个区间，交叉口车辆运行速度分为 0~27km/h、28~47km/h、>48km/h 三个区间。

同时，车辆运行过程中，工况状态对车辆油耗产生较大的影响，因此需要对车辆行驶工况进行识别和划分，进而以车辆运行工况为基础，研究驾驶行为与车辆能耗之间的关系。定义加速、减速、匀速、怠速四种工况如下：

（1）加速。车辆加速是一个持续的过程，在此过程中可能会出现短时间的匀速或者微弱减速现象，但从整体来看，车辆处于加速状态。因此，对于加速工况，要求在整个加速时段内，减速或匀速过程持续时间不超过 1s，且减速过程减速范围不能超过 1km/h。

(2) 减速。车辆减速过程与加速过程相似,在进行工况识别中,要求整个减速时段内,加速或匀速过程持续时间不超过1s,且加速过程加速范围不能超过1km/h。

(3) 匀速。车辆行驶过程中,当保持一定车速行驶时为匀速状态。考虑到驾驶人在驾驶过程中需要不断进行微小的加减速以保持速度稳定,因此在工况识别过程中,将速度波动不超过1km/h的时间段识别为匀速工况。

(4) 怠速。较之于其他行驶工况,怠速定义较为简单。当车辆处于完全停止状态,且无加速倾向的时间段为怠速工况。由于怠速时车辆油耗主要与车辆性能相关,因此分析驾驶行为与车辆油耗关系时暂不考虑。

5.2.1 快速路驾驶行为与车辆能耗关系

1) 加速工况

(1) 起步段

在数据分析过程中,车辆从怠速状态起步时,油耗较大,与0~27km/h速度段内其他加速工况时段油耗值相比出现显著差异,因此在分析过程中,将起步段作为独立类别进行分析。在此条件下车辆加速范围与油耗关系如图5-2所示。

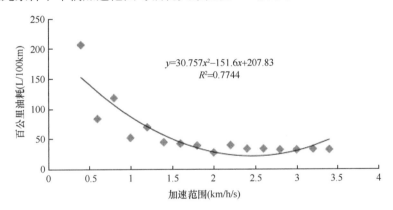

图5-2 快速路加速工况起步段加速范围-油耗关系

车辆油耗与加速范围呈现二次关系曲线,利用拟合曲线函数表达式计算经济加速度。数据分析结果表明,当驾驶人在起步过程中,以2.5km/h/s的加速范围起步时,百公里油耗值最低。

(2) 其他速度区间

其他高、中、低三类速度区间内加速范围-油耗关系分别如图5-3、图5-4、图5-5所示。在此三段区间内,加速范围-油耗呈线性正相关,在行驶过程中应避免急加速。对比三段区间纵轴百公里油耗可知,随着速度的提高,油耗值降低,与匀速状态下速度-油耗关系相符合。

2) 减速工况

(1) 低速区间(0~27km/h)

如图5-6所示,在此速度区间内,加速范围-油耗呈二次曲线关系,利用拟合曲线函数表达式计算经济加速范围。数据分析结果表明,当驾驶人在0~27km/h速范围区间减速时,以−2.5km/h/s的加速范围减速,百公里油耗值最低。

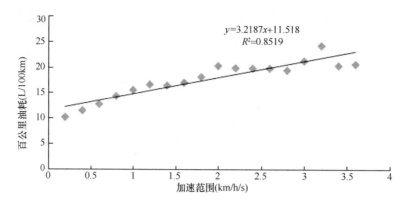

图 5-3　快速路加速工况 0～27km/h 区间加速范围-油耗关系

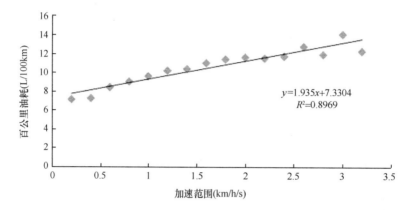

图 5-4　快速路加速工况 28～55km/h 区间加速范围-油耗关系

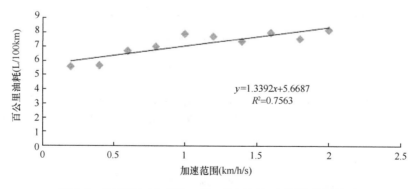

图 5-5　快速路加速工况＞55km/h 区间加速范围-油耗关系

（2）中速区间（28～55km/h）

如图 5-7 所示，在此速度区间内，加速范围-油耗呈二次曲线关系，利用拟合曲线函数表达式计算经济加速范围。数据分析结果表明，当驾驶人在 27～55km/h 速范围区间减速时，以－1km/h/s 的加速范围减速，百公里油耗值最低。

（3）高速区间（＞55km/h）

如图 5-8 所示，在此速度区间内，加速范围-油耗呈二次曲线关系，利用拟合曲线函

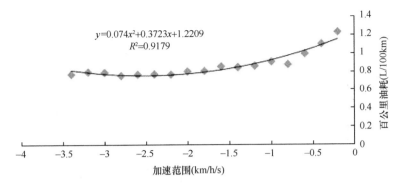

图 5-6 快速路减速工况 0～27km/h 区间加速范围-油耗关系

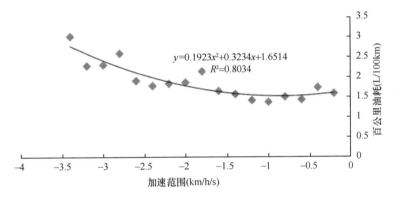

图 5-7 快速路减速工况 28～55km/h 区间加速范围-油耗关系

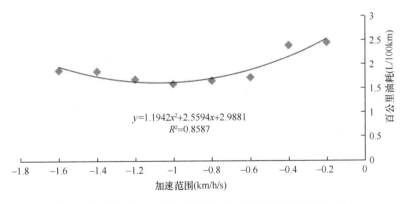

图 5-8 快速路减速工况大于 55km/h 区间加速范围-油耗关系

数表达式计算经济加速范围。数据分析结果表明，当驾驶人在大于 55km/h 速度区间减速时，以 −1km/h/s 的加速范围减速，百公里油耗值最低。

3) 匀速工况

匀速工况条件下，速度-油耗模型如图 5-9 所示。匀速工况时段内，速度与油耗呈幂函数分布，即车速越高，百公里油耗越低。在限定条件下（如限速等），经济车速为最高可达车速。

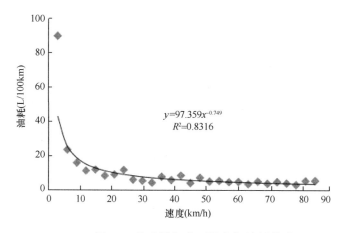

图 5-9 快速路匀速工况速度-油耗关系

5.2.2 交叉口驾驶行为与车辆能耗关系

1) 加速工况

(1) 起步段

如图 5-10 所示,车辆油耗与加速范围呈二次曲线关系,利用拟合曲线函数表达式计算经济加速范围。数据分析结果表明,当驾驶人在起步过程中,以 2.4km/h/s 的加速范围起步时,百公里油耗值最低。

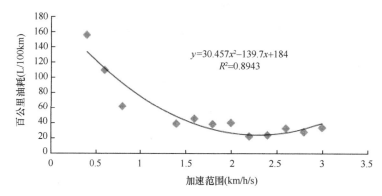

图 5-10 交叉口加速工况起步段加速范围-油耗关系

(2) 其他速度区间

其他高、中、低三类速度区间内加速范围-油耗关系分别如图 5-11、图 5-12、图 5-13 所示。在此三段区间上,加速范围-油耗呈正相关,在行驶过程中应避免急加速。对比三段区间纵轴百公里油耗可知,随着速度的提高,油耗值降低,与匀速状态下速度-油耗关系相符合。

2) 减速工况

(1) 低速区间(0~27km/h)

如图 5-14 所示,车辆油耗与加速范围呈二次曲线关系,利用拟合曲线函数表达式计算经济加速范围。数据分析结果表明,当驾驶人在 0~27km/h 速度区间内减速时,以

第 5 章 生态驾驶行为特征描述

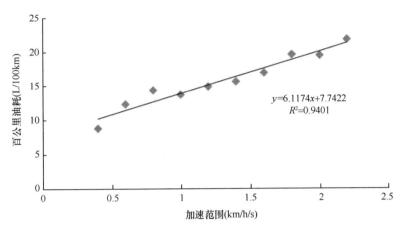

图 5-11 交叉口加速工况 0~27km/h 区间加速范围-油耗关系

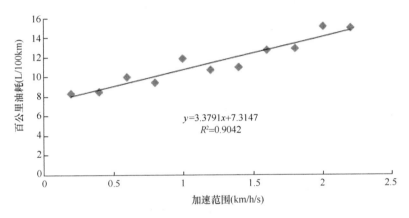

图 5-12 交叉口加速工况 27~47km/h 区间加速范围-油耗关系

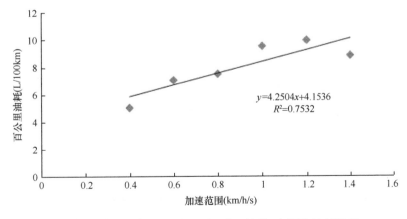

图 5-13 交叉口加速工况＞48km/h 区间加速范围-油耗关系

－1.8km/h/s 的加速范围减速，百公里油耗值最低。

（2）中速区间（28~47km/h）

如图 5-15 所示，在此区间上，加速范围-油耗呈正相关，在行驶过程中应避免急减速。

79

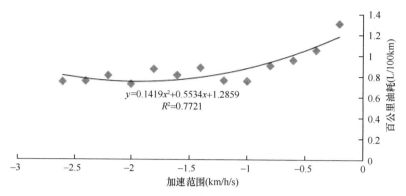

图 5-14　交叉口加速工况 0~27km/h 区间加速范围-油耗关系

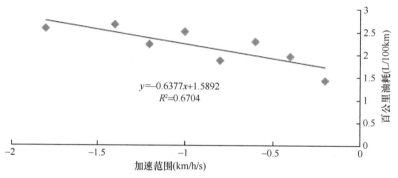

图 5-15　交叉口减速工况 28~47km/h 区间加速范围-油耗关系

（3）高速区间（大于 48km/h）

如图 5-16 所示，油耗与加速范围呈二次曲线关系，利用拟合曲线函数表达式计算经济加速范围。数据分析结果表明，当驾驶人在大于 48km/h 速度区间内减速时，以 -1km/h/s 的加速范围减速，百公里油耗值最低。

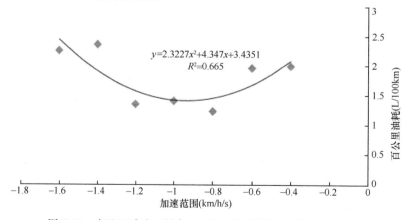

图 5-16　交叉口减速工况大于 48km/h 区间加速范围-油耗关系

3）匀速工况

与快速路匀速工况类似，交叉口处匀速工况时，油耗与速度呈幂函数分布，车速越高，百公里油耗越低；在限制条件下，经济车速为最高可达车速。从数据分析结果来看，由于道路条件不同,交叉口处最高车速较之于快速路较低,高速区间数据较少。交叉口匀速工况条件下速度与油耗关系如图 5-17 所示。

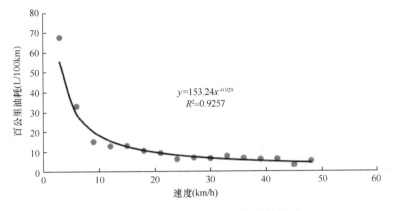

图 5-17 交叉口匀速工况速度-油耗关系

总之,在快速路与交叉口条件下,驾驶行为与油耗关系具有相同的趋势,总体表现出高速低油耗的特征。在拥堵条件下,驾驶行为模式对车辆油耗影响较大。在低速区间内,减速度对油耗影响不敏感,可能由于低速、减速条件下空挡滑行,或离合、刹车配合而导致。就工况来说,加速行为对油耗影响较大,特别是在起步加速段。同时,数据分析结果也表明急加速会导致油耗上升,行驶过程中应避免急加速的产生。

5.3 生态驾驶行为特征分析

基于第 5.2 节所述数据,对北京市出租车驾驶人在城市快速路基本路段及交叉口处驾驶行为进行分析,比较不同油耗等级下的驾驶人驾驶行为表现,提取驾驶人驾驶行为特征。在快速路和交叉口处完成数据匹配后,选取高油耗(10.5~11.5L/100km)、中油耗(7.5~8.5L/100km)、低油耗(4.5~5.5L/100km)驾驶人各 10 位进行分析。

5.3.1 速度特征

在快速路中平均速度分布结果如图 5-18 所示。从图中可以看出,高油耗条件下,出

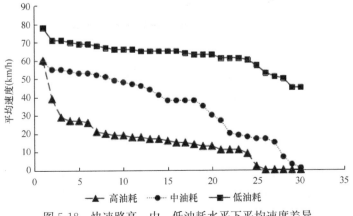

图 5-18 快速路高、中、低油耗水平下平均速度差异

租车辆平均运行速度较低,而在低油耗条件下,出租车辆平均运行速度较高,体现出不同的特征。

在交叉口平均速度分布结果如图 5-19 所示。从图中可以看出,随着车辆通过交叉口的平均速度增加,油耗值降低。

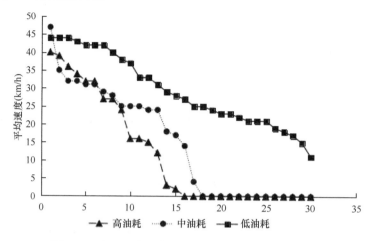

图 5-19 交叉口高、中、低油耗水平下平均速度差异

5.3.2 加速特征

快速路加速度分布结果如图 5-20 所示,交叉口加速范围分布结果如图 5-21 所示。从图中可以看出,在快速路和交叉口,随着加速范围变大,急加速增多,导致油耗增加。

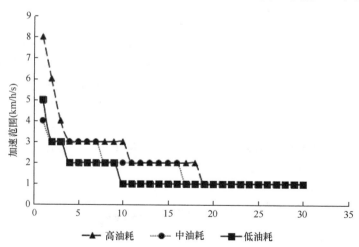

图 5-20 快速路高、中、低油耗水平下加速过程加速度差异

5.3.3 减速特征

快速路的减速范围分布结果如图 5-22 所示,交叉口的减速范围分布结果如图 5-23 所示。从图中可以看出,在快速路和交叉口,随着减速范围变大,急减速增多,导致油耗增加。

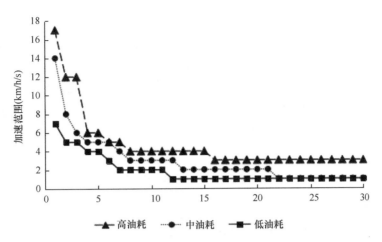

图 5-21 交叉口高、中、低油耗水平下加速过程加速范围差异

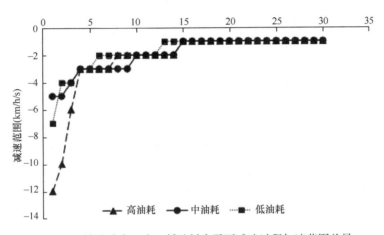

图 5-22 快速路高、中、低油耗水平下减速过程加速范围差异

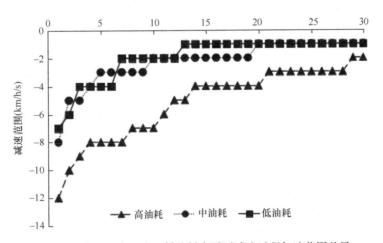

图 5-23 交叉口高、中、低油耗水平下减速过程加速范围差异

5.3.4 城市道路油耗分布特征

以北京市 309 辆出租车一天的运行数据为基础，统计出租车在城市道路不同交通条件下的累计油耗、累计运行时间贡献百分比如图 5-24 所示。由此可知，出租车在低速条件下运行时间贡献率近 45%，表明城市道路交通拥堵严重。中速条件下车辆油耗较高，是出租车油耗的主要来源。从累计油耗与累计运行时间之比来看，随着速度升高，累计油耗与累计运行时间之比升高，表明在同等运行时间下，车辆保持高速运行时将消耗更多燃油。

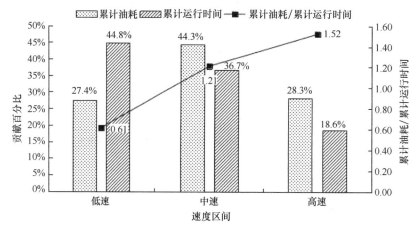

图 5-24 不同交通条件下累计油耗、累计运行时间贡献百分比

统计各工况条件下累计油耗及累计运行时间如图 5-25 所示。图 5-25 显示，加速工况油耗贡献率达 57%，是出租车油耗的主要来源。加速和减速工况累计运行时间占比约 73%，表明城市道路交通流状态不稳定，出租车在运行时具有加减速频繁的特点。加速工况下累计油耗与累计运行时间之比较高，表明出租车加速时将消耗更多燃油；减速工况下较低，可能与减速时油离配合有关；匀速工况下居中。因此，一方面，保持匀速能够较好

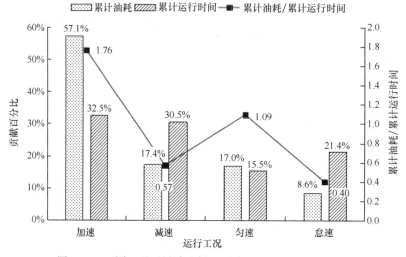

图 5-25 不同工况下累计油耗、累计运行时间贡献百分比

的节省燃料；相对于急减速，缓减速可减少燃料消耗，而就加速来看，长时加速可能带来较高油耗。另一方面，若将车辆状态视为工况沿时间的组合，通过短时加速、长时减速的策略可能减少车辆油耗，这也为生态驾驶操作方法的研究提供了新的思路。

不同交通条件、运行工况下累计油耗分布及累计运行时间贡献百分比如图 5-26 所示。中速区间加速工况累计油耗贡献百分比达 30%，是出租车油耗的主要来源。急速工况运行时间占 21.43%，累计油耗占比 8.57%，表明出租车运行时因急速造成燃油浪费现象严重。各速度区间内不同工况累计油耗贡献百分比、累计油耗与累计运行时间之比与图 5-25 类似，表明车辆油耗受运行工况影响较大。

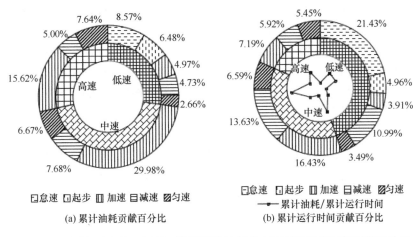

图 5-26 不同交通条件、运行工况下累计油耗分布和累计运行时间贡献百分比

5.4 生态驾驶行为特征表达

5.4.1 概述

近年来，有不少研究者尝试进行驾驶行为建模以刻画行为特征，并在驾驶行为识别和预测等方面取得了成效，获得了可接受的模型精度。然而，一方面，这些研究仅考虑驾驶人某些特定的驾驶行为，如急减速、急转向及急加速等，而并非驾驶人整个驾驶行为习惯；另一方面，以往研究主要集中于通过数学模型和统计分析实现驾驶行为识别、分类及预测，有关驾驶行为的直观描述和形象表达依然缺乏。基于以往研究成果，仍然较难回答驾驶人驾驶行为为什么不好，也不能直观展示出不同驾驶行为在何处存在差异。也因如此，相关研究成果并不能较好地支撑驾驶人驾驶行为优化提升。

因为驾驶过程中的驾驶行为数据是连续变化的数字型数据，具有数据量大、稳定性差、噪声大等特点，传统统计分析与数据图表描述方法较难直观反映驾驶行为的时空变化过程，需要寻求新的方法以实现驾驶行为特征规律的准确描述。由于在信息可视化方面存在较大优势，图谱已逐渐发展成为展示复杂、多维、不确定、不完整及存在内部关联数据其特征的重要手段，并广泛应用于信息学、绘图学、天体学、生物学等众多领域探索知识可视化。通过数据编码和建立关联规则，可以实现数据特征的准确描述和直观表达。

实际上，Chen 等人于 2013 年便提出了驾驶行为习惯图谱（Driving Habit Graph，DHG）模型的构建方法，通过节点和连接线组成 DHG 用以描述驾驶习惯，为表征驾驶人驾驶风格提供了新的解决思路。但是，由于 DHG 具有相对复杂的模型结构和较大的信息含量，直观理解和提取驾驶行为特征并不容易。特别地，DHG 模型中同时包含驾驶操作行为和车辆运行状态参数而并未区分，因此，从模型中较难挖掘不同驾驶人存在的驾驶操作行为差异和车辆运行状态差异。同时，DHG 并未考虑驾驶行为发生的时间顺序及数值大小，不能描述驾驶操作的时空特性以及车辆状态的变化特性。

事实上，影响车辆能耗的驾驶行为，在驾驶操作层面主要表现为对车辆的操控时间和控制力度，在车辆运行层面主要体现为不同运行状态的变化特性。综上所述，利用图谱理论，分别构建驾驶操作行为特征图谱和车辆运行状态特征图谱，从而实现能耗约束下驾驶行为特征的准确描述。一方面，剖析相同能耗等级下的驾驶操作特征和车辆运行状态特性；另一方面，获取不同能耗等级下的驾驶操作差异和车辆状态变化。在完成生态驾驶行为特征准确描述的同时，为实施驾驶行为生态特性精确评估的影响因素遴选提供依据，并为驾驶行为优化提升提供参考标准。

面向驾驶行为体现出的驾驶人操作和车辆运行两种主要形式，基于驾驶模拟和实车监测两种手段，分别获取模拟控制条件下的驾驶操作行为数据和自然驾驶状态下的车辆运行状态数据；进而以车辆能耗等级为约束，采用图谱理论，分别构建驾驶操作行为特征图谱和车辆运行状态特征图谱，从而实现生态驾驶行为特征的准确描述。生态驾驶行为特征图谱表达的总体构建思路如图 5-27 所示。

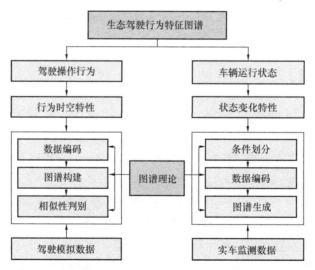

图 5-27　生态驾驶行为特征图谱构建思路

其中，由于驾驶操作主要体现为驾驶人对车辆的操控时间及控制力度，因此驾驶操作行为图谱主要用于刻画车辆能耗约束下驾驶操作行为的时间及空间特性，通过相似性判别，可以实现相同或不同油耗等级下驾驶操作行为的一致性和差异性识别。而对于运行状态层面，车辆能耗差异主要由不同运行条件下的车辆状态变化引起，因此车辆运行状态图谱主要用于反映车辆能耗约束下运行状态变化的分布特性，通过车辆外部运行条件划分，可以挖掘不同运行条件下造成车辆油耗差异的运行状态变化影响因素及分布规律。

5.4.2 驾驶操作行为特征图谱

基于驾驶模拟实验获取的驾驶操作行为数据，以操作行为发生时间和实施力度为图谱编码要素，构建能耗约束下的驾驶操作行为特征图谱，实现不同能耗等级下驾驶操作行为特征的直观表达。并通过图谱相似性对比，获取相同和不同能耗等级下的驾驶操作行为一致性和差异性，明确生态驾驶行为对应的驾驶操作行为特征规律。

1) 数据基础

用于驾驶操作行为图谱构建的基础数据来自驾驶模拟实验，选取的数据项、表征符号、数据变化范围如表5-1所示。

驾驶操作行为数据项及变化范围　　　　　　表5-1

编号	符号	驾驶操作行为	数据变化范围
1	A	加速踏板（Accelerator）	0~1
2	B	减速踏板（Brake）	0~1
3	C	离合踏板（Clutch）	0~1
4	G	挡位（Gear）	0, 1, 2, 3, 4, 5, R
5	S	方向盘转角（Steering）	−1~1

由于起步过程是驾驶人驾驶操作行为特征的典型代表并且能够形成较大的车辆能耗差异，因此，为更加明显地反映不同车辆油耗等级下的驾驶操作行为特征，选定车辆起步过程为分析对象。起步过程定义为车辆速度由0开始增加至车辆驶过100m的距离。

选用的实验场景由高速公路和城市道路组成。对于被试的每次驾驶任务，将在城市道路上完成三次"停车—起步"事件。"停车—起步"事件统一设置在三个倒计时信号交叉口。当驾驶人驾车到达交叉口时，信号灯红灯时间分别控制为30s、15s和60s。每个"停车—起步"事件之间不再增设其他事件，驾驶人要求按照交通法律法规正常驾驶。为消除外界道路交通条件对实验数据的混淆，用于"停车—起步"的驾驶事件均设置在平直道路上；同时，当驾驶在城市道路时，被试车辆的前方不会有其他车辆出现而影响驾驶操控，并且当被试车辆到达交叉口时也无其他车辆在交叉口排队等待，仅对向车道有车辆存在以增强场景真实性。

实验要求被试在每次"停车—起步"事件中，起步后均驾驶车辆直行通过交叉口。本次实验中，共有22名驾驶人参加，因每名驾驶人均需完成三次"停车—起步"驾驶事件，共获得66个数据样本用于驾驶操作行为特征图谱建模与分析。因为选定平直道路上的起步过程为研究对象，且无其他外部条件干扰，因此车辆制动踏板行程始终为0，故在后面的内容中不再包含。

为反映不同车辆油耗等级下的驾驶操作行为特征，可依据第3章描述的基于驾驶行为数据的车辆能耗排放计算方法，获得每个起步阶段的车辆能耗值，如图5-28所示。据此，利用聚类分析中的K-均值方法，将不同起步阶段的油耗划分为三个水平：高、中及低油耗。在此基础上，随机选取不同油耗等级下的三个起步阶段作为进一步分析的基础数据，可实现不同油耗等级下驾驶操作行为特征图谱表达，进而通过图谱相似性判别可实现能耗约束下驾驶操作行为特征一致性和差异性分析。

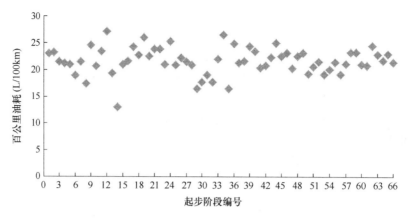

图 5-28　不同起步阶段车辆百公里油耗分布

2）数据编码

图 5-29 为车辆起步过程中离合踏板的原始数据。由于选用的模拟器每秒记录驾驶操作数据 30 次，故图 5-29 中的起步过程共有 531 个数据记录点。由于不同驾驶人驾驶车辆速度存在差异，起步过程的驾驶操作数据记录量对应存在明显不同。为将连续数据型的基础数据转化为抽象型的特征图谱，首先将原始数据抽取为逐秒数据。

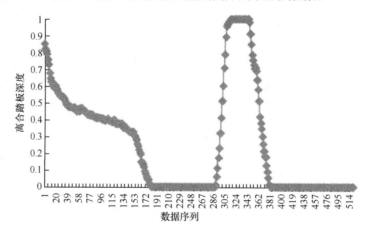

图 5-29　起步过程中离合踏板原始数据示例

由于数据采集频率为 30Hz，逐秒驾驶操作行为特征平均值可由式（5-1）计算：

$$f(n) = \frac{1}{30} \sum_{i=30(n-1)+1}^{30n} f(x_i), \tag{5-1}$$

式中　$f(x_i)$——驾驶模拟器在时刻 i 采集到的驾驶操作行为原始值；

　　　$f(n)$——驾驶操作行为在该秒的平均值。

如果本秒原始数据采集量不足 30 个，则 $f(n)$ 采用可用的数据求平均值。图 5-30 为图 5-29 中的离合踏板数据原始值经由式（5-1）转化获得的逐秒平均值。由图 5-30 可以发现，在此次起步事件中，该驾驶人利用约 18s 的时间完成了 100m 的起步过程。

在获取逐秒数据后，重要任务之一是将数值型数据转化为图谱所具有的抽象化节点符号，即数据编码。定义编码的产生条件为：驾驶操作行为在某一时刻发生显著改变。因

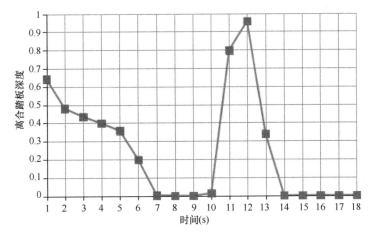

图 5-30　图 5-29 中离合踏板数据的逐秒平均值

此，首先将驾驶操作行为数据范围划分为三等份，由节点大小代表驾驶操作的程度（如踩踏离合踏板深度）。如图 5-31 所示，最小、中等、最大实心圆分别表征踩踏离合踏板行程位于 0~1/3、1/3~2/3、2/3~1。特别地，研究采用空心圆表征驾驶操作行为为 0。

除上述单点驾驶操作行为编码规则外，还应考虑时间序列上连续相邻节点间的差异特征以完成整个起步过程的操作行为编码。定义假设条件如下：

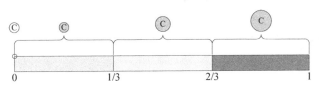

图 5-31　驾驶操作行为节点定义（以离合踏板为例）

（1）驾驶操作行为编码从起步过程的第 1s 开始；

（2）如果当前秒与相邻上一节点的驾驶操作行为变化程度大于或等于行程 1/3，则在当前秒生成新的驾驶操作行为编码；

（3）当驾驶操作行为值为 0 且相对于相邻上一秒首次发生，则在该秒生成带有驾驶操作行为符号的空心圆作为编码。

基于以上驾驶操作行为编码生成规则及假设条件，可获得驾驶人在起步过程中的各类驾驶操作行为编码。图 5-32 为图 5-30 中驾驶人起步过程对离合踏板的操作行为编码。由

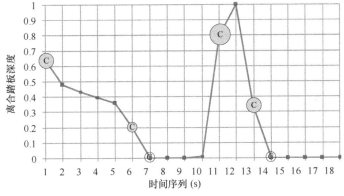

图 5-32　图 5-30 中驾驶人对离合踏板操作过程编码

于在第1s的平均离合踏板行程值为0.64,则在该秒产生带有符号C的中等大小实心圆。在第6s,离合踏板行程值为0.2,与第一个节点编码的变化值为0.44,因此带有符号C的最小实心圆在第6s产生。由于离合踏板行程在第7s为0,并且相对于相邻上一秒首次产生,故第7s产生最小空心圆。按时间序列,第11s的离合踏板行程超过了整个踏板行程的2/3,并且相对于上个相邻节点编码的变化大于2/3,因此最大的实心圆在该时刻出现。类似,另有两个节点编码在第13s和第14s出现。由此,可得到车辆起步过程驾驶人对离合踏板的总体操控行为编码,如图5-32所示。

3)图谱构建

为构建起步过程中驾驶操作行为图谱,定义以下三个步骤:

步骤一:以时间为X轴、驾驶操作行为为Y轴构建坐标系,并且X轴和Y轴的间隔等分设置。同时,对于Y轴,按照驾驶操作行为的首字母先后顺序由下至上依次放置:加速踏板(A)、离合踏板(C)、挡位(G)和方向盘(S);

步骤二:结合驾驶操作行为发生时间及节点编码产生规则,确定每一驾驶操作行为在上述坐标轴中的位置及相应的节点编码属性(大小、符号及虚实);

步骤三:从坐标轴原点开始,按照发生时间先后顺序利用直线连接每个驾驶操作行为节点编码,直线表示驾驶操作行为随时间延长一直持续。

依据上述方法,可构建获得起步过程中的驾驶操作行为图谱。两名具有不同油耗特征的驾驶人其起步过程操作行为图谱如图5-33所示,由此可以明显看出每种驾驶操作行为

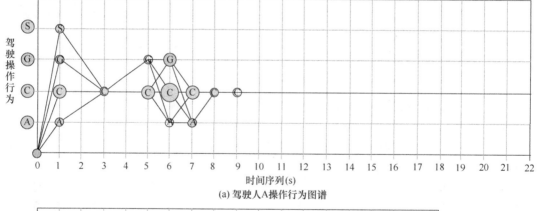

(a) 驾驶人A操作行为图谱

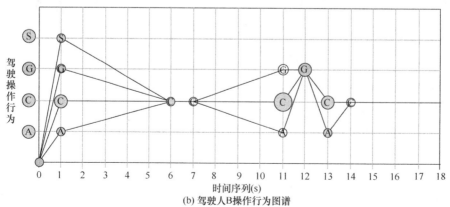

(b) 驾驶人B操作行为图谱

图5-33 两名驾驶人起步过程的驾驶操作行为图谱

的发生时间、操作程度及先后顺序。因此，图 5-33 可有效直观地描述和区分起步过程中不同油耗等级下的驾驶操作行为特征。其中，对于方向盘操作，在第 1s 出现变化后，后续时间一直没有出现大的改变，这一现象与实验设计的场景相一致。由于用于起步过程的道路为平直线形，驾驶人对方向盘的操作较少且不会有明显的变化。另外，对比图 5-33 中的图谱（a）和（b）可以发现，虽为相同道路交通条件下的起步过程，二者的驾驶操作行为特征存在较大差别。

基于以上图谱构建方法，形成三名低油耗驾驶人起步过程操作行为特征图谱如图 5-34 所示。图中三张图谱各自对应的车辆起步过程油耗分别为 16.44L/100km、17.41L/100km 和 17.76L/100km。由图 5-34 可以看出，三张图谱具有较好的一致性。相互对比可以发现，三名驾驶人在起步过程中均已将挡位换升至 3 挡，并且在实施加速踏板操作时均采用轻踩油门的方式进行。

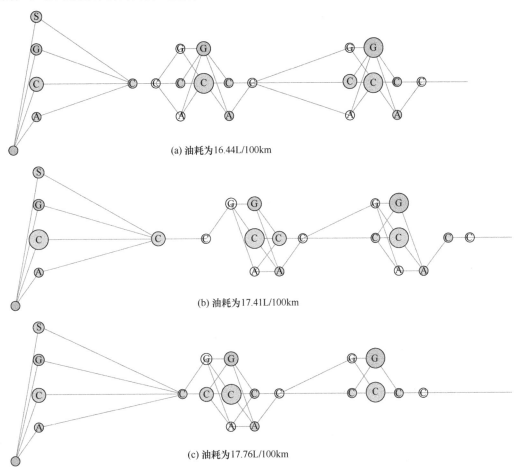

图 5-34　低油耗起步过程驾驶操作行为图谱

图 5-35 为三名中等油耗驾驶人起步过程操作行为特征图谱，各自对应的车辆起步过程油耗分别为 20.96L/100km、21.24L/100km 和 21.51L/100km。对比图 5-35 中的三张图谱可以发现各自的相似性并不高。特别地，图谱 5.35（b）与其余两张图谱存在明显差别。

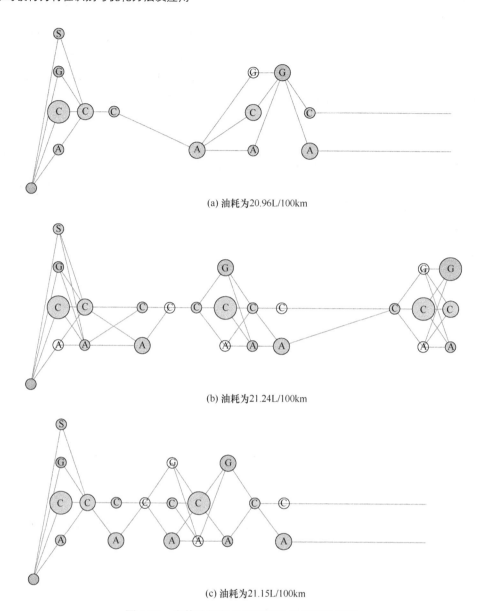

(a) 油耗为20.96L/100km

(b) 油耗为21.24L/100km

(c) 油耗为21.15L/100km

图 5-35 中等油耗起步过程驾驶操作行为图谱

三名高油耗驾驶人起步过程操作行为特征图谱如图 5-36 所示。对应三张特征图谱，车辆油耗各自分别为 24.40L/100km、24.86L/100km 和 26.47L/100km。图 5-36 显示，高油耗起步过程的驾驶操作行为特征图谱各自存在明显差异。对比图 5-36(b) 和（c）可以发现，两名高油耗驾驶人踩踏加速踏板时均存在急加速现象。

4）相似性判别

为定量化比较不同油耗等级下驾驶人操作行为特征差异，研究定义了驾驶操作行为图谱相似性判别方法。对于任意两个驾驶操作行为特征图谱，首先计算二者最长公共子序列（LCSS）。LCSS 被定义为两个或多个序列中存在的最长公共序列，计算公式如下：

第 5 章 生态驾驶行为特征描述

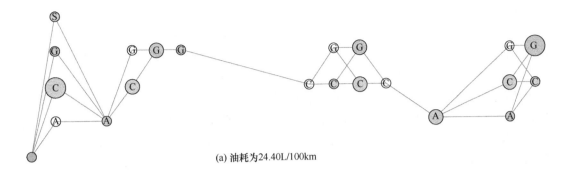

(a) 油耗为24.40L/100km

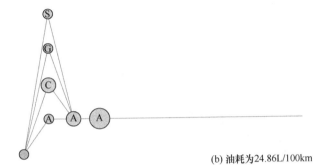

(b) 油耗为24.86L/100km

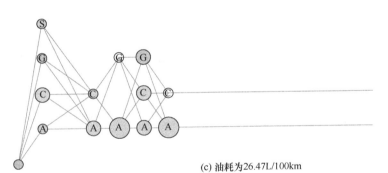

(c) 油耗为26.47L/100km

图 5-36 高油耗起步过程驾驶操作行为图谱

$$LCSS(I,J) = \begin{cases} 0 \\ LCSS(Rest(I),Rest(J))+1 \\ \max\{LCSS(Rest(J),I),LCSS(I,Rest(J))\} \\ \quad\text{if } m=n=0 \\ \text{if } K(I_{1,y})=K(J_{1,y}) \& |I_{1,x}-J_{1,x}|\leqslant u \& |I_{1,y}-J_{1,y}|\leqslant v \\ \quad\text{otherwise} \end{cases} \tag{5-2}$$

式中　$LCSS(I,J)$——驾驶操作行为图谱 I 和 J 的最长公共子序列；

　　　　K——表征特定时间驾驶操作行为种类的函数，包括单独的操作加速踏板、离合踏板、挡位、方向盘以及它们间的任意组合；

　　　　u——X 轴（时间）相似性阈值；

　　　　v——Y 轴（驾驶操作行为）相似性阈值；

　　　　m——图谱 I 的数据记录个数（即图谱 I 的时间长度）；

　　　　n——图谱 J 的数据记录个数（即图谱 J 的时间长度）。

依据式（5-2），当没有数据记录点存在时，图谱 I 和 J 的相似性为 0。在某数据记录点处，驾驶操作行为种类相同，同时 X 轴的差异值不超过 u 且 Y 轴差异值不大于 v 时，LCSS 的值在该记录点增加 1。定义阈值 u 的值为 1，即相对某一特点数据记录点，相同的驾驶操作行为在该点的前一秒或后一秒发生，认为驾驶操作行为在时间轴相似。定义阈值 v 的值为一个单元，即对于某一特定驾驶操作行为，认定位于相邻编码变化范围内的操作行为相似。如图 5-31 所示，以离合踏板行程为例，带有符号 C 的空心圆与带有符号 C 的最小实心圆相似（变化量为一个单元），带有符号 C 的最大实心圆与带有相同符号的中等实心圆相似。

获取 LCSS 后，最终利用 LCSS 距离（D_{LCSS}）实施不同驾驶操作行为图谱相似性判别，D_{LCSS} 定义如下：

$$D_{LCSS}(I,J) = 1 - \frac{LCSS(I,J)}{\min(m,n)} \tag{5-3}$$

式中　$D_{LCSS}(I,J)$——驾驶操作行为图谱 I 和 J 之间的相似性距离；

$\min(m,n)$——图谱 I 和 J 二者的最小数据记录点个数。

由式（5-3）可知，对于任意图谱 I 和 J，其相似性距离（D_{LCSS}）位于 0~1 之间，并且 D_{LCSS} 与图谱相似程度呈反比，图谱相似性越高，D_{LCSS} 值越小。据此，计算得到图 5-34~图 5-36 中不同油耗等级下各图谱间的相似性距离如表 5-2 所示：

不同油耗等级下各图谱相似性距离计算结果　　表 5-2

D_{LCSS}		低油耗 (L/100km)			中油耗 (L/100km)			高油耗 (L/100km)		
		16.44	17.41	17.76	20.96	21.24	21.51	24.40	24.86	26.47
低油耗 (L/100km)	16.44	0	0.42	0.29	0.67	0.67	0.79	0.79	0.91	0.86
	17.41	0.42	0	0.14	0.80	0.73	0.93	0.75	0.91	0.86
	17.76	0.29	0.14	0	0.87	0.80	0.86	0.85	0.91	0.86
中油耗 (L/100km)	20.96	0.67	0.80	0.87	0	0.53	0.36	0.87	0.91	0.50
	21.24	0.67	0.73	0.80	0.53	0	0.43	0.93	0.91	0.36
	21.51	0.79	0.93	0.86	0.36	0.43	0	0.93	0.91	0.43
高油耗 (L/100km)	24.40	0.79	0.75	0.85	0.87	0.93	0.93	0	0.82	0.86
	24.86	0.91	0.91	0.91	0.91	0.91	0.91	0.82	0	0.83
	26.47	0.86	0.86	0.86	0.50	0.36	0.43	0.86	0.83	0

由表 5-2 可以定量分析对比相同和不同油耗等级下驾驶操作行为特征图谱的相似性。首先，分析相同油耗等级下的驾驶操作行为特征图谱相似性。对于具有低油耗的驾驶操作行为图谱，各自间的 D_{LCSS} 值分别为 0.14、0.29 和 0.42，其平均值为 0.28；对于中油耗图谱，D_{LCSS} 值为 0.36、0.43 和 0.53，平均值为 0.44；对于高油耗图谱，D_{LCSS} 值为 0.82、0.83 和 0.86，平均值为 0.84。因此，对于同一油耗层面的驾驶操作行为图谱，低油耗图谱间的相似性最高，中油耗图谱的相似性次之，高油耗间的相似性最低。由此可以得知，随着车辆油耗增加，驾驶操作行为图谱的相似性相应降低。

然后，对比分析不同油耗等级下的驾驶操作行为特征图谱相似性。由表 5-2 可知，仅当高油耗为 26.47L/100km 的驾驶操作行为图谱与中油耗的操作行为图谱具有轻微的相似性（$D_{LCSS}\leqslant 0.5$），除此之外，不同油耗等级间的驾驶操作行为图谱相似性均较低（平均 $D_{LCSS}>0.7$）。进一步计算可知，低油耗和中油耗驾驶操作行为图谱间的平均 D_{LCSS} 值为 0.79，低油耗与高油耗图谱间的 D_{LCSS} 均值为 0.86，中油耗与高油耗图谱间的 D_{LCSS} 均值为 0.75。由此可知，驾驶操作行为图谱对应车辆油耗等级相差越大，图谱间的相似性越低。

5) 结果分析

依据研究构建的不同油耗等级下的驾驶操作行为特征图谱，结合图谱相似性判别方法，可得到如下结果：（1）车辆油耗低的驾驶操作行为特征图谱具有较高的相似性；（2）车辆油耗高的驾驶操作行为特征图谱相似性极低；（3）低油耗和高油耗对应的驾驶操作行为特征相差较大。由此可推知，一方面，起步时导致车辆高油耗的驾驶操作行为影响因素较多；另一方面，起步时形成低油耗的驾驶操作行为特征相对固定。为了在起步时获得较低的车辆燃油消耗，对驾驶人对每种操作行为的实施时间和实施力度均有固定要求。

另外，通过对比驾驶操作行为特征图谱可以总结得到，起步时形成低油耗的驾驶操作行为具有相对固定的特征，例如：（1）及时换挡避免发动机以高转速运转；（2）平缓加速尤其避免急加速；（3）换挡时完全踩下离合踏板并完全松开加速踏板，并且换挡快速而准确。可以看出，以上所列驾驶操作行为正好与"生态驾驶"或"绿色驾驶"所规定的良好驾驶行为习惯相吻合。更重要的是，由于驾驶操作行为特征图谱在信息可视化方面具有较大优势，可以作为有效反映驾驶行为油耗特征及生态驾驶行为优化提升效果的辅助工具。

总之，基于驾驶模拟实验获取驾驶操作行为数据，提出了一种描述不同油耗等级下驾驶操作行为特征的图谱表达方法，并通过图谱相似性判别验证说明了驾驶操作行为特征图谱的有效性，实现了生态驾驶行为特征的准确描述。同时，为寻找驾驶行为生态性影响因素遴选提供了线索，为进一步实施驾驶行为生态性评估甄别奠定了基础。值得注意的是，为更好地反映车辆能耗差异下的驾驶行为特征，驾驶操作行为特征图谱以起步过程为分析对象，当应用于超车、转弯、停车等不同驾驶事件时，对图谱构建及相似性判别过程中使用的参数及阈值应进一步验证标定。

5.4.3 车辆运行状态特征图谱

基于实车监测数据，选取城市快速路为研究对象，通过数据驱动下的聚类分析实现车辆运行条件划分。在此基础上，以城市快速路基本路段为重点，寻求车辆运行状态变异点为图谱基础编码，按照分层构建的思想，完成基于实车数据的车辆运行状态图谱构建，实现不同运行条件下造成车辆油耗差异的运行状态变化影响因素及分布特征直观表达。一方面，实现生态驾驶行为特征在车辆运行层面的直观描述；另一方面，为基于车辆运行状态的驾驶行为生态特性评估甄别提供特征影响因素遴选。

1) 数据基础

利用第 3 章介绍的生态驾驶行为自然驾驶研究测试平台，基于实车运行监测数据，提取车辆运行状态、油耗及车辆运行实时位置坐标作为基础数据。其中，车辆运行状态数据包括：速度（V）、加速度（a）、发动机转速（r）和扭矩（T）。提取某时段数据示例如表5-3所示：

用于车辆运行状态图谱构建的基础数据示例　　　　表5-3

采集时间 （年/月/日/时/分/秒）	仪表盘速度 （km/h）	瞬时油耗 （0.01L/h）	GPS经度 （°）	GPS纬度 （°）	转速 （rad/min）	扭矩 （N·m）
2014/08/15/22/07/40	69	2.67894	116.4394	39.88114	2093	16
2014/08/15/22/07/41	68	1.034101	116.4394	39.88106	2081	14
2014/08/15/22/07/42	65	1.19198	116.4394	39.88123	1988	19
2014/08/15/22/07/43	64	1.174912	116.4395	39.88071	1955	19
2014/08/15/22/07/44	63	1.153577	116.4395	39.88045	1916	19
2014/08/15/22/07/45	62	1.102373	116.4396	39.8802	1889	19
2014/08/15/22/07/46	61	1.085305	116.4396	39.88003	1851	19
2014/08/15/22/07/47	60	1.324257	116.4396	39.87987	1820	29
2014/08/15/22/07/48	60	4.227456	116.4397	39.87971	1830	69
2014/08/15/22/07/49	61	5.6577	116.4397	39.87955	1859	74
2014/08/15/22/07/50	62	5.78748	116.4397	39.87948	1891	76

2）条件划分

实际行车过程中，车辆运行状态受到外部道路交通等各种条件交互影响，其油耗特征是各种影响因素综合作用的结果。因此，为挖掘车辆运行状态与油耗的关系，获取生态驾驶行为约束下的车辆运行状态特征，首先应划分车辆外部运行条件，实现外部影响因素拨离。选取城市快速路为典型分析对象，以影响车辆能耗排放的外部运行条件为划分依据，以数据驱动下的聚类分析结果为交通条件和油耗等级划分标准，形成车辆运行条件总体划分思路如图5-37所示。

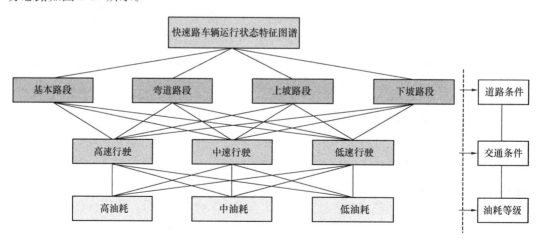

图5-37　条件总体划分思路

（1）道路条件划分

依据城市快速路几何条件构成，将其分为基本路段、弯道路段、上坡路段和下坡路段。利用 AcrGIS 与百度地图道路网底图相结合，可获得城市快速路各组成部分的起终点 GPS 坐标。为尽量保持外部条件一致性，降低干扰因素影响，选取城市快速基本路段为重点分析对象。如图 5-38 所示，快速路基本路段为底图中标黑部分：道路线形为直线，且纵断面高程处于同一水平。

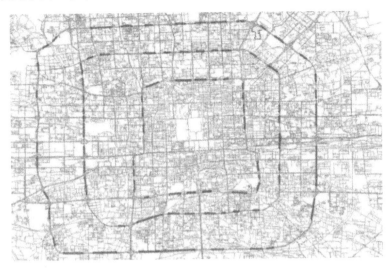

图 5-38　快速路道路几何条件划分示意

以城市快速路各基本路段起终点的 GPS 坐标为控制点，通过匹配基于 OBD+GPS 采集的车辆运行数据，可截取得到运行于各基本路段上的车辆运行数据段，从而获得进一步研究分析的数据基础。

(2) 交通条件划分

基于截取获得的车辆在各基本路段运行的基础数据，可计算获得运行于各基本路段的平均车速。以车辆实际运行速度为基础，利用聚类分析的方法，可以实现车辆运行的交通条件划分。本研究规定聚类数为 3，可聚类得到车辆高速、中速和低速运行时的速度边界值。如图 5-39 所示，高速运行时的车速大于或等于 57km/h，中速时车速位于 36~56km/h，低速时车速小于 36km/h。

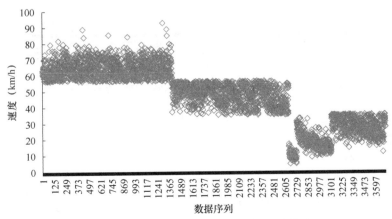

图 5-39　快速路基本路段运行速度划分结果

(3) 油耗条件划分

依据条件划分总体思路，对应三种交通运行条件，每种交通运行条件下再将车辆油耗划分为高、中、低三个档次。其中，快速路基本路段车辆低速运行时油耗等级划分结果如图 5-40 所示：低油耗小于 9L/100km，中油耗位于 8～14L/100km，高油耗大于 14L/100km。

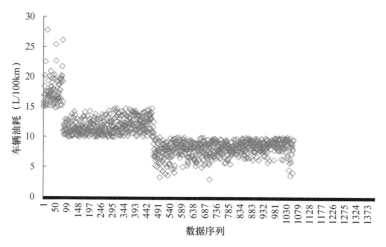

图 5-40　快速路基本路段车辆低速运行时油耗等级划分结果

快速路基本路段车辆中速运行时油耗等级划分结果如图 5-41 所示：低油耗小于 5L/100km，中油耗位于 5～7L/100km，高油耗大于 7L/100km。

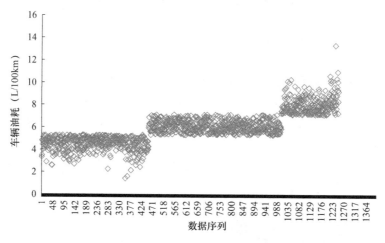

图 5-41　快速路基本路段车辆中速运行时油耗等级划分结果

快速路基本路段车辆高速运行时油耗等级划分结果如图 5-42 所示：低油耗小于 4L/100km，中油耗位于 4～5L/100km，高油耗大于 5L/100km。

(4) 条件划分结果

综合以上道路、交通和油耗条件划分结果，汇总形成车辆在城市快速路基本路段运行的外部条件如表 5-4 所示。由此可以将车辆运行数据归类到不同道路交通条件及油耗等级，进而实现车辆运行外部影响因素剥离，为进一步探究车辆运行状态与油耗间的关系，

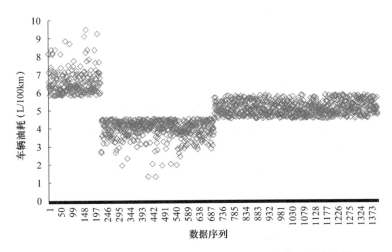

图 5-42 快速路基本路段车辆高速运行时油耗等级划分结果

描述生态驾驶行为在车辆运行层面的特征规律提供数据支持。

城市快速路基本路段车辆运行条件划分结果　　表 5-4

交通条件（km/h）	油耗等级	油耗范围（L/100km）
低速 <36	低油耗	<9
	中油耗	9~14
	高油耗	>14
中速 [36, 56]	低油耗	<5
	中油耗	5~7
	高油耗	>7
高速 >57	低油耗	<4
	中油耗	4~5
	高油耗	>5

3) 数据编码

利用图谱描述车辆运行状态与油耗间的关联关系，首要任务是将连续数字型运行数据转化为节点编码。由于在城市快速路基本路段行驶，车辆运行状态变化是影响车辆油耗的主要因素，因此，定义节点编码产生的条件为车辆运行状态相对于总体平均水平发生了显著变化。由此形成车辆运行状态编码约束条件为：

$$\text{s.t.} \begin{cases} |f(t+1)-f(t)| > Percentile(|\Delta t_1|, |\Delta t_2|, \cdots, |\Delta t_n|, 0.85) \\ \Delta t = f(t+1) - f(t) \end{cases} \quad (5\text{-}4)$$

式中　　$f(t)$——时刻 t 的车辆运行状态值，包括 v 值、a 值、r 值及 T 值；

Δt——时刻 $t+1$ 和时刻 t 间的车辆运行状态变化值；

$Percentile(\ ,0.85)$——某一组数据的 85% 位值。

依据式（5-4），可以计算获得每种车辆运行状态发生变化的时刻。为统一数据分析基准便于对比分析，均选择车辆运行 200m 为数据分析段。为进一步说明数据编码过程，以车辆在城市快速路基本路段的某段运行数据为例，其基础数据如表 5-5 所示：

城市快速路基本路段车辆运行数据示例   表 5-5

仪表盘速度（km/h）	加速度（km/h/s）	转速（rad/min）	扭矩（N·m）
35	0	1792	75
36	1	1799	17
31	−5	1569	26
29	−2	1486	26
28	−1	1502	50
29	1	1474	53
30	1	1524	48
31	1	1561	45
31	0	1614	27
31	0	1587	17
30	−1	1555	61
31	1	1576	67
31	0	1597	17
28	−3	1417	19
24	−4	1252	21
24	0	1216	22
23	−1	1178	22
22	−1	1139	24
22	0	1171	54
23	1	1166	30
22	−1	1175	24
20	−2	1023	24
14	−6	715	29
13	−1	701	30

由表 5-5，通过式（5-4）可获得车辆运行速度发生显著变化的时刻。如图 5-43 所示，

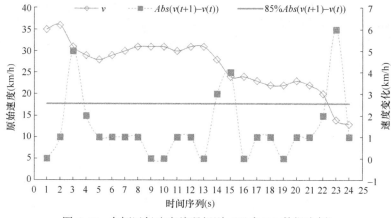

图 5-43　车辆运行速度编码规则（以表 5-5 数据为例）

菱形实线为车辆运行速度原始值，方形虚线为速度变化绝对值，直线为速度变化绝对值的85%位值。当方形虚线超过直线的时刻，即为车辆运行速度发生显著变化的时刻。

同理，表5-5中车辆运行加速度的编码过程如图5-44所示。

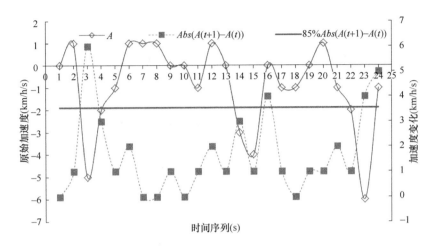

图5-44 车辆运行加速度编码规则（以表5-5数据为例）

表5-5中车辆运行发动机转速的编码过程如图5-45所示。

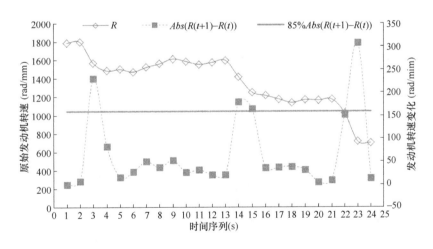

图5-45 车辆运行发动机转速编码规则（以表5-5数据为例）

表5-5中车辆运行扭矩的编码过程如图5-46所示。

依据图5-43～图5-46中四种车辆运行状态各自的编码结果，可获得任意时刻车辆运行状态编码。对于某一特定时刻，仅有某一种运行状态产生编码时，该时刻为单一编码；当有两种及更多运行状态同时产生编码时，该时刻车辆运行状态编码为各产生编码的组合，组合时按照车辆运行状态首字母顺序自下而上放置。在此基础上，以车辆运行状态编码发生时间为序列依次排列，相邻时刻相同元素进行叠加，可获得该路段上车辆运行状态时序编码结果，如图5-47所示。

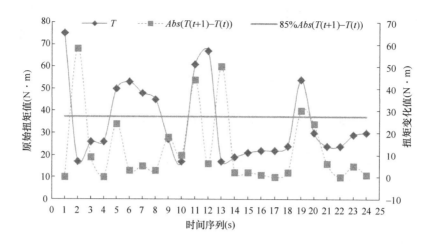

图 5-46　车辆运行扭矩编码规则（以表 5-5 数据为例）

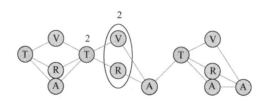

图 5-47　车辆运行状态时序编码结果（以表 5-5 中的数据为例）

基于图 5-47，以各编码元素出现频率为发生概率，则可以将图 5-47 统计简化为图 5-48（a）。依据此方法，再选取 4 段低速低油耗条件下的车辆运行状态进行编码，可获得编码结果如图 5-48(b)、(c)、(d)和(e)所示。据此，可以获得不同运行速度条件下不同油耗等级的车辆运行状态编码。

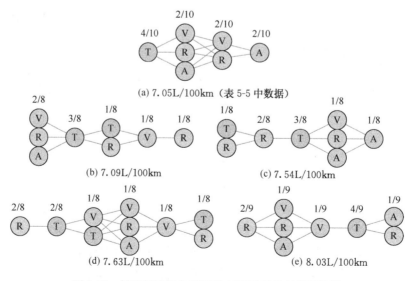

图 5-48　低速低油耗条件下的车辆运行状态编码结果

4)图谱构建

根据车辆不同速度和油耗等级下的运行状态编码结果,按照分层构建的总体思路,以同等级油耗条件下的相同元素等权重进行统计,可构建"交通条件—油耗等级—运行状态"的分级特征图谱,进而明确不同交通条件下油耗等级与车辆运行状态编码的关联关系。如图 5-49 所示,底层为车辆运行状态编码,中间层为车辆油耗等级,顶层为车辆运行的交通条件,可建立特定交通条件下以油耗等级为约束的车辆运行状态特征图谱。其中,底层运行状态编码按照元素个数从小到大自左向右排列,并按照运行状态首字母序列先后呈现;中间层油耗等级按照由低到高的顺序自左向右排列。由图 5-49 可明显看出,在低速运行条件下,不同油耗等级所对应的车辆运行状态编码存在显著差异。

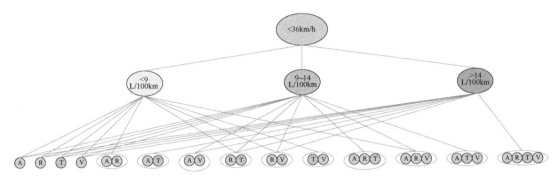

图 5-49 低速条件不同油耗等级的车辆运行状态图谱

依据上述方法,同理可以构建获得高速条件下不同油耗等级的车辆运行状态图谱,如图 5-50 所示。

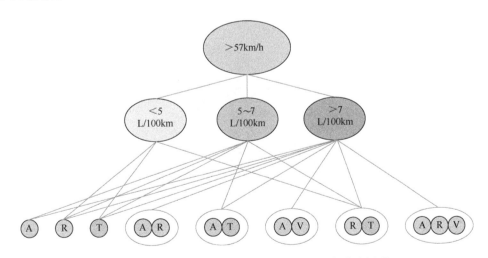

图 5-50 高速条件下不同油耗等级的车辆运行状态图谱

在获得不同交通条件下车辆油耗等级与运行状态编码关联关系的基础上,再次按照分层构建的思路,可最终组合形成城市快速路基本路段不同交通运行条件下高、中、低三种油耗等级对应的车辆运行状态特征图谱,如图 5-51 所示。

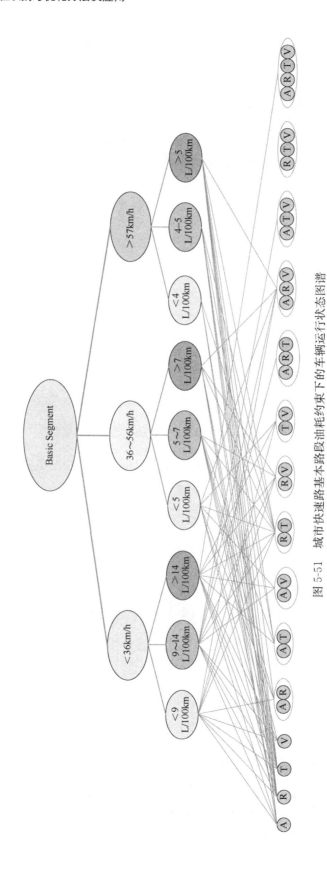

图 5-51 城市快速路基本路段油耗约束下的车辆运行状态图谱

第 5 章 生态驾驶行为特征描述

图 5-51 可以直观展示各种外部条件下不同油耗所对应的车辆运行状态差异，从而建立起不同影响因素与不同运行状态的关联，实现了不同能耗等级下车辆运行状态特征的直观表达。通过分析三种交通条件下低油耗所关联的车辆运行状态编码，可以明确生态驾驶行为在车辆运行状态层面的特征规律，并为生态驾驶行为影响因素遴选提供依据，进而为驾驶行为生态特性甄别提供参考。

5）结果分析

在获得城市快速路基本路段油耗约束下的车辆运行状态图谱的基础上，为进一步量化分析不同油耗等级下车辆运行状态特征，揭示低油耗对应的车辆运行状态规律，研究统计不同交通条件下各车辆运行状态编码分布频率与车辆油耗的关系如图 5-52 所示。

		低油	中油	高油		低油	中油	高油		低油	中油	高油
a		0.07	0.14	0.07		0.13	0.00	0.22		0.00	0.04	0.17
r		0.17	0.21	0.13		0.24	0.34	0.07		0.30	0.38	0.08
T		0.37	0.25	0.14		0.39	0.21	0.37		0.40	0.33	0.25
V		0.07	0.13	0.14		0.00	0.11	0.00		0.00	0.00	0.00
$a-r$		0.02	0.00	0.00		0.05	0.00	0.12		0.00	0.00	0.08
$a-T$	低	0	0.00	0.03	中	0.00	0.12	0.00	高	0.00	0.12	0.05
$a-V$	速	0	0.02	0.13	速	0.05	0.00	0.00	速	0.00	0.00	0.05
$r-T$		0.07	0.11	0.16		0.04	0.07	0.03		0.30	0.13	0.10
$r-V$		0.04	0.01	0.07		0.00	0.04	0.07		0.00	0.00	0.00
$T-V$		0.03	0.00	0.00		0.05	0.00	0.00		0.00	0.00	0.00
$a-r-T$		0	0.02	0.00		0.00	0.00	0.00		0.00	0.00	0.00
$a-r-V$		0.16	0.07	0.00		0.05	0.00	0.23		0.00	0.00	0.22
$a-T-V$		0	0.04	0.00		0.00	0.00	0.00		0.00	0.00	0.00
$r-T-V$		0	0.00	0.00		0.00	0.00	0.00		0.00	0.00	0.00
$a-r-T-V$		0	0.00	0.12		0.00	0.00	0.00		0.00	0.00	0.00

图 5-52 不同条件下车辆运行状态编码统计结果

为进一步直观展示不同油耗等级下车辆运行状态编码的统计规律，分别绘制低速、中速和高速条件下不同油耗等级的车辆运行状态编码统计分布折线图，如图 5-53、图 5-54 和图 5-55 所示。

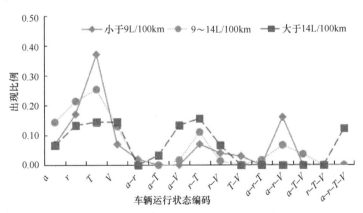

图 5-53 低速（小于 36km/h）时车辆运行状态编码分布结果

分析对比图 5-53~图 5-55 可以发现：低油耗条件下，车辆运行状态变化元素较少，变化特性相对较固定；随着油耗增高，车辆运行状态变化元素越多，变化特性越散乱。

以上研究结果与之前基于模拟实验的驾驶操作行为特征图谱分析结果相一致：导致车辆高油耗的驾驶操作行为影响因素较多且规律性较小，但为获得较低的车辆油耗，驾驶操

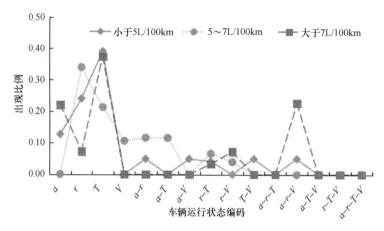

图 5-54 中速（36～56km/h）时车辆运行状态编码分布结果

作行为相对固定，需要驾驶人在合适的时间实施适度的驾驶操作。同理，有多种车辆运行状态可以导致较高的燃油消耗，但是为获得经济的燃油消耗水平，要求车辆运行状态变化相对较少且固定。因此，基于驾驶操作行为和基于车辆运行状态的特征图谱在描述生态驾驶行为特征时具有较高的一致性。

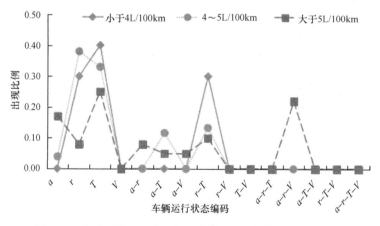

图 5-55 高速（大于 56km/h）时车辆运行状态编码分布结果

5.5 生态驾驶行为特征分类

目前，应用复杂道路条件下的实车自然驾驶数据对驾驶人行为进行分类和建模的研究方法较少。因此，本节介绍应用动态时间规整（DTW）和隐马尔可夫（HMM）算法将驾驶行为时间序列数据聚类为多种不同类别，提出了一种基于车辆纵向控制与横向控制相结合的驾驶人行为分类方法。通过收集 120 名出租车驾驶人 4 个月的实车自然驾驶数据，选取车辆纵向控制与横向控制的四个指标对不同类型的驾驶行为进行聚类。首先应用 DTW 和层次聚类确定了初始聚类结果，接着应用隐马尔可夫模型对聚类结果进行迭代优化，从而实现更加高效的聚类。通过描述不同类别驾驶人行为的特征，证实了聚类结果的合理性并定义了不同类别的驾驶行为的安全性、生态性、顺畅性特征。研究所建立的模型可以提高驾驶行为分类的准确性。一方面，驾驶行为的分类方法可应用于保险公司，为不同风险等级的驾驶人提供个性化的保险方案。另一方面，研究方法可应用于出租车公司、网约车服务管理部门以及普通驾驶人，依据驾驶行为的分类结果，可针对不同类型的驾驶人定制个性化的驾驶行为培训或职业驾驶人再培训课程，使驾驶人能够更有针对性地提高安全驾驶和生态驾驶技能。

5.5.1 特征分类方法概述

5.5.1.1 指标提取

由于驾驶人在弯道处有较多的车辆操纵行为，因此选用北京市城市快速路二环的6条弯道作为研究对象，分析驾驶人过弯的驾驶行为特征，从而分类驾驶行为。应用GPS坐标匹配的方法，可得6条弯道的120名出租车驾驶人4个月内的驾驶行为数据。选用的驾驶行为指标考虑驾驶人对车辆的纵向控制与横向控制。依据汽车动力学模型，选取4个驾驶行为指标，其中车辆纵向控制指标包括车辆速度和加速度，横向控制指标包括侧滑角与偏航率。

GPS系统能够读取并计算车辆的经纬度坐标数据和速度数据。此速度参数是根据GPS系统接收2次卫星信号得到的GPS经纬度坐标，计算行驶过的距离除以时间所得，相当于车辆纵向和横向运行速度的合向量。然而，车辆运行方向以纵向为主，为简化算法，将GPS速度视为车辆的纵向运行速度。利用GPS系统采集的GPS速度，可计算车辆运行的纵向加速度 a_{long}（m/s²），计算方法如式（5-5）所示。

$$a_{\text{long}} = \frac{\Delta v}{3.6}/\Delta t \tag{5-5}$$

式中　Δv——相邻两个采样点间的速度差（km/h）；

　　　Δt——采样间隔，本研究 $\Delta t=1\text{s}$。

由于车载终端无法直接获取车辆的横向控制指标。借鉴以往研究中的算法，结合汽车模型与圆周运动公式，实现基于GPS定位数据的车辆横向控制指标计算。车辆横向控制指标定义为偏航率、侧滑角两种类型。汽车模型如图5-56所示。车辆横向控制指标的具体计算方法见式（5-5）。

图5-56表示非线性扩展的汽车模型。其中 ψ 表示偏航角，表示 β 侧滑角，应用GPS坐标数据计算偏航角的公式如下：

$$\psi_k = \arctan\left(\frac{x_{k+1}-x_k}{y_{k+1}-y_k} \cdot \cos(y_{k+1})\right) \times \frac{180}{\pi} \tag{5-6}$$

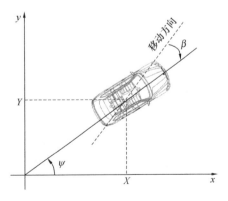

图5-56　非线性扩展的汽车模型

式中　x——车辆的经度；

　　　y——纬度；

　　　k——当前时刻；

　　　$k+1$——下一时刻。

偏航率 $\dot{\psi}$ 可按照式（5-6）计算：

$$\dot{\psi} = \frac{\psi_{k+1} - \psi_k}{\Delta t} \tag{5-7}$$

侧滑角 β 可表示为以下公式：

$$\beta_k = \psi_k - \arctan\left(\frac{y_{k+1} - y_k}{x_{k+1} - x_k}\right) \tag{5-8}$$

提取驾驶人在 6 个弯道的驾驶行为时间序列指标，反映了驾驶人过弯时对车辆的横向控制与纵向控制特征，为后续的个体驾驶行为分类奠定了数据基础。

5.5.1.2 动态时间规整（DTW）

动态时间规整（DTW）是测量两个时间序列相似性的算法之一。DTW 也是一种计算两个给定序列（如时间序列）在一定限制下的最优匹配的方法。这些序列在时间维度上做非线性"扭曲"处理，以确定与另一时间维度非线性变化序列间的相似性。这种序列比对方法常用于时间序列分类。

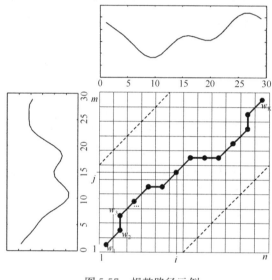

图 5-57 规整路径示例

对于两个时间序列 $Q=q_1,q_2,\cdots,q_n$ 和 $C=c_1,c_2,\cdots,c_m$，它们的长度分别为 n 和 m。由于驾驶行为数据在时间序列长度上不一致（$n\neq m$），所以使用动态规整来对齐时间序列。为了使两个时间序列对齐，构造一个 $n\times m$ 的矩阵网格，矩阵元素 (i,j) 表示 q_i 与 c_j 的距离（欧氏距离），如图 5-57 所示。规整路径 $W=w_1,w_2,\cdots,w_k(\max(m,n)\leqslant K<m+n-1)$ 是定义 Q 和 C 之间的映射的一组连续矩阵元素（在下面的含义中说明）。

定义规整代价最小的路径：

$$DTW(Q,C) = \min\left\{\sqrt{\sum_{i=1}^{K} w_k}/K\right\} \tag{5-9}$$

累积距离 $r(i,j)$ 是 Q 与 C 之间的欧式距离 $d(q_i,c_j)$ 与可以到达该点的最小的邻近元素的累积距离之和，其定义如下：

$$r(i,j) = d(q_i,c_j) + \min\{r(i-1,j-1), r(i-1,j), r(i,j-1)\} \tag{5-10}$$

最佳路径是使得沿路径的积累距离 $r(i,j)$ 达到最小值的路径。路径可应用动态规划（dynamic programming）算法得到。

将 DTW 算法与层次聚类相结合，得到初始聚类结果，对时间序列数据进行初始化分类。作为时间序列的计算方法，聚类结果为后续提高隐马尔可夫聚类的运行效率奠定了基础。

5.5.1.3 层次聚类

层次聚类是聚类分析的一种方法，它试图建立组的层次结构。算法分为以下几个步骤。首先输入每两个序列之间的距离矩阵，该距离是通过应用动态时间规整方法计算所得。本书聚类的 linkage 连接标准是 Ward 方法。聚类方法是假设有 n 组数据，通过考虑

所有可能的共有 $n(n-1)/2$ 种两两比较的并集，选取一组规定标准的关联性最大的集合，将 n 个集合简化为 $n-1$ 个互斥的集合的过程。通过重复这个过程，直至只剩下一个组，就可以得到完整的层次结构和与组中每个聚类阶段相关损失的定量估计。

Ward linkage 层次聚类的具体计算过程如下：

步骤 1，计算各个类别的离差平方和 ESS，初始类别 ESS 为 0：

$$ESS = \sum_{i=1}^{n} x_i^2 - \frac{1}{n}\left(\sum_{i=1}^{n} x_i\right)^2 \tag{5-11}$$

步骤 2，穷举所有二项类别，记为 $\{S_1, S_2\}$，合并后计算总的 ESS，用总的 ESS 减去两类的 ESS，可得增量 I：

$$I = ESS_{S_1 \cup S_2} - ESS_{S_1} - ESS_{S_2} \tag{5-12}$$

步骤 3，选取增量 I 最小的两类合并，形成新的类别。在新的类别基础上，重复步骤 1 与步骤 2，直至类别数由 n 最终合并为一类。

层次聚类是聚类的有效工具，该方法对初始数据集不敏感，它可以在不指定聚类类别数的情况下使用。因此，本文采用层次聚类的方法给出了数据集的初始分类。

5.5.1.4 隐马尔可夫模型（HMM）

HMM 是一种统计马尔可夫模型，在该模型中，被建模的系统被假定为具有未观测到（隐藏）状态的马尔可夫过程，模型由一组隐状态序列和一组观测状态序列来定义（图 5-58）。

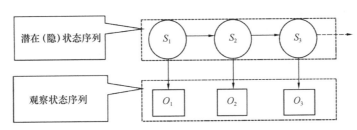

图 5-58　HMM 的结构

假设有一组潜在的（隐）状态 $S = \{S_1, S_2, \cdots, S_n\}$，状态转移概率矩阵 $A = \{a_{ij}, 1 \leqslant j \leqslant N\}$ 表示从状态 S_i 移动到状态 S_j 的概率。

$$a_{ij} = P[q_{t+1} = S_j \mid q_t = S_i], 1 \leqslant i,j \leqslant N \tag{5-13}$$

式中，$a_{ij} \geqslant 0$，$\sum_{j=1}^{N} a_{ij} = 1$，$q_t$ 表示模型在 t 时刻所处的状态。

观测状态转移概率矩阵 $B = \{b(o \mid S_j)\}$ 表示当隐状态为 S_j 时，观测状态 $o \in V$ 转移的概率；V 可以是离散的观测状态集合，也可以是连续的集合。在这种情况下，$b(o \mid S_j)$ 是一个概率密度函数。

初始状态 $\pi = \{\pi_i\}$ 概率分布如下所示：

$$\pi_i = P[q_1 = S_i], 1 \leqslant i \leqslant N \tag{5-14}$$

式中，$\pi_i \geqslant 0$，$\sum_{j=1}^{N} \pi_i = 1$。

为方便起见，HMM 模型可以表示成三元组 $\lambda = (A, B, \pi)$。本书应用了 HMM 模型的

两个基本问题。首先是模型参数学习问题：对于给定一组的观测序列 $\{O_i\}$，通常应用 Baum-Welch 算法来训练学习 HMM 参数，通过最大化观测序列的条件概率 $P(\{O_i\}|\lambda)$ 来确定 HMM 参数值；其次是观测序列概率评估问题，在应用 Baum-Welch 算法训练出 HMM 模型后，如果给定模型 λ 和序列 O，可应用前向后向算法评估当前序列 O 在模型 λ 下出现的概率 $P(O|\lambda)$。

由于 DTW 对时间长度进行了伸缩，一些时间序列差异较大的行为可能会被归为同一类，从而影响聚类结果。而隐马尔可夫模型作为一种时间序列分析方法，能够全面反映驾驶人的行车行为时序变化特征，在实际应用中能够实现较为准确的时序特征分类效果。然而如果无初始分类，隐马尔可夫模型聚类效率将会大大降低。因此，本书应用 DTW 和层次聚类对驾驶人行为数据进行初始聚类，得到初始化的分类结果，再应用 HMM 对聚类结果进行优化。与单独使用 DTW 或 HMM 的聚类方法相比，该方法大大提高了聚类精度和运行效率。

5.5.2 基于动态时间规整与隐马尔可夫模型的驾驶行为特征分类

聚类过程如图 5-59 所示。首先，提取 4 个用于聚类的驾驶人车辆横向控制与纵向控制指标，并对指标进行标准化处理。应用 DTW 算法计算所有驾驶行为时间序列两两之间的距离，并应用层次聚类方法实现驾驶行为数据的初始聚类。最后应 6 用 HMM 算法不断迭代优化聚类结果，直至收敛。

首先，提取 6 条弯道的 4 个驾驶行为指标组成的时间序列数据，共收集驾驶人弯道左转数据 1839 条，弯道右转数据约 2600 条。由于驾驶人在左右转弯时，其驾驶行为存在一

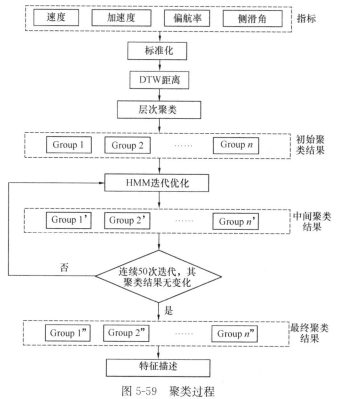

图 5-59 聚类过程

定的差异。为保证驾驶条件的一致性，仅分析驾驶人左转驾驶行为并进行聚类，暂不考虑驾驶人通过弯道的右转驾驶行为。针对四个指标的时间序列数据进行归一化处理，如式（5-15）所示：

$$z = \frac{x - \mu}{\sigma} \tag{5-15}$$

式中　　z——四个时间序列的指标；

　　　　μ——总体均值；

　　　　σ——总体的标准差。

其次，将标准化后的 4 个指标共 1839 条数据，参照式（5-5）与式（5-6），计算每对时间序列之间的距离，得到大小为 1839×1839 的距离矩阵。

再次，将距离矩阵简化展开为 1,690,041 组数据［即上三角矩阵的元素个数 $(n(n-1)/2)$］，并将其作为初始距离矩阵进行层次聚类。通过反复选择函数关系具有最大值的并集对类别进行合并，得到初始聚类结果。图 5-60(a) 展示了 DTW 和层次聚类的聚类结果，确定聚类数为 6 组数据作为初始聚类结果。组别数量的选择基于以下两个原因，其一是确保每组中没有过多的元素，其二是类别数可保证以实用目的进行定义。以往的一些关于驾驶行为分类的研究一般将驾驶人分为四类至六类。因此，假设分组为六类是能够以实际

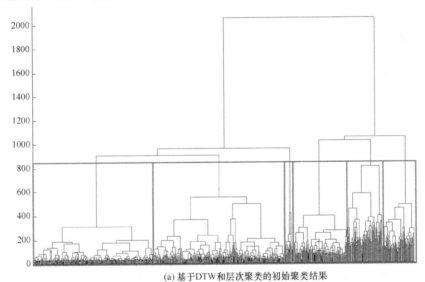

(a) 基于DTW和层次聚类的初始聚类结果

(b) 基于HMM聚类群组数据变化情况

图 5-60　DTW 和 HMM 的聚类结果

目的而进行定义的。研究最终聚类得到6组驾驶行为数据,并对聚类结果进行验证。

最后,在初始聚类之后,将6组包括4个指标的时间序列数据输入到HMM模型中,建立6个HMM模型λ_i ($i=1,2,\cdots,6$)。在模型构建后,将每条时间序列数据作为一个观测序列$\{O\}$,并计算在6组模型中的观测序列条件概率$P\{O|\lambda_i\}$。如果观测序列在所在组的条件概率并非最大概率,则将该组观测序列放入条件概率最大的分组中。观测序列原分组与新划入的分组将重新训练HMM模型,得到新的6组HMM模型。相反,若观测序列在原分组模型下的条件概率在所有模型中概率最大,则所有组的HMM模型λ均保持不变,将下一条时间序列作为新的观测序列,重复以上步骤。隐马尔可夫模型对聚类结果进行迭代优化的收敛条件是当连续50条观测序列,所有分组的数据量均不发生变化时,则模型收敛。HMM聚类群组数据变化情况如图5-60(b)所示,结果表明,当迭代次数大于5000时,组别数据量变化基本稳定。若增加连续未变化数据迭代次数作为收敛条件,聚类结果的变化将不明显。因此,选择50次连续迭代作为算法的终止条件,聚类结果能够明确反映不同类别驾驶行为的时序特征。同时,从图5-60(b)也可看出,第5组和第6组的数据随着迭代次数的增加,数据量明显减少,而其他组的数据量呈上升趋势。当迭代次数达到约2000次时,不同组别数据量的变化趋势减慢。在6062次时,HMM模型达到了收敛,得到6组驾驶行为的最终聚类结果。

5.5.3 驾驶行为分类结果及特征描述

经过DTW和HMM聚类,得到6组具有4个指标的驾驶行为时间序列数据,描述不同聚类组别的驾驶行为特征,包括驾驶行为时间序列特征、统计学特征以及与安全、环境和驾驶平稳性相关的特征,通过趋势法分析与显著性检验等方法,表明不同组别驾驶行为的差异性,验证了聚类方法的准确性。同时,基于不同组别的驾驶行为特征,定义6组驾驶行为的安全性、生态及致堵特性。

由于聚类问题没有明确标签来验证模型的准确性,聚类结果从两个方面进行说明:一方面,如第5.4.3.1节所述,同一组别驾驶行为的时间序列具有相对一致的趋势与特征,不同组别的驾驶行为时间序列存在差异;另一方面,第5.4.3.2节描述了6组驾驶行为的统计学特征,方差分析表明,组间的差异远远大于组内的差异。聚类结果合理性应用两方面特征进行描述与验证。

5.5.3.1 时间序列特征

为更精准地分析驾驶人在不同组别中的驾驶行为时序变化特征,应用K均值聚类将速度划分为五个区间。K均值聚类是一种简单有效的聚类方法。K均值聚类的计算方法是,随机选择K个对象作为初始聚类中心,通过计算所有对象与各聚类中心间的距离,最终将该对象分配给距离最近的聚类中心所在的类别。K均值聚类将相似的速度划分为不同的速度区间,比等速度区间划分能准确地表达出各组驾驶行为随时间变化的过程。应用K均值聚类划分的速度区间为0~23km/h、23~37km/h、37~49km/h、49~58km/h、>58km/h。由于弯道的限速为60km/h,在自由流状态下,平均车速为49~58km/h是比较适合观察驾驶人行为时序特征的区间。

图5-61是速度区间为49km/h~58km/h,6种组别驾驶人左转弯的速度与偏航率的时序特征示例。从图中可看出,当驾驶人在通过弯道左转时,不同组别的速度和偏航率呈现

出不同的变化模式。首先，由于 6 组的速度存在潜在的细微差异，不同组别的曲线长度不一致，不同驾驶行为数据在时间序列上的长度具有差异。其次，聚类是基于所有 4 个指标的综合聚类结果，并非单一指标，因此速度与偏航率综合的时序特征能明显表达出组别间的差异。从速度方面来看，第 1 组和第 5 组的车速呈下降趋势，第 2 组的车速有略微下

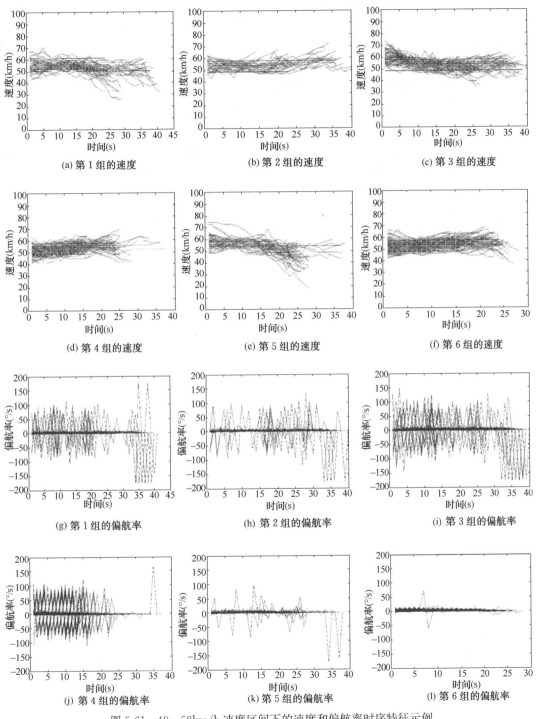

图 5-61　49~58km/h 速度区间下的速度和偏航率时序特征示例

降后再上升趋势,第3组的车速呈先下降后稳定趋势,第4组和第6组的车速在弯道行驶过程中呈轻微上升趋势。偏航率方面,第1组、第2组、第3组、第4组波动较大,第5组、第6组波动较小,不同组别的偏航率波动幅度较大的时间点也具有差异。虽然第1组与第5组、第4组和第6组的速度特征类似,但其偏航率特征差异较大,不同组别间的驾驶行为差异明显。结合以上结果可知,不同组别驾驶行为在左转弯时的时间序列特征具有明显差异,基于DTW和HMM的驾驶行为聚类方法能够对驾驶行为进行有效分类。

5.5.3.2 统计学特征

6组所有数据包括所有速度区间的统计特征如图5-62所示。采用单因素方差分析评价各组间的差异。纵向车辆控制中,平均车速($F_{(5,1832)}=120.111$,$p<0.001$)、速度标准差($F_{(5,1832)}=71.233$,$p<0.001$)、平均正加速度($F_{(5,1832)}=29.141$,$p<0.001$)、平均减速($F_{(5,1832)}=35.997$,$p<0.001$)、加速度标准差($F_{(5,1832)}=64.441$,$p<0.001$)在不同组间均有显著性差异。横向车辆控制方面,不同组的偏航率标准差($F_{(5,1832)}=32.179$,$p<0.001$)也有显著差异。F的值等于组间均方差与组内均方差之比,反映了随机误差的影响。F检验值远远高于$F_{(5,1832)}=0.05$,p远远小于0.001,说明组间差异远远大于组内差异,反映了该聚类方法的合理性。这些结果再次表明聚类结果是合理和实用的,本文的聚类方法可以有效地对驾驶人行为进行分类。

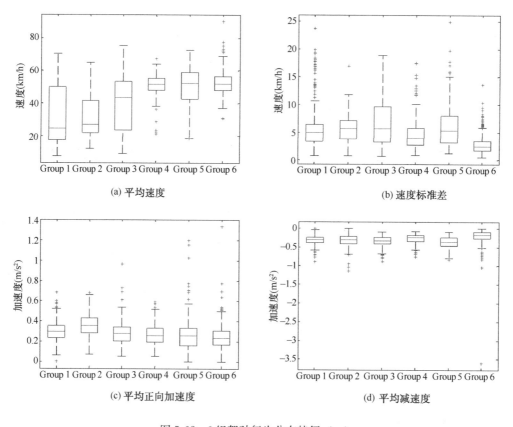

图5-62 6组驾驶行为分布特征(一)

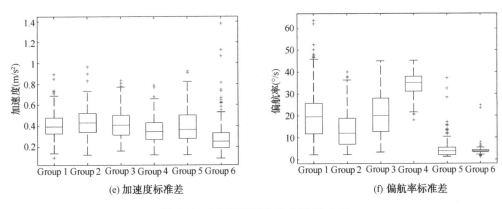

(e) 加速度标准差　　　　　　　　　　(f) 偏航率标准差

图 5-62　6 组驾驶行为分布特征（二）

5.5.3.3　驾驶行为安全、生态、顺畅定义

加速度和偏航率的特征可以描述驾驶人对车辆横向和纵向控制水平，与是否安全和生态密切相关。本书应用加速度和偏航率指标，进一步描述 6 组驾驶行为统计学特征。图 5-63 为加速度（包括正向加速度与减速度）和偏航率的直方图分布，从结果可以看出，

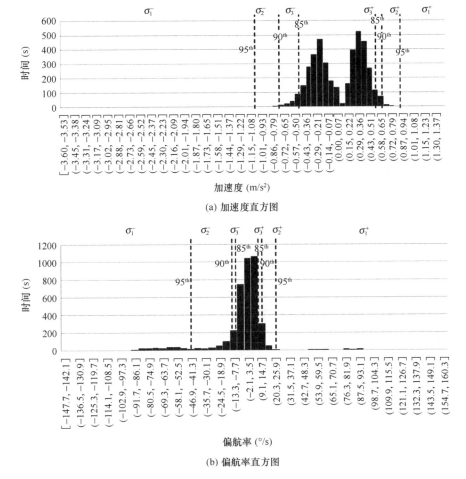

(a) 加速度直方图

(b) 偏航率直方图

图 5-63　加速度与偏航率分布直方图

均呈正态分布。分别计算正向加速度、减速度、正向偏航率、负向偏航率的 95、90、85 百分位数，用于反映各组驾驶人在安全、生态驾驶方面是否具有相似的特征。第 95 分位的正向加速度为 0.772m/s²，第 90 分位的正向加速度为 0.518m/s²，第 85 分位的正向加速度为 0.515m/s²；减速度分别为 −1.027m/s²（第 95 分位），−0.771m/s²（第 90 分位），−0.515m/s²（第 85 分位）；第 95 分位的正向偏航率为 20.8°/s，第 90 分位的正向偏航率为 9.3°/s，第 85 分位的正向偏航率为 7.4°/s；第 95 分位的负向偏航率为 −43.4°/s，第 90 分位为 −9.8°/s，第 85 分位为 −6.1m/s²。

如图 5-63 所示，σ_1^+，σ_2^+，σ_3^+ 分别代表正向第 95 分位与最大值区间，90 分位和 95 分位区间，85 分位和 90 分位区间。同样，σ_1^-，σ_2^-，σ_3^- 是负向区间。计算 6 组中速度与偏航率在每一区间的持续时间 φ_i，定义为：

$$\varphi_i = \text{num}(x \in \sigma_i) \tag{5-16}$$

式中，x 代表驾驶行为指标加速度或偏航率，σ_i 表示在图 5-63 中定义的时间区间。由于车载终端的数据采样周期为 1s，因此区间范围内出现波动较大的驾驶行为频次与间隔时间相等。

图 5-64 表示了偏航率的区间划分示例，加速度与偏航率的划分方法相同。当正向加速度或减速度、偏航率幅值超过一定范围（85th，90th，95th），计算范围内的驾驶行为时间区间（σ_1，σ_2，σ_3）。通过计算剧烈的加速、减速和较大的横向偏航幅度的持续时间，为进一步描述驾驶行为的安全性及生态性奠定了基础。

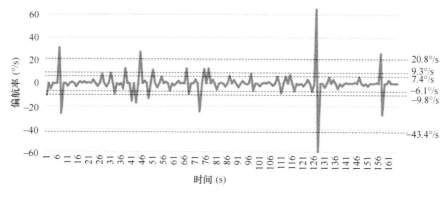

图 5-64 偏航率区间划分示例

由于快速或缓慢的加速（减速）以及大幅度或小幅度偏航率可以反映驾驶人对车辆的纵向与横向控制，加速度和偏航率的范围与区间时长能够用于描述不同驾驶人群体的安全驾驶和生态驾驶特征。如果驾驶行为的三个区间时长较长，则表明驾驶人在驾驶过程中加速（减速）较快，横向偏移较大，驾驶行为将被认为是不安全和非生态的行为。此外，低速驾驶也是一种非生态的驾驶行为。基于以上的标准，可对 6 组驾驶行为进行定义。图 5-65 为加速度和偏航率的平均区间时长结果。

（1）对于第 1 组驾驶人（Group 1），加速度和角速度波动较小，且平均速度低于 30km/h（图 5-62）。因此可定义第 1 组驾驶人为胆小的（Timid）、不环保和会造成交通堵塞的驾驶人。

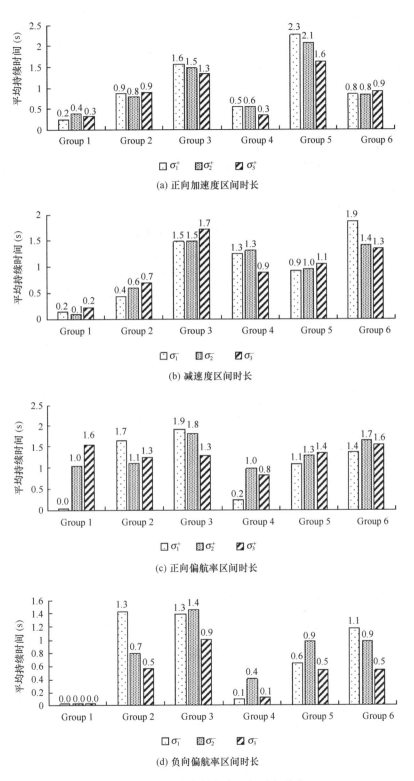

图 5-65 加速度与偏航率区间时长分布

（2）第 2 组驾驶人（Group 2）也有较小的加速度波动和较低的速度，但第 2 组驾驶人对车辆的横向控制比第 1 组更加不稳定。因此，第 2 组驾驶人被定义为谨慎型（Cautious）、非生态型和致拥堵型驾驶人。

（3）第 3 组（Group 3）和第 6 组（Group 6）驾驶人是激进的（Aggressive）和非生态的驾驶人，表现为较多的大幅度加速和减速、更大的横向偏移。

（4）第 5 组驾驶人（Group 5）是独断的驾驶人，表现为幅度更大且持续时间较长的正向加速度和较温和的横向偏移。

（5）第 4 组驾驶人（Group 4）是驾驶行为最佳的驾驶人，其对车辆的横向控制与纵向控制的波动性均较低。因此，这一群体的驾驶行为被认为是最安全、最生态的驾驶行为。

表 5-6 总结了 6 种驾驶行为的安全性、生态性和致堵性特征。

6 种类别驾驶行为描述 表 5-6

	Group 1	Group 2	Group 3	Group 4	Group 5	Group 6
定义	胆小的	谨慎的	激进的	最佳的	独断的	激进的
安全性			不安全			不安全
生态性	不生态	不生态	不生态		不生态	不生态
顺畅性	致堵	致堵				

表 5-7 描述了 6 个分组驾驶行为区间时长的单因素方差分析结果。不同组别的加速度和偏航率均有显著性差异（$p<0.001$）。表明了聚类结果能够表达不同组别的驾驶行为特征，聚类方法能够有效对安全与生态相关的驾驶行为进行分类。

不同类别区间时长显著性分析结果 表 5-7

		df	均方误差	F	p
加速度	σ_1+	5	168.914	65.335	<0.001
	σ_2+	5	122.718	44.239	<0.001
	σ_3+	5	78.212	40.719	<0.001
	σ_1-	5	140.802	51.779	<0.001
	σ_2-	5	97.640	41.771	<0.001
	σ_3-	5	91.081	39.350	<0.001
偏航率	σ_1+	5	181.910	154.360	<0.001
	σ_2+	5	35.678	16.468	<0.001
	σ_3+	5	16.104	10.158	<0.001
	σ_1-	5	107.383	169.798	<0.001
	σ_2-	5	72.350	42.436	<0.001
	σ_3-	5	33.707	32.179	<0.001

本节介绍了一种基于 DTW 和 HMM 的驾驶行为聚类方法。通过提取 6 条相似弯道的左转驾驶行为数据，应用驾驶人速度、加速度、偏航率和侧滑角的时间序列进行聚类。聚类过程中，首先应用 DTW 和层次聚类实现初始聚类，再将初始分类结果应用 HMM 模型不断训练并迭代优化聚类结果，直至收敛。实现聚类后，分别描述了不同组别驾驶行为的时间序列特征与统计学特征。6 组横向车辆控制和纵向车辆控制指标均存在显著性差异，验证了聚类方法的有效性。另外，定义了 6 组驾驶行为的安全性与生态性特征，能够实现驾驶人行为的安全性及生态性分类与评估。聚类方法不仅可应用于保险公司，针对不同风险的驾驶人定制个性化保险方案，同时能够实现职业或非职业的驾驶行为安全性、生态性、顺畅性划分，为驾驶人个体针对性培训及驾驶行为优化奠定了理论基础。

本章参考文献

[1] WANG W, ZHANG W, GUO H, et al. A safety-based approaching behavioural model with various driving characteristics [J]. Transportation Research Part C: Emerging Technologies, 2011, 19(6): 1202-1214.

[2] PAUWELUSSEN J, FEENSTRA P J. Driver Behavior Analysis During ACC Activation and Deactivation in a Real Traffic Environment [J]. IEEE Transactions on Intelligent Transportation Systems, 2010, 11(2): 329-338.

[3] LINDGREN A, ANGELELLI A, MENDOZA P A, et al. Driver behaviour when using an integrated advisory warning display for advanced driver assistance systems[J]. Iet Intelligent Transport Systems, 2009, 3(4): 390-399.

[4] CHEN C. Mapping scientific frontiers [M]. London: Springer, 2003.

[5] CHEN S W, FANG C Y, TIEN C T. Driving behaviour modelling system based on graph construction [J]. Tramsportation Research Part C: Emerging Technologies, 2013, 26: 314-330.

[6] FREUND E, MAYR R. Nonlinear path control in automated vehicle guidance [J]. IEEE Transactions on Robotics and Automation, 1997, 13(1): 49-60.

[7] YANG D, LI M, BAN X. Real-time on-board monitoring method of gasoline vehicle fuel consumption based on OBD system [J]. Journal of Automotive Safety and Energy, 2016, 7(1): 108-114.

[8] KEOGH E J, PAZZANI M J. Derivative dynamic time warping[C]. Proceedings of the 2001 SIAM international conference on data mining. Society for Industrial and Applied Mathematics, 2001: 1-11.

[9] OATES T, FIROIU L, COHEN P R. Clustering time series with hidden markov models and dynamic time warping[C]. Proceedings of the IJCAI-99 workshop on neural, symbolic and reinforcement learning methods for sequence learning. Sweden Stockholm, 1999: 17-21.

[10] WARD J H. Hierarchical grouping to optimize an objective function [J]. Journal of the American statistical association, 1963, 58(301): 236-244.

[11] RABINER L R. A tutorial on hidden Markov models and selected applications in speech recognition [J]. Proceedings of the IEEE, 1989, 77(2): 257-286.

[12] BICEGO M, MURINO V, FIGUEIREDO M A T. Similarity-based clustering of sequences using hidden Markov models[C]. International Workshop on Machine Learning and Data Mining in Pattern Recognition. Springer, Berlin, Heidelberg, 2003: 86-95.

[13] RABINER L, JUANG B. An introduction to hidden Markov models [J]. IEEE magazine, 1986, 3(1): 4-16.

[14] MILES D E, JOHNSON G L. Aggressive driving behaviors: are there psychological and attitudinal predictors? [J]. Transportation Research Part F: Traffic Psychology & Behaviour, 2003, 6(2): 147-161.

[15] MACQUEEN J. Some methods for classification and analysis of multivariate observations[C]. Proceedings of the fifth Berkeley symposium on mathematical statistics and probability, 1967, 1(14): 281-297.

第6章 生态驾驶行为评估及预测

6.1 驾驶行为评估及预测方法概述

实现驾驶人驾驶行为生态性准确评估与预测,是实施生态驾驶行为反馈优化的前提条件。以往驾驶行为生态特性评估多集中在静态层面,以驾驶经验为主要参考;定量化的驾驶行为特性评估也主要参考各国规定的生态驾驶行为操作准则,对比分析特定条件下某个单一行为参数与目标值间的差值。一方面,评估精度有待提升;另一方面,评估结果与实际行车条件存在较大偏差,较难反映实际行车环境的复杂性。

实际上,实施驾驶行为生态性评估及预测的实质是准确剖析驾驶行为与车辆能耗排放之间的关系。实际行车过程中,驾驶行为是驾驶人与道路、交通及周边环境等各种因素相互作用的结果,受到多种影响因素的交互影响。因此,驾驶行为外在驱动的多维度、复杂性、随机性、不确定性是驾驶行为评估甄别的难点,道路条件、交通条件、运行状态、行为习惯等外在因素的耦合关联及层级特征导致驾驶行为致因的混沌性、非线性。

因此,为准确评估和预测驾驶行为的生态特性,一方面需要考虑不同外部条件对驾驶行为的影响,另一方面需要深度挖掘驾驶行为与油耗排放的关系。随着驾驶模拟技术和便携式移动数据感知设备的不断完善和成熟,可以实现驾驶行为数据的细粒度和全方位感知,为评估和预测驾驶行为生态特性奠定了很好的数据基础。另外,由于机器学习在挖掘隐性特征方面具有独特优势,能够在多重限制条件下解决驾驶行为的建模和甄别问题,可以助力实现驾驶行为生态性的准确评估和预测。因而,除传统统计分析方法外,本章重点介绍了数据驱动下基于机器学习方法的驾驶行为生态特性评估及预测方法。

6.2 驾驶行为生态特性评估方法

6.2.1 面向驾驶事件的生态驾驶行为评估

驾驶人驾驶操作直接影响了车辆运行速度、加速度及工况持续时间三种参数,而这三种参数与油耗密切相关,以此三种参数为指标能够有效评估驾驶人生态驾驶行为。为了使评估模型更好地支撑提炼定量化生态驾驶行为矫正方法,有必要将以上三种车辆运行参数转化为驾驶人可接受、可操作的驾驶事件。借鉴国内外学者针对生态驾驶行为研究成果及各国生态驾驶建议,基于第5章建立的车辆运行行为与油耗之间的关系模型,提出6种易于识别、与油耗相关的驾驶事件,并以各事件出现频数为参数、以车辆百公里油耗为因变量,应用线性回归方法建立驾驶人生态驾驶行为评估模型。

6.2.1.1 驾驶事件提出及其影响分析

依据车辆运行速度、加速度及工况持续时间三类参数,提出6种可操作、可识别的驾驶事件,包括低速运行、良好匀速、急加速、急减速、长时加速和长时怠速。

1) 低速运行

车辆处于低速运行状态时,将导致较高的燃油消耗。低速运行状态可能由于交通拥堵或暂时性的停车造成(如交叉口停车、上下客等),前者造成的低速运行可视为持续状态,有可能通过绕行等方式提升运行速度;而后者为不可避免的临时状态,不宜将其划分为低速运行状态。基于以上考虑,以某一持续时段内平均运行速度为指标判别低速事件,可有效避免临时停车导致的误判。低速运行事件包含两个参数:持续时段时长和持续时段内平均运行速度。

(1) 持续时段时长

持续时段时长阈值主要用于排除临时停车导致的低速运行状态。一般来说,交叉口处交通控制信号周期不超过200s,驾驶人停车等待时间一般低于1min,而临时的上下客停车时间一般也小于1min。因此,将持续时段时长设定为60s较为合理。

(2) 平均运行速度

为获得用于判别低速运行事件的划分阈值,以车辆百公里油耗随速度的变化率为指标进行分析,当变化率小于某一阈值ε时,认为达到高速状态,百公里油耗趋于稳定。变化率计算方法如下:

$$f = \frac{g(s) - g(s-1)}{g(s-1)}, s \in [2, 100] \tag{6-1}$$

式中　f——油耗变化率(%);

　　　s——运行速度(km/h);

　　$g(s)$——运行速度s下百公里油耗。

百公里油耗随速度变化率如图6-1所示。

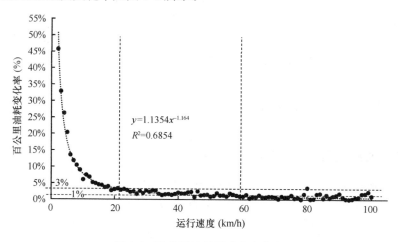

图6-1　百公里油耗随速度变化率

取$\varepsilon = 3\%$,分析获得低速运行速度划分阈值为$s \leqslant 23$km/h。

综上,低速运行事件判别参数条件为:

$$\text{ave}[s(t), s(t-1), \cdots, s(t-59)] \leqslant 23 \text{km/h} \tag{6-2}$$

式中　$s(t)$——t秒瞬时速度(%)。

基于式（6-2）的判别方法可实现对低速运行事件的实时判别。然而，实际驾驶过程中一次拥堵可能导致车辆出现较长时间的低速运行（如持续 10min），应用式（6-2）获得的判别结果将产生大量低速运行事件（61s 内以 20km/h 速度运行，则将被判别为 2 次事件，62s 为 3 次，依此类推），使评估结果出现误差。因此，将连续出现的多次低速运行事件视为 1 次事件。

2）良好匀速

车辆处于高速状态运行时，具有较高燃油效率，匀速条件下具有居中的燃油效率。因此，通过保持车辆在高速状态下匀速运行，能够减少车辆油耗。与低速运行类似，良好匀速事件以某一持续时段内平均运行速度、速度变化率为指标进行判别。良好匀速事件包含有 3 个参数：持续时段时长、持续时段内平均运行速度和速度变化率。

(1) 持续时段时长

实际驾驶中，由于不断变化的道路及交通条件，驾驶人难以长时间保持车辆高速稳定运行，因此将持续时段设置为 5s。

(2) 持续时段内平均运行速度

以车辆百公里油耗随速度变化率为指标进行分析，当变化率小于某一阈值 ε 时，认为达到高速状态，百公里油耗趋于稳定。取 ε = 1%（图 6-1），分析获得低速运行速度划分阈值为 $s \geqslant 60$km/h。

(3) 速度变化率

本事件要求驾驶人在 5s 内稳定驾驶车辆，逐秒加速度控制在 2km/h/s 以内，且时段内起始速度与结束速度变化小于 1km/h。通过穷举法，可使用 5s 内加速度之和及加速度标准差对此条件进行控制。

综上，良好匀速事件判别参数条件为：

$$ave[s(t),\ s(t-1),\ s(t-2),\ s(t-3),\ s(-4)] \geqslant 60\text{km/h} \quad (6-3)$$

$$sum[a(t),\ a(t-1),\ a(t-2),\ a(t-3),\ a(-4)] \leqslant 1\text{km/h} \quad (6-4)$$

$$std[a(t),\ a(t-1),\ a(t-2),\ a(t-3),\ a(-4)] \leqslant 1.5 \quad (6-5)$$

式中 $a(t)$——t 秒时瞬时加速度（%）。

判别 ε=1% 时，将连续出现的多次良好匀速事件视为 1 次事件。

3）急加速

随加速度升高，平均瞬时油耗增加，因此在行车过程中通过避免急加速能够减少燃油消耗。急加速事件以瞬时加速度为参数进行判别。由第 5 章可知，随加速度升高，平均瞬时油耗先急剧升高然后趋于稳定。因此将急加速定义为加速度大于平均瞬时油耗稳定时对应值。以车辆平均瞬时油耗随加速度变化率为指标进行分析，当变化率小于某一阈值 ε 时，认为平均瞬时油耗稳定，对应的加速度即急加速参数阈值。变化率计算方法如下：

$$f = \frac{g(a) - g(a-1)}{g(a-1)}, a \in [1,20] \quad (6-6)$$

式中 f——油耗变化率（%）；

$g(a)$——加速度 a 对应的平均瞬时油耗（L/h）；

平均瞬时油耗随加速度变化如图 6-2 所示。

由（图 6-2）可知，分析获得急加速划分阈值为 ε＞4/km/h/s 判别时，连续出现的多

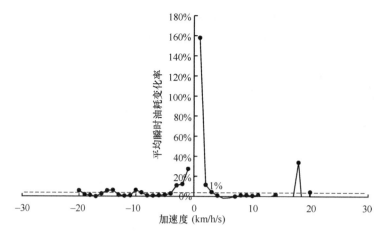

图 6-2 平均瞬时油耗随加速度变化

次急加速事件将视为 1 次事件。

4) 急减速

随着减速度升高,平均瞬时油耗降低。根据出租车驾驶人实际驾车经验,高减速操作需要踩下离合踏板以避免发动机停转,浪费车辆本身惯性动力,造成不必要的燃油消耗。同时,高减速导致车辆运行速度降低,有可能导致较高的百公里油耗。基于以上考虑,即使加速度-油耗关系模型表明急减速条件下的瞬时油耗较低,也将急减速考虑为导致油耗增加的可能事件。急减速事件的加速度判别阈值与急加速事件类似,取 $\varepsilon=1\%$,分析获得急减速划分阈值为 $\varepsilon < -5/\text{km/h/s}$ 。判别时,连续出现的多次急减速事件将视为 1 次事件。

5) 长时加速

车辆处于加速工况状态时,随着加速度升高,平均瞬时油耗呈线性增加趋势,长时加速势必导致较高燃油消耗,因此将长时加速考虑为导致油耗增加的可能事件。将加速工况持续时间 $t > 5\text{s}$ 的驾驶操作定义为长时间加速。判别时,连续出现的多次长时加速事件将视为 1 次事件。

6) 长时怠速

车辆处于怠速工况时,燃油消耗主要用于维持发动机转动,不产生运行距离,因此将长时怠速作为导致油耗增高的可能事件。国外节能宣传网站指出,应避免怠速空转时间超过 1min,据此将长时怠速阈值判别条件定义为怠速持续时间 $t > 60\text{s}$ 。判别时,连续出现的多次长时怠速事件将视为 1 次事件。

6.2.1.2 面向驾驶事件的评估模型构建

考虑到每位驾驶人一天内驾驶车辆行驶时间及距离不同,为使评估结果具有可比性,以驾驶人平均 50km 行程中出现的驾驶事件为自变量,一天内运行百公里油耗为因变量,构建驾驶人生态驾驶行为评估模型。

将现有 307 名出租车驾驶人随机分为 5 组,取其中 4 组(61×4=244 位驾驶人)分析各事件与车辆油耗之间的影响关系,进而利用线性回归方法构建评估模型。以剩余 1 组(63 位驾驶人)样本进行模型验证。提取 244 位驾驶人平均 50km 行程中 6 种驾驶事件出现频数,如表 6-1 所示。在同等运行距离内,驾驶人易出现急加速和长时加速操作,较少出现长时怠速现象,平均约每 2km 出现一次低速运行事件。频繁的低速运行时间可能与北京市密集的交叉口及经常性的交通拥堵有关。

平均 50km 行程各事件平均发生次数　　表 6-1

事件	低速运行	良好匀速	急加速	急减速	长时加速	长时怠速
频数(次/50 km)	26.87	46.15	123.34	89.44	137.27	8.12
频数(次/km)	0.537	0.92	2.46	1.79	2.76	0.16

查看各事件发生次数(平均 50km 内)与驾驶人一天内百公里油耗关系,如图 6-3 所示。结果显示,平均 50km 行程内,随着低速运行、急加速、急减速、长时加速和长时怠速事件的增多,百公里油耗升高,而良好匀速则有助于减少车辆油耗。

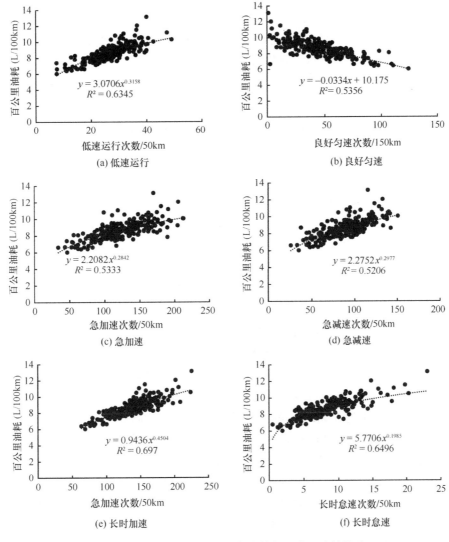

图 6-3　平均 50km 行程各事件次数与百公里油耗关系

生态驾驶行为评估方法应以推广应用为目标，因此需要确立简单易懂的评估结果指标。以驾驶人一天内百公里油耗为参照，建立百分制度评估方法，为每个驾驶人提供与其百公里油耗相匹配的生态驾驶评分。评分遵循的原则如下：

(1) 评分与一天内百公里油耗呈线性负相关，即百公里油耗越高，评分越低；

(2) 给予驾驶人40底分，6种事件发生次数共同决定剩余60分的获得；

(3) 驾驶人最低百公里油耗为6L/100km，最高百公里油耗为14L/100km。因此百公里油耗小于或等于6L/100km时，评分为100分；大于或等于14L/100km时，评分为40分。

生态驾驶行为评分与百公里油耗转换计算方法如下：

$$SCORE_A = 40 + \left(1 - \frac{(FPH - 6)}{14 - 6}\right) \times 60, FPH \in [6, 14] \tag{6-7}$$

式中 $SCORE_A$——驾驶人应得评分；

FPH——驾驶人一天内百公里油耗。

分析平均50km出现的各事件次数与生态驾驶行为评分之间的相关性，结果如表6-2所示。由表6-2可知，平均50km行程内，良好匀速发生次数与评分呈显著正相关，其他5种事件发生次数与生态驾驶评分呈显著负相关，且相关系数（绝对值）均大于0.7，具有较强的相关性。

平均50km内各事件次数与评分相关性　　　　　表6-2

事件	低速运行	良好匀速	急加速	急减速	长时加速	长时急速
相关系数	−0.796*	0.732*	−0.710*	−0.714*	−0.820*	−0.821*

注*：在置信度为0.01时，显著相关。

基于此，采用线性回归方法，以平均50km行程内6种事件出现次数为自变量，以生态驾驶评分为因变量，构建驾驶人生态驾驶行为评估模型。模型计算公式如下：

$$\begin{aligned}SCORE_M =\ & 103.033 + 0.158 N_{LS} + 0.044 N_C - 0.045 N_A \\ & - 0.019 N_D - 0.1 N_{LA} - 0.996 N_{LI}\end{aligned} \tag{6-8}$$

式中 $SCORE_M$——驾驶人生态驾驶行为评分；

　　　N_{LS}——平均50km行程内低速运行事件发生次数；

　　　N_C——平均50km行程内良好匀速事件发生次数；

　　　N_A——平均50km行程内急加速事件发生次数；

　　　N_D——平均50km行程内急减速事件发生次数；

　　　N_{LA}——平均50km行程内长时加速事件发生次数；

　　　N_{LI}——平均50km行程内长时急速事件发生次数。

回归方程$R^2 = 0.826$，拟合度较高，且具有统计学意义（$F = 187.82$，$p < 0.001$）。需要注意的是，虽然相关性分析显示平均50km内低速运行出现次数与评分呈较强的负相关关系，但是在回归模型中其系数为正。回归参数与评分之间具有较强的相关性，同时也导致各回归参数之间也具有较强的相关性，造成参数之间的多重共线性问题。若从数学模型来看，应使用主成分分析等降维方法规避此问题。但考虑到实际应用时，模型中应尽可能保持与驾驶操作直接相关的参数，以便明确不同事件与车辆运行生态特性的关系，所以仅

将低速运行事件从模型中剔除。剔除后评估模型公式如下：

$$SCORE_M = 104.891 + 0.028 N_C - 0.034 - 0.019 N_D \\ - 0.089 N_{LA} - 0.995 N_{LI} \qquad (6-9)$$

回归方程 $R^2 = 0.823$，拟合度较高，具有统计学意义（$F = 222.004$，$p < 0.001$）。各事件系数即为平均 50km 行程内出现 1 次驾驶事件将导致评分降低的程度。

各自变量标准化偏回归系数及其对因变量的影响程度大小排序如表 6-3 所示。长时怠速和长时加速对车辆百公里油耗影响最大，表明在驾驶人进行生态驾驶行为学习及矫正时，应重点避免此两驾驶事件的发生。

各自变量标准化偏回归系数及其大小　　　　表 6-3

参数	N_C	N_A	N_D	N_{LA}	N_{LI}
标准化系数	0.081	−0.148	−0.058	−0.329	−0.424
大小排序	4	3	5	2	1

6.2.1.3　模型验证

使用剩余 63 位驾驶人的数据对面向驾驶事件得生态驾驶行为评估模型进行验证。提取驾驶人在一天驾驶时间内，平均 50km 行程的各驾驶事件出现次数，应用评估模型计算评分。同时，计算各驾驶人一天内百公里油耗并将其换算为驾驶人应得分数。进而计算 63 位驾驶人生态驾驶行为模型评分与应得评分之间误差，误差计算公式如下：

$$E_i = \frac{|SCORE_M - SCORE_A|}{SCORE_A} \qquad (6-10)$$

式中　E_i——第 i 位驾驶人模型评分与应得评分之间误差（%）。

以 63 位驾驶人评估结果平均误差为指标，基于驾驶操作的生态驾驶行为评估模型误差为 3.3%，即评估模型准确率达 96.7%。

6.2.2　面向驾驶操作的生态驾驶行为评估

基于驾驶模拟实验平台采集的驾驶操作行为数据及基于车辆运行行为获取的能耗数据，结合数理统计分析方法，形成车辆能耗约束下的驾驶操作行为特征指标体系。在此基础上，以车辆起步过程为例，构建基于 BP 神经网络的生态驾驶行为评估甄别模型并实施判别结果分析验证。

6.2.2.1　驾驶操作行为特征指标体系构建

基于实际行车过程，以驾驶人主要操控的车辆物理构件为线索，结合面向驾驶操作行为的生态驾驶特征图谱（见第 5 章），以可能影响车辆能耗排放的因素为依据，从加速踏板（A）、减速踏板（B）、离合踏板（C）、挡位（G）和方向盘（S）五个方面提取生态驾驶行为特征指标。在提取特征指标的过程中，以影响车辆能耗的可能因素为导向，重点考虑操作频率、操作行程均值和标准差，以及与车辆能耗直接相关的急加/减速和空加油等典型非生态驾驶操作，最终构建形成如图 6-4 所示。

其中，各项指标的定义及解释如下：

（1）加速踏板相关指标（A）

与加速踏板相关的指标包括 5 项，计算方法如下：

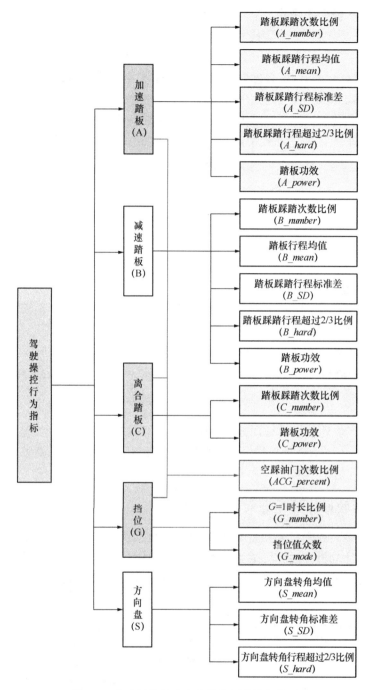

图 6-4 驾驶操作行为生态特性评估指标体系

① 加速踏板踩踏次数比例（A_number）

$$A\_number = \frac{N_A}{N} \tag{6-11}$$

$$N_A = \sum_{i=1}^{N} n_i \tag{6-12}$$

$$n_i = \begin{cases} 1, a_i \neq 0 \\ 0, a_i = 0 \end{cases} \tag{6-13}$$

式中　a_i——i 时刻加速踏板行程值；

　　　n_i——i 时刻加速踏板行程统计值，当踏板行程不为 0 时，n_i 值加 1；

　　　N_A——加速踏板统计值累加值；

　　　N——规定时间或行程内数据记录个数。

② 加速踏板踩踏行程均值（A_mean）

$$A\_mean = \frac{\sum_{i=1}^{N} a_i (a_i \neq 0)}{N_A} \tag{6-14}$$

③ 加速踏板踩踏行程标准差（A_SD）

$$A\_SD = \sqrt{\frac{1}{N_A - 1} \sum_{i=1}^{N_A} (a_i - A\_mean)^2} \quad (a_i \neq 0) \tag{6-15}$$

④ 加速踏板踩踏行程超过 2/3 的比例（A_hard）

$$A\_hard = \frac{N'_A}{N_A} \tag{6-16}$$

$$N'_A = \sum_{i=1}^{N} m_i \tag{6-17}$$

$$m_i = \begin{cases} 1, a_i \geqslant 2/3 \\ 0, a_i < 2/3 \end{cases} \tag{6-18}$$

式中　m_i——i 时刻加速踏板行程大于或等于 2/3 的统计值，当加速踏板行程大于或等于 2/3 时，m_i 值加 1；

　　　N'_A——加速踏板行程大于或等于 2/3 统计值的累加值。

⑤ 加速踏板功效（A_power）

$$A\_power = \int_{i=1}^{N} a_i \mathrm{d}i \tag{6-19}$$

（2）减速踏板相关指标（B）

与减速踏板相关的指标包括 5 项，计算方法如下：

① 减速踏板踩踏次数比例（B_number）

$$B\_number = \frac{N_B}{N} \tag{6-20}$$

$$N_B = \sum_{i=1}^{N} x_i \tag{6-21}$$

$$x_i = \begin{cases} 1, b_i \neq 0 \\ 0, b_i = 0 \end{cases} \tag{6-22}$$

式中　b_i——i 时刻减速踏板行程值；

　　　x_i——i 时刻减速踏板行程统计值，当踏板行程不为 0 时，x_i 值加 1；

　　　N_B——减速踏板统计值累加值。

② 减速踏板踩踏行程均值（B_mean）

$$B\_mean = \frac{\sum_{i=1}^{N} b_i(b_i \neq 0)}{N_B} \tag{6-23}$$

③ 减速踏板踩踏行程标准差（B_SD）

$$B\_SD = \sqrt{\frac{1}{N_B - 1}\sum_{i=1}^{N_B}(b_i - B\_mean)^2} \quad (b_i \neq 0) \tag{6-24}$$

④ 减速踏板踩踏行程超过 2/3 的比例（B_hard）

$$B\_hard = \frac{N'_B}{N_B} \tag{6-25}$$

$$N'_B = \sum_{i=1}^{N} y_i \tag{6-26}$$

$$y_i = \begin{cases} 1, b_i \geqslant 2/3 \\ 0, b_i < 2/3 \end{cases} \tag{6-27}$$

式中　y_i——i 时刻减速踏板行程大于或等于 2/3 的统计值，当减速踏板行程大于或等于 2/3 时，y_i 值加 1；

　　　N'_B——减速踏板行程大于或等于 2/3 统计值的累加值。

⑤ 减速踏板功效（B_power）

$$B\_power = \int_{i=1}^{N} b_i \mathrm{d}i \tag{6-28}$$

（3）离合踏板相关指标（C）

与减速踏板相关的指标包括 2 项，计算方法如下：

① 离合踏板踩踏次数比例（C_number）

$$C\_number = \frac{N_C}{N} \tag{6-29}$$

$$N_C = \sum_{i=1}^{N} z_i \tag{6-30}$$

$$z_i = \begin{cases} 1, c_i \neq 0 \\ 0, c_i = 0 \end{cases} \tag{6-31}$$

式中　c_i——i 时刻离合踏板行程值；

　　　z_i——i 时刻离合踏板行程统计值，当离合踏板行程不为 0 时，z_i 值加 1；

　　　N_C——离合踏板统计值累加值。

② 离合踏板功效（C_power）

$$C\_power = \int_{i=1}^{N} c_i \mathrm{d}i \tag{6-32}$$

（4）挡位相关指标（G）

与挡位相关的指标包括 2 项，计算方法如下：

① $G=1$ 的时长比例（G_number）

$$G\_number = \frac{N_G}{N} \tag{6-33}$$

$$N_G = \sum_{i=1}^{N} u_i \tag{6-34}$$

$$u_i = \begin{cases} 1, g_i = 1 \\ 0, g_i \neq 1 \end{cases} \tag{6-35}$$

式中 g_i ——i 时刻挡位值;

u_i ——i 时刻挡位值的统计值,当挡位值为 1 时,u_i 值加 1;

N_G ——挡位统计值累加值。

② 挡位众数值（G_mode）

$$G\_mode = Mode(g_i) \tag{6-36}$$

(5) 方向盘相关指标（S）

与方向盘相关的指标包括 3 项,计算方法如下:

① 方向盘转角均值（S_mean）

$$S\_mean = \frac{1}{N} \sum_{i=1}^{N} |s_i| \tag{6-37}$$

式中 s_i ——i 时刻方向盘转角值;

② 方向盘转角标准差（S_SD）

$$S\_SD = \sqrt{\frac{1}{N-1} \sum_{i=1}^{N} (|s_i| - S\_mean)^2} \tag{6-38}$$

③ 方向盘转角行程超过 2/3 的比例（S_hard）

$$S\_hard = \frac{N_S}{N} \tag{6-39}$$

$$N_S = \sum_{i=1}^{N} v_i \tag{6-40}$$

$$v_i = \begin{cases} 1, |s_i| \geqslant 2/3 \\ 0, |s_i| < 2/3 \end{cases} \tag{6-41}$$

式中 v_i ——i 时方向盘转角绝对值大于或等于 2/3 的统计值,当方向盘转角绝对值大于或等于 2/3 时,v_i 值加 1;

N_S ——方向盘转角绝对值大于或等于 2/3 统计值的累加值。

(6) 综合指标

除上述指标外,考虑到实际行车过程中驾驶人可能存在空加油的现象,因而提出了空踩加速踏板比例（$ACG\_percent$）这一综合指标。研究定义空踩加速踏板有两种现象:空挡加油和离合踏板行程超过 2/3 时加油。计算方法如下:

$$ACG\_percent = \frac{N_{ACG}}{N} \tag{6-42}$$

$$N_{ACG} = \sum_{i=1}^{N} o_i \tag{6-43}$$

$$o_i = \begin{cases} 1, a_i \neq 0 \& g_i = 0, \text{or}, a_i \neq 0 \& c_i \geqslant 2/3 \\ 0, \text{otherwise} \end{cases} \tag{6-44}$$

式中 o_i ——i 时刻空踩加速踏板的统计值,当空踩加速踏板时,o_i 值加 1;

N_{ACG} ——空踩加速踏板统计值累加值。

6.2.2.2 BP网络模型构建

以3层BP网络基本结构为基础,结合驾驶操作行为数据特征,完成模型输入输出层参数设计、神经元节点选取、训练函数选取及网络学习率选取,并通过输出结果误差为控制目标,优化模型结构,最终形成面向驾驶操作行为生态性的评估甄别模型。

1) 数据基础

基于本书第2章构建的驾驶模拟实验平台,可获得行车过程中驾驶人对车辆加速踏板(A)、减速踏板(B)、离合踏板(C)、挡位(G)和方向盘(S)的操作行为数据。数据粒度为30Hz。共有100名被试的驾驶操作行为数据可以用于实施驾驶行为生态特性评估甄别。

为更加明显地体现驾驶人驾驶操作行为造成的车辆能耗差异,更好地识别驾驶人驾驶行为的生态特性,与绘制生态驾驶行为特征图谱对应,同样选取起步过程为驾驶操作行为生态特性评估甄别的研究对象。根据实验基础数据,共有66个车辆起步段可作为分析对象。所有起步过程在物理距离上均保持一致,即为车辆速度由零开始增加至车辆距起点100m的行驶距离。

为构建基于BP网络的驾驶操作行为生态特性评估甄别模型,并对模型的精度进行验证,随机选取50段起步过程数据为模型学习训练数据,用剩下的16段数据作为模型精度验证数据。由于已经实现由车辆运行速度和加速度推算车辆能耗,因此以车辆能耗为模型训练的导师信号。

2) 输入和输出层设计

(1) 输入层设计

基于驾驶操作行为特征指标体系,结合车辆起步过程中驾驶人操作行为特点,重点考虑驾驶人对加速踏板、离合踏板和挡位的操作,形成10项面向BP网络的特征输入指标,具体包括:

① 加速踏板踩踏次数比例(A_number);

② 加速踏板踩踏行程均值(A_mean);

③ 加速踏板踩踏行程标准差(A_SD);

④ 加速踏板踩踏行程超过2/3的比例(A_hard);

⑤ 加速踏板功效(A_power);

⑥ 离合踏板踩踏次数比例(C_number);

⑦ 离合踏板功效(C_power);

⑧ 挡位值为1的时长比例(G_number);

⑨ 挡位众数值(G_mode);

⑩ 空踩油门踏板比例($ACG\_percent$)。

(2) 输出层设计

面向驾驶操作行为特性评估的BP网络输出结果应为驾驶操作行为的生态特性。为直观反映驾驶人操作行为的生态特性,输出结果应设计为生态特性等级(如优、良、中、差等)或得分(如百分制)。采用评分制的形式评估驾驶操作行为的生态性,将车辆油耗转化为得分,进而将BP网络评估甄别转化为基于驾驶操作行为的生态特性得分预测问题。

按照最低分40,满分100的规则,可通过式(6-45)将车辆油耗转化为驾驶操作行为生态特性得分:

$$ECO = 40 + \left(1 - \frac{FC_i - FC_{\min}}{FC_{\max} - FC_{\min}}\right) \times 60 \tag{6-45}$$

式中 ECO——起步过程 i 的驾驶操作行为生态特性得分；

FC_i——起步过程 i 的平均百公里油耗（L/100km）；

$FC_{\max}$——有效数据样本内起步过程平均百公里油耗的最大值；

$FC_{\min}$——有效数据样本内起步过程平均百公里油耗的最小值。

基于式（6-45），获得起步过程中车辆平均百公里油耗与生态驾驶得分的关系如图 6-5 所示。

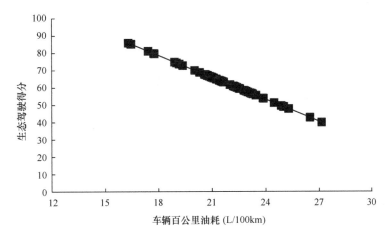

图 6-5 起步过程车辆油耗与生态驾驶行为得分关系

3）隐含层节点数选取

隐含层神经元节点数选取是 BP 网络建模的关键问题，由于尚未形成较为固定和统一的方法，常通过人工经验和实验测试共同决定。通常，隐含层节点数的确定可以参照以下公式：

$$n_{\text{node}} = \sqrt{n_{\text{input}} + n_{\text{output}}} + \alpha \tag{6-46}$$

式中 n_{node}——隐含层神经元节点数；

n_{input}——输入单元数；

n_{output}——输出神经元数；

α——常数，取值介于 0～10 之间。

根据研究分析结果，该模型结构中有 10 个输入单元，1 个输出神经元，结合式（6-46）可知，隐含层神经元节点数量应在 4～14 之间。据此，按照以 2 为差值的等差数列设计隐含层节点数分别为 4、6、8、10、12、14，进而通过实验测试获得预测误差，并以预测误差最小为控制目标确定最佳隐含层神经元节点数量。

为获得相对稳定的预测误差，每个隐含层节点数对应的网络运行 10 次，实验测试获得隐含层神经元节点数与平均预测误差的关系如图 6-6 所示。由此可知，随着隐含层节点数增加，平均误差呈现先降低后升高的抛物线形式，当隐含层神经元节点数为 8 时，平均预测误差相对最小。因此，研究选取最佳隐含层神经元节点数量为 8 个。

4）函数选取

网络输入层到中间层（隐含层）的传递函数选用 S 形正切函数 tansig，中间层（隐含

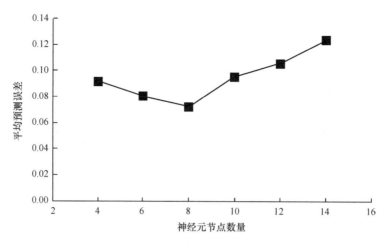

图 6-6　神经元节点数量与平均预测误差关系（驾驶操作行为）

层）到输出层的传递函数选用线性函数 purelin，训练函数选取则同样通过对比测试的方法确定。采用常见的 5 种训练函数训练 BP 网络，通过比较模型的预测精度和训练速度选择最佳训练函数。同样，每种训练函数对应的网络训练 10 次，得到不同训练函数的模型预测误差和训练速度统计结果，如表 6-4 所示。

基于表 6-4，综合预测误差和训练速度两个方面，研究选定 trainlm 为最佳训练函数，该函数基于 Levenberg-Marquadt 反传算法，是梯度下降法与高斯牛顿法的结合。

不同训练函数的模型预测误差和训练速度（驾驶操作行为数据）　表 6-4

训练函数名称	模型预测误差	训练速度（s）
trainr（）	0.0889	8.1336
trainbfg（）	0.0855	0.7377
traingd（）	0.0816	0.5448
traingdm（）	0.0929	0.5446
trainlm（）	0.072	0.2855

5）网络学习率选取

对于 BP 网络模型，网络学习速率决定各次循环产生的权值变化量。网络学习速率过大可能会使系统稳定性变差；学习率偏小虽然能保证网络的误差最终趋于最小误差值，但也可能造成学习时间较长，从而导致收敛速度太慢。所以，针对一般情况，倾向于使用较小的网络学习速率以保证系统稳定性。网络学习速率的取值范围一般控制在 0.01～0.09 之间。

为获得最合适的学习率，通过测试对比不同学习率对应的预测误差平方和确定。根据学习率取值范围，将其设计成以 0.01 为差值的等差数列进行测试，测试结果如图 6-7 所示。

由图 6-7 中误差平方和均值和标准差可知，当学习率为 0.04 时，效果最佳。因此，对应面向驾驶操作行为生态性评估的 BP 网络模型，设计最佳学习率为 0.04。

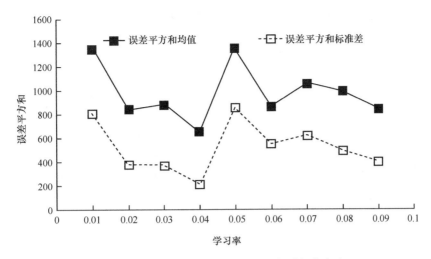

图 6-7 学习率与误差平方和的关系（驾驶操作行为）

6.2.2.3 结果分析

综合以上分析，结合模型输入层、输出层、隐含层和节点数量、传递和训练函数、网络学习率分析设计结果，获得面向驾驶操作行为生态得分预测的 BP 网络模型结构见图 6-8。

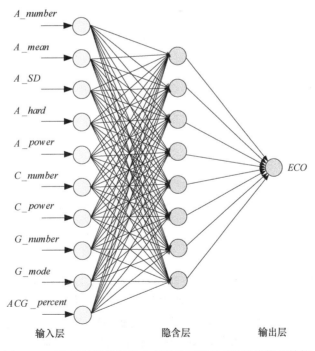

图 6-8 面向驾驶操作行为生态得分预测的 BP 网络模型结构

对应模型结构，输入层为 10 个特征指标，输出层为驾驶操作行为生态特性评分。模型共有一个隐含层，其神经元节点数为 8。模型输入到中间层选用传递函数 tansig，中间层至输出层采用传递函数 purelin，训练函数为 trainlm，网络学习率为 0.04。

基于 66 段起步过程数据，随机选取 50 段起步过程数据为模型学习训练数据，用剩下的 16 段数据作为模型精度验证数据，测算结果如图 6-9 和图 6-10 所示。从图中可明显看出 BP 网络模型的拟合程度较好，绝对误差范围基本分布在 5 分以内，最大预测误差不超过 10 分。

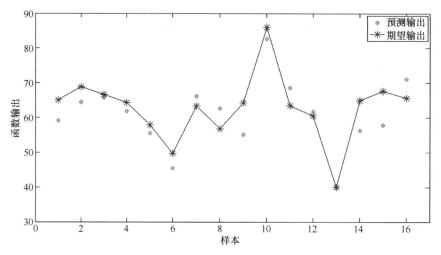

图 6-9　预测值与期望值（驾驶操作行为）

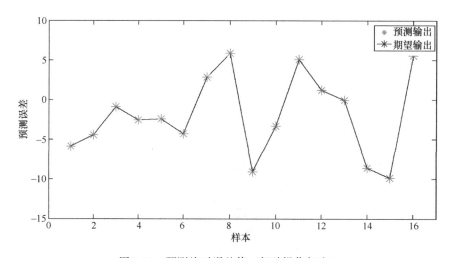

图 6-10　预测绝对误差值（驾驶操作行为）

进一步分析预测结果可知，研究建立的 BP 网络训练时间平均为 0.238s，模型具有较高的运算效率。同时，模型的平均预测精度为 92.89%。统计预测结果各项评价指标如表 6-5 所示。由此可知，研究建立的 BP 网络模型能够较好地实现驾驶人驾驶操作行为生态得分预测，进而能有效实现驾驶操作行为生态特性评估及甄别。

表 6-5　基于 BP 网络的驾驶操作行为生态得分预测误差统计结果

平均绝对误差 (MAE)	平均百分比误差 (ME)	平均绝对百分比误差 (MAPE)	均方误差 (MSE)	误差标准差 (SDE)
4.61	−4.47%	7.02%	35.59	5.97

6.2.3 面向车辆运行的生态驾驶行为评估

基于自然驾驶平台获取的车辆运行状态数据，结合数理统计分析方法，形成能耗约束下的车辆运行状态特征指标体系。在此基础上，以城市快速路基本路段为例，构建基于 BP 神经网络的生态驾驶行为评估甄别模型并实施判别结果分析验证。

6.2.3.1 车辆运行状态特征指标体系构建

基于实际行车过程，以运行过程中车辆状态表现形式为线索，以可能影响车辆能耗排放的因素为依据，结合面向车辆运行状态的生态驾驶特征图谱，从运行速度（v）、加速度（a）、发动机转速（r）和扭矩（T）四个方面提取生态驾驶行为特征指标。在提取特征指标的过程中，以影响车辆能耗的可能因素为导向，重点考虑车辆在某路段行驶时的运行状态均值和标准差，以及与车辆能耗直接相关的运行状态波动频率，最终构建形成面向生态驾驶的车辆运行状态特征指标体系如图 6-11 所示。

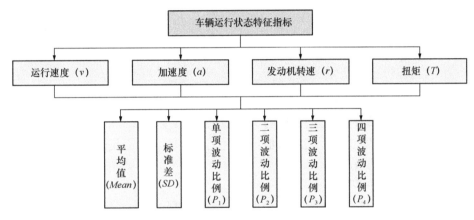

图 6-11 车辆运行状态生态特征评估指标体系

其中，各项指标的定义及解释如下：

（1）平均值（Mean）

$$Mean = \sum_{j=1}^{M} f(j) \tag{6-47}$$

式中　$f(j)$——j 时刻车辆运行状态值；

　　　M——总体运行时间，即车辆运行状态数据记录点个数。

（2）标准差（SD）

$$SD = \sqrt{\frac{1}{M-1}\sum_{j=1}^{M}(f(j)-\bar{f})^2} \tag{6-48}$$

式中　$\bar{f}$——总体运行时间内车辆运行状态平均值。

由于实际行车过程中，相同道路、交通、环境及车辆属性条件下，车辆油耗差异与车辆运行状态的变化情况有直接关系，因此，除上述运行状态均值和标准差外，提出运行状态波动指标。运行状态波动指某一时刻的车辆运行状态相对整个运行过程的变化情况发生了显著改变。其中，按照某时刻运行状态波动情况，分为一项波动和多项波动。一项波动指某时刻四项车辆运行状态中有且仅有一项产生了波动；多项波动指某时刻四项车辆运行状态中有两项、三项或四项同时产生了波动。车辆运行状态波动指标计算方法如下：

(3) 单项波动比例（P_1）

单项波动比例为累计单项波动数据点占整个运行过程的比例，计算公式如下：

$$P_1 = \frac{M_V + M_A + M_R + M_T}{M} \tag{6-49}$$

式中　M_V——统计时间段内速度波动点个数；

　　　M_A——统计时间段内加速度波动点个数；

　　　M_R——统计时间段内发动机转速波动点个数；

　　　M_T——统计时间段内扭矩波动点个数。

其中，以速度指标为例，说明速度波动点数量的获取过程，见式（6-50）~式（6-52）。其他三种车辆运行状态波动点数量获取方法相同。

$$M_V = \sum_{j=1}^{M} w_j \tag{6-50}$$

$$w_j = \begin{cases} 1, |\Delta v_j| > \Delta v_{85} = Percentile(|\Delta v_1|, |\Delta v_2|, |\Delta v_3|, \cdots, |\Delta v_M|, 0.85) \\ 0 \end{cases}$$

$$\tag{6-51}$$

$$\Delta v_j = v_{j+1} - v_j \tag{6-52}$$

式中　v_j——时刻 j 的速度值；

　　Δv_{85}——统计时间段内速度变化值的 85% 位值；

　　　w_j——时刻 j 速度波动情况统计值，当时刻 j 速度变化值超过 Δv_{85} 时，w_j 的值为 1，否则为 0。

(4) 二项波动比例（P_2）

二项波动比例为累计二项波动数据点占整个运行过程的比例，计算公式如下：

$$P_2 = \frac{M_{VA} + M_{VR} + M_{VT} + M_{AR} + M_{AT} + M_{RT}}{M} \tag{6-53}$$

式中　M_{VA}——统计时间段内速度和加速度在某时刻同时波动的数据点个数；

　　　M_{VR}——统计时间段内速度和发动机转速在某时刻同时波动的数据点个数；

　　　M_{VT}——统计时间段内速度和扭矩在某时刻同时波动的数据点个数；

　　　M_{AR}——统计时间段内加速度和发动机转速在某时刻同时波动的数据点个数；

　　　M_{AT}——统计时间段内加速度和扭矩在某时刻同时波动的数据点个数；

　　　M_{RT}——统计时间段内发动机转速和扭矩在某时刻同时波动的数据点个数。

其中，以速度和加速度指标为例，说明速度和加速度同时波动时的数据点数量获取过程，见式（6-54）~式（6-56）。其他五种二项车辆运行状态同时波动点的数量获取方法相同。

$$M_{VA} = \sum_{j=1}^{M} h_j \tag{6-54}$$

$$h_j = \begin{cases} 1, |\Delta v_j| > \Delta v_{85} \& |\Delta a_j| > \Delta a_{85} \\ 0 \end{cases} \tag{6-55}$$

$$\Delta a_j = a_{j+1} - a_j \tag{6-56}$$

式中　a_j——时刻 j 的加速度值；

Δa_{85}——统计时间段内加速度变化值的 85% 位值；

h_j——时刻 j 速度和加速度同时波动的统计值，当时刻 j 速度变化值超过 Δv_{85}，并且加速度变化值超过 Δa_{85} 时，h_j 的值为 1，否则为 0。

(5) 三项波动比例（P_3）

三项波动比例为累计三项波动数据点占整个运行过程的比例，计算公式如下：

$$P_3 = \frac{M_{\text{VAR}} + M_{\text{VAT}} + M_{\text{VRT}} + M_{\text{ART}}}{M} \tag{6-57}$$

式中 M_{VAR}——统计时间段内速度、加速度和转速在某时刻同时波动的数据点个数；

M_{VAT}——统计时间段内速度、加速度和扭矩在某时刻同时波动的数据点个数；

M_{VRT}——统计时间段内速度、转速和扭矩在某时刻同时波动的数据点个数；

M_{ART}——统计时间段内加速度、转速和扭矩在某时刻同时波动的数据点个数。

其中，以速度、加速度和扭矩指标为例，说明速度、加速度和扭矩同时波动时的数据点数量获取过程，见式（6-58）~式（6-60）。其他三种三项车辆运行状态同时波动点的数量获取方法相同。

$$M_{\text{VAR}} = \sum_{j=1}^{M} k_j \tag{6-58}$$

$$k_j = \begin{cases} 1, |\Delta v_j| > \Delta v_{85} \,\&\, |\Delta a_j| > \Delta a_{85} \,\&\, |\Delta r_j| > \Delta r_{85} \\ 0 \end{cases} \tag{6-59}$$

$$\Delta r_j = r_{j+1} - r_j \tag{6-60}$$

式中 r_j——时刻 j 的发动机转速；

Δr_{85}——统计时间段内发动机转速变化值的 85% 位值；

k_j——时刻 j 速度、加速度和发动机转速同时波动的统计值，当时刻 j 速度变化值超过 Δv_{85}、加速度变化值超过 Δa_{85}，并且发动机转速变化值超过 Δr_{85} 时，k_j 的值为 1，否则为 0。

(6) 四项波动比例（P_4）

四项波动比例为累计四项波动数据点占整个运行过程的比例，计算公式如式（6-61）~式（6-64）所示：

$$P_4 = \frac{M_{\text{VART}}}{M} \tag{6-61}$$

$$M_{\text{VART}} = \sum_{j=1}^{M} q_j \tag{6-62}$$

$$q_j = \begin{cases} 1, |\Delta v_j| > \Delta v_{85} \,\&\, |\Delta a_j| > \Delta a_{85} \,\&\, |\Delta r_j| > \Delta r_{85} \,\&\, |\Delta T_j| > \Delta T_{85} \\ 0 \end{cases} \tag{6-63}$$

$$\Delta T_j = T_{j+1} - T_j \tag{6-64}$$

式中 M_{VART}——统计时间段内速度、加速度、发动机转速和扭矩在某时刻同时波动的数据点个数；

T_j——时刻 j 的扭矩值；

ΔT_{85}——统计时间段内扭矩变化值的 85% 位值；

q_j——时刻 j 速度、加速度、发动机转速和扭矩同时波动的统计值,当时刻 j 速度变化值超过 Δv_{85}、加速度变化值超过 Δa_{85}、发动机转速变化值超过 Δr_{85},并且扭矩变化值超过 ΔT_{85} 时,q_j 的值为1,否则为0。

6.2.3.2 BP网络模型构建

以3层BP网络基本结构为基础,结合车辆运行状态数据特征,完成模型输入输出层参数设计、神经元节点选取、训练函数选取及网络学习率选取,并通过输出结果误差为控制目标,优化模型结构,最终形成面向车辆运行状态生态性的评估甄别模型。

1) 数据基础

基于第3章的自然驾驶实验平台,可获得行车过程中实时的车辆速度(v)、加速度(a)、发动机转速(r)和扭矩(T)等运行状态数据。数据粒度为逐秒级。共有140多名被试连续4个月的车辆运行数据可以用于实施驾驶行为生态特性评估甄别。

为更加明显地体现车辆运行状态造成的车辆能耗差异,尽可能降低外部运行条件的干扰,与绘制生态驾驶行为特征图谱一致,同样选取城市快速路基本路段为车辆运行状态生态特性评估甄别对象。通过运行数据与道路网底图匹配,共有3709个运行于城市快速路基本路段的数据可作为分析对象。除去异常值等噪音数据,共有2786个有效数据段。

为构建基于BP网络的车辆运行状态生态特性评估甄别模型,并对模型的精度进行验证,随机选取700段数据作为模型学习训练数据,100段数据作为模型精度验证数据。由于OBD+GPS可以获取车辆逐秒的瞬时油耗,通过单位换算和统一化处理,以车辆百公里油耗为模型训练的导师信号。

2) 输入和输出层设计

(1) 输入层设计

基于车辆运行状态特征指标体系,结合车辆在城市快速路基本路段的运行特点,重点考虑车辆运行状态均值和标准差,以及与车辆油耗变化密切相关的运行状态波动情况,形成共计12项面向BP网络的输入特征指标,如下:

① 速度均值(V_mean);
② 速度标准差(V_SD);
③ 加速度均值(A_mean);
④ 加速度标准差(A_SD);
⑤ 发动机转速均值(R_mean);
⑥ 发动机转速标准差(R_SD);
⑦ 扭矩均值(T_mean);
⑧ 扭矩标准差(R_SD);
⑨ 单项波动比例(P_1);
⑩ 二项波动比例(P_2);
⑪ 三项波动比例(P_3);
⑫ 四项波动比例(P_4)。

(2) 输出层设计

与驾驶操行为生态特性评估一致,同样采用评分制的形式评估车辆运行状态的生态性,将车辆油耗转化为得分,进而将BP网络评估甄别转化为基于车辆运行状态的驾驶人生态特性得分预测问题。基于式（6-46），获得城市快速路基本路段车辆平均百公里油耗与车辆运行状态生态特性得分的关系如图6-12所示。

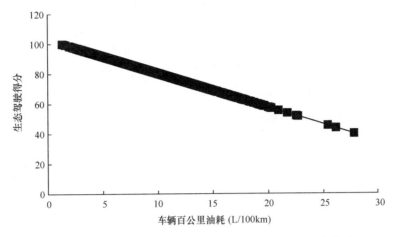

图6-12 快速路基本路段车辆油耗与生态驾驶行为得分关系

（3）隐含层神经元节点数选取

隐含层神经元节点数选取同样采用人工经验推算和实验测试分析相结合的方式。首先，对于面向车辆运行状态生态特性评估的BP网络，其输入单元有12个，输出单元有1个，因此，依据式（6-45）可知，隐含层神经元节点数量应在4～14之间。

在此基础上，同样按照以2为差值的等差数列设计隐含层节点数量，分别为4、6、8、10、12和14，进而通过实验测试获得预测误差，并以预测误差最小为控制目标确定最佳隐含层神经元节点数量。

为获得相对稳定的预测误差，每个隐含层节点数对应的网络运行10次，实验测试获得平均预测误差与隐含层神经元节点数的关系如图6-13所示。由此可知，当隐含层神经元节点数为10时，平均预测误差相对最小。因此，选取最佳隐含层神经元节点数量为10个。

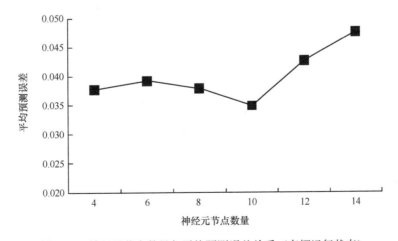

图6-13 神经元节点数量与平均预测误差关系（车辆运行状态）

（4）函数选取

与面向驾驶操作行为生态性评估模型相同，对于车辆运行状态生态性评估甄别 BP 模型，同样采用 S 形正切函数 tansig 作为模型输入层到中间层的传递函数，选用线性函数 purelin 为中间层到输出层的传递函数，训练函数的选取则通过对比测试的方法确定。对应 5 种常见的 BP 网络训练函数，每种训练函数对应的网络训练 10 次，得到不同训练函数的模型预测误差和训练速度，如表 6-6 所示。综合模型预测误差最小和训练速度最快两方面要求，研究决定采用 traingdm 为最佳训练函数。

不同训练函数的预测误差和训练速度（车辆运行状态数据）　　　表 6-6

训练函数名称	模型预测误差	训练速度（s）
trainr（）	0.032	109.37
trainbfg（）	0.039	2.02
traingd（）	0.037	0.70
traingdm（）	0.035	0.64
trainlm（）	0.044	1.59

（5）网络学习率选取

基于 BP 网络学习率一般选取范围，通过测试对比的方式寻找最优学习率。同样将网络学习率设定为以 0.01 为差值的等差数列进行测试，不同学习率测试 10 次，训练结果对应的预测误差平方和及其标准差如图 6-14 所示。

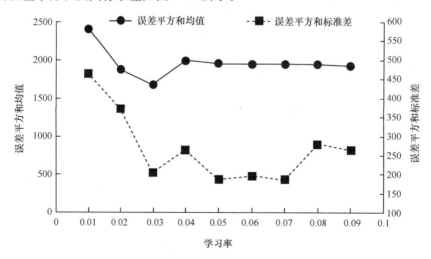

图 6-14　学习率与误差平方和的关系（驾驶操作行为）

由图 6-13 中误差平方和均值和标准差可知，当学习率为 0.03 时，预测效果最佳。因此，对应面向车辆运行状态生态性评估的 BP 网络模型，最佳学习率为 0.03。

6.2.3.3　结果分析

综合以上分析，获得面向车辆运行状态生态特性评估甄别的 BP 网络模型最佳结构如图 6-15 所示。

模型输入层为 12 个特征指标，输出层为车辆运行状态生态特性评分。模型共有一个

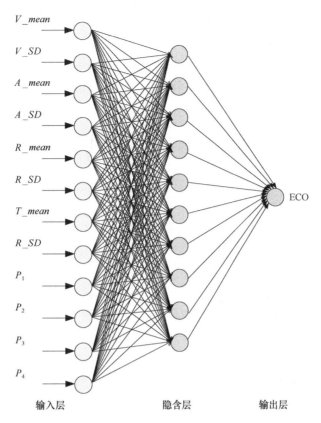

图 6-15 面向车辆运行状态生态得分预测的 BP 网络结构

隐含层，隐含层神经元节点数量为 10。输入层到中间层的传递函数为 tansig，中间层到输出层的传递函数为 purelin，训练函数为 traingdm，网络学习率为 0.03。

基于城市快速路基本路段运行的 2786 段数据，随机选择 700 段数据作为模型学习训练数据，用 100 段数据作为模型精度验证数据，测算结果如图 6-16 和图 6-17 所示。从图中可明显看出，BP 网络模型的拟合程度较高，绝对误差范围基本分布在 5 分以内。

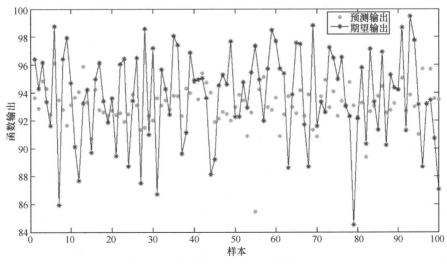

图 6-16 预测值与期望值（车辆运行状态）

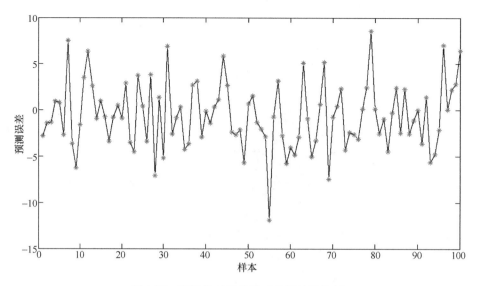

图 6-17 预测绝对误差值（车辆运行状态）

进一步分析可知，BP 网络训练时间为 0.732s，模型运算效率较高。同时，模型的平均预测精度达 96.89%。统计预测结果各项评价指标如表 6-7 所示。由此可知，BP 网络模型能够较好地实现车辆运行状态生态得分预测，进而能有效实现基于车辆运行状态的生态特性评估及甄别。

基于 BP 网络的车辆运行状态生态得分预测误差统计结果　　　表 6-7

平均绝对误差 （MAE）	平均百分比误差 （ME）	平均绝对百分比误差 （MAPE）	均方误差 （MSE）	误差标准差 （SDE）
2.92	−0.81%	3.11%	13.48	3.67

6.3 生态驾驶特性预测方法

动态预测车辆运行生态特性，对把控、管理和提升车辆生态运行水平具有重要作用。实际条件下，车辆运行生态特性受众多因素影响，并且其预测精度与基础数据也具有密切关系。本节主要介绍针对不同场景和基于不同数据的车辆生态特性预测方法。在模型构建中，以车辆百公里油耗表征运行生态性。

6.3.1 快速路基本路段车辆生态性预测

通过出租车安装的 OBD 和 GPS 车载设备获取微观速度、位置及油耗等信息，选取能耗排放的多个影响因子，提出基于主成分分析与 BP 神经元网络的能耗排放组合预测模型，实现北京城市快速路基本路段的油耗预测。该模型在车辆生态性预测方面具有较高的准确率，模型符合北京市道路交通条件，可更为精确地宏观把控区域机动车总体运行生态水平，同时也可为驾驶人提供不同路段的生态性优化反馈信息。

6.3.1.1 预测模型设计

1) 微观能耗预测模型概述

微观能耗预测模型主要是指基于路段车辆瞬时速度的预测模型,从而反映车辆运行模式变化对尾气排放的影响。目前已有较多微观能耗预测模型,但传统预测模型在实际应用中仍存在一定局限性。以使用较为广泛的 EMIT 模型和 CMEM 模型为例进行说明。

EMIT 模型将速度与加速度作为模型输入因子,对燃油率进行预测。EMIT 油耗预测模型如下:

$$FR = \begin{cases} \alpha_{FR} + \beta_{FR}v + \gamma_{FR}v^2 + \delta_{FR}v^3 + \varepsilon_{FR}va & \text{if} P_{tract} > 0 \\ \alpha'_{FR} & \text{if} P_{tract} = 0 \end{cases} \quad (6-65)$$

式中 $\alpha_{FR}, \beta_{FR}, \gamma_{FR}, \delta_{FR}, \varepsilon_{FR}, \alpha'_{FR}$ ——模型修正参数;

P_{tract} ——轮胎牵引所需能量(kW);

v ——车辆速度;

a ——车辆加速度。

与 EMIT 模型相比,CMEM 模型不仅考虑了车辆瞬时运行状态,同时包括功率负载、空燃比等其他参数,详细刻画了车辆排放的物理意义,但由于模型考虑因素较多,规模较大,造成运算效率有所下降。

传统微观预测模型多采用瞬时速度与加速度作为能耗预测的主要因素,并未考虑运行工况等其他影响因素,不确定性更强;并且当输入因子增多时,模型运算效率便有所下降。本节提出一种基于主成分分析与 BP 神经元网络的车辆油耗预测模型。BP 神经元网络具有强大的自适应能力以及容错能力,且在主成分分析基础上增加了准确率,能够实现多影响因素下油耗的高效准确预测。

2) 主成分分析与神经元网络组合预测模型

基于主成分分析与 BP 神经元网络的交通能耗组合预测模型基本设计框架如图 6-18 所示。

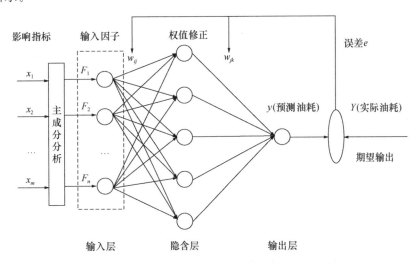

图 6-18 主成分分析与 BP 神经网络组合模型设计框架

选取油耗的影响指标为 $(x_1, x_2, \cdots, x_m)$,进行主成分分析,输入向量为主成分分

析结果 $F = (F_1, F_2, \cdots, F_n)^T$，隐含层有 5 个神经元，输出向量为 y，即为预测油耗。输入层与隐含层的连接权值为 w_{ij}，隐含层与输出层的连接权值为 w_{jk}。样本正向传播到输入层，经过所有隐含层激励放大最终抵达输出层并输出结果。如果输出结果与期望输出超过期望误差时，则进行反向传播修正。重复训练网络，直至满足期望误差，最终建立交通能耗预测模型。

6.3.1.2 数据来源及指标提取

1）数据来源

基于北京市出租车驾驶行为能耗排放监测平台，获取 309 辆出租车 OBD 及 GPS 终端数据，提取驾驶人驾驶行为及车辆运行数据。车辆数据采样间隔为 1s。出租车均为 1.6L 排量伊兰特汽车，符合国家Ⅳ级排放标准，于 2013 年投入使用。

将北京市地图导入 ArcGIS 软件，在软件中选取北京二环、三环、四环基础路段（共 80 段），得到不同路段的 GPS 坐标信息。去除交叉口、坡道等影响区段，每段基础路段长度 200~400m，划分结果如图 6-19 所示。匹配基础路段坐标与车辆 OBD 实际运行坐标，截取出驾驶人对应快速路不同路段的驾驶行为及油耗等相关数据。判别截取数据的时间连续性与空间连续性，剔除错误数据及不完整数据，得到出租车在北京城市快速路基础路段的完整运行数据。

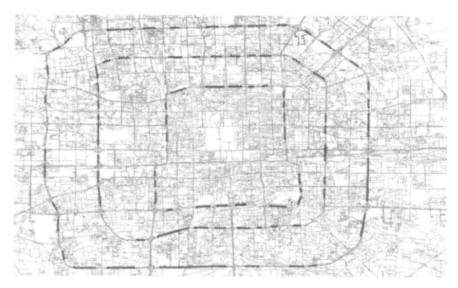

图 6-19 北京市城市快速路基础路段提取

2）指标提取

影响车辆能耗排放的因素众多，关于汽车行驶工况的指标选取，国外文献常定义 10~18 个指标。参照国外文献选取以下 16 种指标，如表 6-8 所示。

主要特征变量及缩写　　　　表 6-8

特征变量	缩写	特征变量	缩写
速度均值	V_{mean}	怠速比例	IP
速度标准差	σ_v	加速度均值	APA
最大速度	V_{max}	减速度均值	ANA

续表

特征变量	缩写	特征变量	缩写
最小速度	V_{min}	加速度标准差	σ_a
加速比例	AP	路线长度	Distance
减速比例	DP	时长	Time
匀速比例	CP	动能	E
停车次数	PT	动能标准差	σ_E

主要指标定义如下：

$$V_{mean} = \frac{1}{T}\sum_{i=1}^{T} v_i \tag{6-66}$$

式中 V_{mean}——单个路段内的速度均值；
　　v_i——单个路段内的第 i 秒的车速；
　　T——单个路段内的总时间。

$$\sigma_v = \frac{1}{T}\sum_{i=1}^{T}(v_i - V_{mean})^2 \tag{6-67}$$

式中 σ_v——单个路段内的速度标准差。

$$V_{max} = \{v_1, v_2, \cdots, v_T\}_{max} \tag{6-68}$$

$$V_{min} = \{v_1, v_2, \cdots, v_T\}_{min} \tag{6-69}$$

式中 V_{max}、V_{min}——单个路段内的最大速度和最小速度；
　　$v_1, v_2, \cdots, v_T$——单个路段内的车速。

$$PT = NUM(v, 0) \tag{6-70}$$

式中 PT——单个路段内的停车次数；
$NUM_{(v,0)}$——速度为 0 的个数。

$$AP = \frac{t_a}{T} \times 100\% \tag{6-71}$$

$$DP = \frac{t_d}{T} \times 100\% \tag{6-72}$$

$$CP = \frac{t_c}{T} \times 100\% \tag{6-73}$$

$$IP = \frac{t_i}{T} \times 100\% \tag{6-74}$$

式中 AP、DP、CP、IP——单个路段内加速、减速、匀速、急速行为所占比例；
　　t_a, t_d, t_c, t_i——单个路段内的加速、减速、匀速、急速时间长度。

$$APA = \frac{1}{m}\sum_{i=1}^{m} a_i \tag{6-75}$$

式中 APA——单个路段内的加速度均值；
　　a_i——单个路段内加速时第 i 秒的加速度；
　　m——单个路段内加速过程的时间长度。

$$ANA = \frac{1}{n}\sum_{j=1}^{n} a_j \tag{6-76}$$

式中 ANA——单个路段内的减速度均值;

a_j——单个路段内减速时第 i 秒的加速度;

n——单个路段内减速过程的时间长度。

$$\sigma_a = \frac{1}{T}\sum_{k=1}^{T}(a_k - a_{\text{mean}})^2 \tag{6-77}$$

式中 σ_a——单个路段内的加速度标准差;

a_k——单个路段内的第 k 秒的加速度;

a_{mean}——单个路段内的加速度均值。

$$Distance = \sum_{i=1}^{T} v_i \tag{6-78}$$

式中 $Distance$——单个路段内的行驶总距离。

$$Time = T_{\text{end}} - T_{\text{start}} \tag{6-79}$$

式中 $Time$——单个路段内的行驶总时长;

T_{start}——路段开始时间;

T_{end}——路段结束时间。

$$E = \sum_{i=1}^{T} v_i^2 \tag{6-80}$$

式中 E——单个路段内消耗的动能。

$$\sigma_E = \sum_{i=1}^{T}(v_i^2 - \overline{v}_E)^2 \tag{6-81}$$

$$\overline{v}_E = \frac{1}{T}\sum_{i=1}^{T} v_i^2 \tag{6-82}$$

式中 σ_E——单个路段内的动能标准差。

将以上 16 种指标作为油耗影响相关指标,对油耗与各项指标进行相关性分析,相关系数如表 6-9、表 6-10 所示。

BP 神经网络模型各输入输出因子相关性分析(一)　　　表 6-9

	油耗	速度均值	速度标准差	最大速度	最小速度	加速比例	减速比例	匀速比例	停车次数	怠速比例
油耗	1.000	-0.871**	0.370**	-0.627**	-0.775**	0.192**	-0.194**	-0.349**	0.583**	0.563**
速度均值	-0.871**	1.000	-0.402**	0.719**	0.896**	0.142**	-0.055**	0.306**	-0.668**	-0.656**
速度标准差	0.370**	-0.402**	1.000	0.130**	-0.672**	0.020**	-0.008**	-0.414**	0.458**	0.503**
最大速度	-0.627**	0.719**	0.130**	1.000	0.503**	-0.026**	-0.129**	0.055**	-0.233**	-0.194**
最小速度	-0.775**	0.896**	-0.672**	0.503**	1.000	0.126**	-0.071**	0.362**	-0.762**	-0.759**
加速比例	0.192**	0.142**	0.020**	-0.026**	0.126**	1.000	-0.262**	-0.229**	-0.331**	-0.355**
减速比例	-0.194**	-0.055**	-0.008**	-0.129**	-0.071**	-0.262**	1.000	-0.321**	-0.087**	-0.125**
匀速比例	-0.349**	0.306**	-0.414**	0.055**	0.362**	-0.229**	-0.321**	1.000	-0.304**	-0.352**
停车次数	0.583**	-0.668**	0.458**	-0.233**	-0.762**	-0.331**	-0.087**	-0.304**	1.000	0.979**
怠速比例	0.563**	-0.656**	0.503**	-0.194**	-0.759**	-0.355**	-0.125**	-0.352**	0.979**	1.000

BP 神经网络模型各输入输出因子相关性分析（二）　　表 6-10

	油耗	加速度均值	减速度均值	加速度标准差	路线长度	时长	动能	动能标准差
油耗	1.000	0.450**	−0.309**	0.317**	−0.018**	0.610**	−0.455**	−0.192**
加速度均值	0.450**	1.000	−0.469**	0.732**	0.118**	0.418**	−0.080**	0.271**
减速度均值	−0.309**	−0.469**	1.000	−0.822**	−0.115**	−0.306**	−0.014**	−0.413**
加速度标准差	0.317**	0.732**	−0.822**	1.000	0.138**	0.333**	0.008**	0.448**
路线长度	−0.018**	0.118**	−0.115**	0.138**	1.000	0.665**	0.814**	0.366**
时长	0.610**	0.418**	−0.306**	0.333**	0.665**	1.000	0.192**	0.054**
动能	−0.455**	−0.080**	−0.014**	0.008**	0.814**	0.192**	1.000	0.566**
动能标准差	−0.192**	0.271**	−0.413**	0.448**	0.366**	0.054**	0.566**	1.000

注：** 在 0.01 水平上显著相关。

由于各指标均与油耗存在一定相关关系，并且各项指标之间也存在一定相关关系，因此可通过主成分分析实现输入变量降维，选取贡献率较高的主成分作为 BP 神经元网络输入变量。

3) 主成分分析

经 KMO 检验与 Bartlett 球形检验，指标 KMO 值为 $0.571>0.5$，球形检验 P 值 <0.05，因此数据符合主成分分析条件。对 16 个特征指标进行归一化处理及主成分分析，得到主成分分析特征值及贡献率如表 6-11 所示。可见，前 7 个主成分的累计贡献率高达 94.7%。因此，将前 7 个主成分作为 BP 神经网络预测模型的输入变量。

主成分分析特征值及贡献率　　表 6-11

主成分	特征值	贡献率（%）	累计贡献率（%）	累计贡献率（%）
F_1	5.39	33.67	**33.67**	**33.67**
F_2	3.39	21.16	**54.84**	**54.84**
F_3	2.21	13.83	**68.67**	**68.67**
F_4	1.34	8.37	**77.04**	**77.04**
F_5	1.27	7.94	**84.98**	**84.98**
F_6	0.85	5.30	**90.29**	**90.29**
F_7	0.71	4.42	**94.70**	**94.70**

主成分分析结果表示为如下形式：

$$F_i = A_1 \cdot V_{mean} + A_2 \cdot \sigma_v + A_3 \cdot V_{max} + A_4 \cdot V_{min} + A_5 \cdot AP + A_6 \cdot DP$$
$$+ A_7 \cdot CP + A_8 \cdot PT + A_9 \cdot IP + A_{10} \cdot APA + A_{11} \cdot ANA + A_{12} \cdot \sigma_a$$
$$+ A_{13} \cdot Distance + A_{14} \cdot Time + A_{15} \cdot E + A_{16} \cdot \sigma_E \text{ 其中}, i=1,2,\cdots,7 \quad (6-83)$$

将以下 7 个主成分结果作为样本训练的第 2 组输入，主成分载荷如表 6-12 所示。

主成分载荷情况 表 6-12

	第一主成分	第二主成分	第三主成分	第四主成分	第五主成分	第六主成分	第七主成分
A_1	−0.20	**0.44**	0.10	−0.03	0.02	−0.30	−0.03
A_2	0.31	−0.08	0.004	0.16	0.28	−0.14	**0.59**
A_3	0.19	**0.45**	0.02	0.01	0.01	−0.22	0.02
A_4	−0.23	0.39	0.08	−0.09	−0.20	−0.30	−0.22
A_5	−0.09	0.04	−0.22	**0.69**	0.30	0.03	−0.34
A_6	−0.01	−0.08	−0.13	**−0.68**	**0.48**	−0.04	−0.17
A_7	−0.17	0.21	0.22	−0.06	−0.39	**0.61**	0.26
A_8	0.26	−0.20	0.20	−0.03	−0.31	−0.11	−0.43
A_9	0.28	−0.20	0.14	0.03	−0.33	**−0.49**	0.23
A_{10}	**0.36**	0.14	−0.20	−0.07	−0.09	0.16	−0.11
A_{11}	**−0.36**	−0.17	0.21	0.03	0.09	−0.10	0.03
A_{12}	0.34	0.20	−0.23	−0.06	0.01	0.18	−0.09
A_{13}	0.17	0.06	**0.53**	0.05	0.34	0.21	−0.09
A_{14}	0.25	−0.22	0.40	0.03	−0.04	0.06	−0.33
A_{15}	0.11	0.30	**0.46**	0.03	0.27	−0.03	0.08
A_{16}	0.33	0.28	−0.16	0.02	−0.04	0.08	−0.02

由表 6-12 主成分荷载结果可知，最小速度（A_4）、停车次数（A_8）、加速度标准差（A_{12}）、运行时长（A_{14}）、动能标准差（A_{16}）对油耗的影响程度相对较小，速度均值（A_1）及标准差（A_2）、最大车速（A_3）、加速比例（A_5）、减速比例（A_6）、匀速比例（A_7）、怠速比例（A_9）、加速度及减速度均值（A_{10}，A_{11}）、行驶距离（A_{13}）、动能（A_{15}）对油耗影响程度相对较高。

6.3.1.3 模型构建与预测结果分析

1) 模型训练步骤

采用 Matlab 语言编写算法构建模型。经过道路条件划分，提取行驶在北京市快速路基础路段的驾驶行为数据 469 组，随机选取其中 400 组数据进行主成分分析，作为训练样本数据。数据归一化处理后输入神经元网络训练 100 次。模型训练完成后，剩余 69 组数据作为测试样本输入已建立的预测模型，对比预测值与实际油耗值，验证模型的准确性。模型训练及验证流程如图 6-20 所示。

使用 trainlm 网络训练算法，节点传递函数采用对数型 S 函数 tansig 和线性函数 purelin。具体参数设置为：训练次数设为 100，训练目标为 0.001。

实验误差评价指标包括绝对误差 err，平均绝对误差 MAE，相对误差 $perr$，相对误差绝对值 K，均方根误差 $RMSE$，模型运行时间 $TIME$。通过以下 5 种指标实现预测模型的预测精度对比。

$$err = ET_M - ET_S \quad (6\text{-}84)$$

$$MAE = \frac{1}{N_p}\sum_{i=1}^{N_p} |ET_M - ST_S| \quad (6\text{-}85)$$

$$p\,err = \frac{\sum_{i=1}^{N_p}(ET_M - ET_S)^2}{\sum_{i=1}^{N_p} ET_M^2} \tag{6-86}$$

$$K = \left| \frac{ET_S - ET_M}{ET_M} \times 100\% \right| \tag{6-87}$$

$$RMSE = \sqrt{\frac{\sum(ET_S - ET_M)^2}{N_p}} \tag{6-88}$$

式中 ET_S——BP 神经网络预测值；

ET_M——实际油耗值；

N_p——样本数。

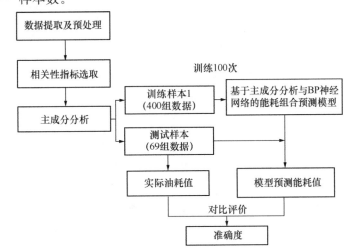

图 6-20 模型建立及验证流程

2）模型预测结果分析

模型预测结果如图 6-21 所示，显示了 BP 神经网络 69 组训练样本对应实际油耗与网络预测油耗逼近程度与误差情况。从图中可明显看出，模型拟合程度较好，绝对误差（err）范围基本分布在 2L/100km 以内，最大预测误差不超过 5L/100km。

经测算，BP 网络训练时间为 0.952s，模型运算效率较高，同时网络预测平均绝对误差为 0.075L/100km，相对误差为 0.01L/100km，相对误差绝对值达到 7.54%，均方根误差为 0.952L/100km。预测精度较高，能够实现城市快速路基本路段车辆油耗的准确预测。同时，现有模型与神经元网络直接预测相比，训练时间减少 0.1s，相对误差降低 7.33%，说明运用主成分分析降低因子相关性，再训练 BP 网络建立模型，是一种行之有效的油耗预测方法。

综上所述，通过选取驾驶行为、运行工况等指标，并针对样本复杂性、影响因子相关性等问题，对指标进行了主成分分析，建立了主成分分析与 BP 神经元网络的车辆能耗组合预测模型。结果表明，速度均值及标准差、最大车速、工况百分比、加速度及减速度均值、行驶距离、动能对油耗影响程度相对较高，模型相对误差达到 7.54%，均方根误差为 0.952L/100km，能够准确预测城市快速路基础路段车辆油耗。

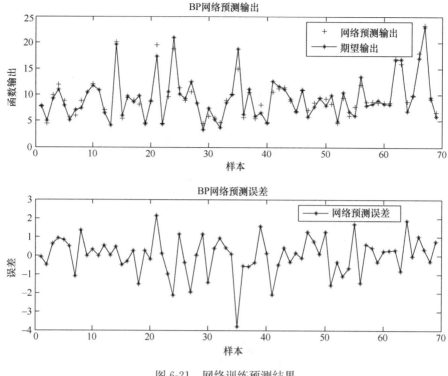

图 6-21 网络训练预测结果

6.3.2 考虑外部条件复杂性的车辆生态性预测

外部环境是影响车辆运行生态性的重要因素，本节介绍道路条件、交通条件、天气状况和昼夜等外部环境对个体驾驶行为生态性的影响特征。通过采用混合效应模型，综合了外部环境因素及驾驶人个体因素实现驾驶行为生态性辨识，为驾驶行为优化提升提供理论支持。

6.3.2.1 外部环境类型

本节考虑的外部环境类型包括道路条件、交通条件、天气状况和昼夜。

为覆盖城市道路常见的道路类型，选取北京市城市快速路（包括二环、三环和四环道路）上的 94 条平直线道路、14 条弯道和 156 条坡道为研究对象，同时还包括 58 个交叉口区域。为降低路段截取算法的复杂性，选取道路均为东西向或南北向道路，如图 6-21 所示。通过应用 Google Earth 获取每条道路的起点与终点 GPS 坐标，将车载 OBD 采集的 GPS 坐标与道路路段信息相匹配，可截取不同道路条件下的驾驶行为数据，包括车辆的横向与纵向控制指标。

谷歌地图 Google Earth 是由 Google 公司开发的计算机程序，通过将卫星图像、航拍照片和 GIS 数据叠加以绘制地球地图，从而使用户能够从各个角度观看城市和风景。用户可以选择地图位置获得当前地点的 GPS 坐标，测量两点间的距离等，同时能够显示覆盖在地球表面的各种图像，因此可以应用谷歌地图确定多种道路起、终点位置和坡度等信息。

在坡道截取过程中，依据车辆的行驶方向标记数据将坡道行驶划分为上坡和下坡行驶。在交叉口截取过程中，每个交叉口截取范围包括 4 个方向，截取的路段为距离停止线 150m 的区域，因此共有 58×4＝232 个交叉口区域路段。根据车辆的行驶方向标记驾驶行为数据，划分为驶入交叉口和驶离交叉口两个方向。在弯道的截取过程中，通过设定从弯道起点到弯道终点的 5 个位置 GPS 坐标，在时间连续的情况下，当驾驶人全部通过这 5 个坐标，则表示通过该弯道。

图 6-22 表示道路选择结果，以不同颜色代表交叉口、平直线道路、弯道或坡道的起点和终点。由于城市快速路的坡道和平直线道路较多，部分平直线道路与坡道的起点和终点坐标在图中重叠。应用 Google Earth 软件，提取起终点坐标，对驾驶行为数据的道路条件进行划分，为后续的个体驾驶行为分析奠定了数据基础。

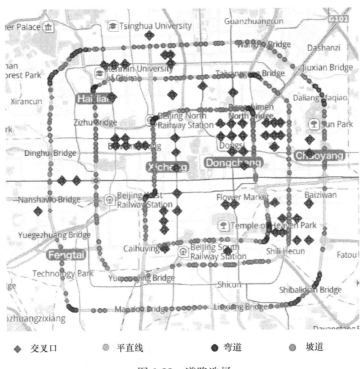

图 6-22　道路选择

由于研究使用车载 OBD 设备采集驾驶人个体行为数据，并未采集交通流量数据。因此城市快速路上的交通条件根据速度划分，该划分方法基于 HCM 手册并考虑车辆运动学特征和交通控制延误等影响因素。应用车辆平均行驶速度数据将交通条件大致划分为 4 个等级，交通条件的划分规则如下：

① Level 1：速度 $\in$ [0 km/h, 24 km/h)；
② Level 2：速度 $\in$ [24 km/h, 32 km/h)；
③ Level 3：速度 $\in$ [32 km/h, 48 km/h)；
④ Level 4：平均速度 $\in$ [48 km/h, +∞)。

天气数据依据网络查询获得，分为昼、夜两个时间段。在为期 4 个月的实车自然驾驶实验期间，天气状况包括晴天、多云、阴天、雾天、浮尘、小雨、阵雨、小雪和雨夹雪。

同时，依据昼夜状况，分割与提取驾驶行为数据。白天时段定义为6：00～18：00，其余时段为夜晚。根据中国国家气象中心的规定，天气的定义如下：

(1) 晴天：天空中没有云，或云很少，对阳光穿透的影响较小。

(2) 多云：云覆盖了天空的4/10～8/10。

(3) 阴天：云覆盖了天空的8/10及以上，阳光很少或不能透过云层，天色阴暗。

(4) 雾天：水蒸气凝结成悬浮在空中的小水滴，水平能见度降低至小于1km。

(5) 浮尘：尘土和细沙均匀浮游在空中，水平能见度不到10km。

(6) 小雨：近地面空中浮游大量微小的水滴或冰晶，水平能见度降至1km以下，对交通运输造成影响。降水强度较低，24小时内降雨量小于10mm。在这种天气里，衣服和泥土地面潮湿，但路面无积水。

(7) 小雪：降雪强度较小的雪。下雪时，水平能见距离大于或等于1km。地面积雪深度小于3cm，24小时内积雪在0.1～2.4mm。

(8) 阵雨：降雨的开始和结束都很突然，降水强度变化很大。下雨有时伴有闪电和雷声，多发生在夏季。

(9) 雨夹雪：一种特殊的降水现象，雨水与部分融化的雪混合，同时落下。

6.3.2.2 外部环境影响下的特征分析

图6-23展示了不同道路条件、交通条件、天气状况和昼夜条件下的车辆油耗特性。驾驶人在不同道路条件下的车辆油耗特征如图6-23（a）所示。由于在交叉口车辆行驶速度低，存在停车与启动、频繁加减速等行为，因此交叉口处的油耗最高。图6-23（b）表示不同交通条件下的车辆油耗特性。结果表明，随道路拥堵程度增加，油耗有所增加。在拥堵的道路上行驶时油耗更高。图6-23（c）表示不同天气条件下的油耗特性，浮尘与雨夹雪条件下的车辆油耗较低，这可能与驾驶人在低能见度条件下更注重交通状况从而减少紧急驾驶行为有关。图6-23（d）展示了白天与夜晚中的车辆油耗分布情况。由于白天车辆较多，交通状况较为复杂，因此白天的交通油耗较高。

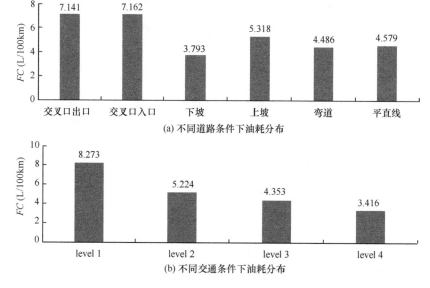

图6-23 不同外部环境下的油耗分布（一）

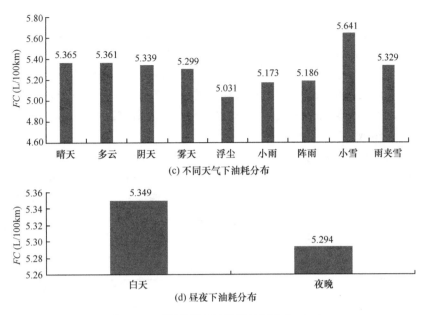

图 6-23　不同外部环境下的油耗分布（二）

从图 6-22 可以看出，外部环境对车辆油耗具有较大影响。为深入解析外部因素对油耗的影响程度，研究应用线性混合模型建立了外部综合环境影响下的生态性评价模型，并对外部环境的影响进行统计学检验。

6.3.2.3　混合效应模型简介

混合效应模型是在线性回归的基础上，增加考虑了随机效应。由于驾驶人个体驾驶行为存在差异，在相同的外部环境下，驾驶人的行为风险不同。因此，将外部环境作为固定效应，驾驶人因素作为随机效应，构建混合效应模型。

线性混合模型包括固定效应和随机效应。固定效应考虑了各因素的影响（X_j）和各因素之间的交互作用（$X_j \cdot X_k$）。随机效应的 θ_i 代表不同驾驶人的影响和 ε_i 代表误差项，假设随机效应项 $\theta_i \sim N(0, \sigma_{int}^2)$，误差项 $\varepsilon_i \sim N(0, \sigma_{res}^2)$，$\sigma_{int}^2$ 和 σ_{res}^2 分别为随机效应项和误差项的方差。驾驶行为安全性的线性混合模型如式（6-89）所示：

$$FC_i = \sum \alpha_j X_j + \sum \beta_{jk}(X_j \cdot X_k) + \delta + \gamma \theta_i + \varepsilon_i \tag{6-89}$$

式中　$\{j \in S, k \in S, k \neq j\}$，$S = (1,2,3,4)$；

　　　i——驾驶人编号，从 1~120；

　　　δ——固定效应的截距；

　　　X_j——外部环境（如道路条件、交通条件、天气状况、昼夜）的解释变量；

　　　$(X_j \cdot X_k)$——两种外部环境的交互效应；

　　　α_j——外部环境 j 的权重系数；

　　　β_{jk}——外部环境交互影响的权重系数；

　　　γ——驾驶人因素的权重系数；

　　　θ_i——驾驶人 i 的随机效应项；

　　　ε_i——误差项。

6.3.2.4 模型构建结果分析

通过计算不同外部环境下每个驾驶人的平均 DTR 值,最终得到22371组数据(120名受试者×6种道路条件×4种交通条件×9种天气条件×2个时间段—未发生的外部环境组合)。除晴天、多云、雾天和阴天外,其他天气情况在4个月期间出现时间较少。雨夹雪天气仅在一日的夜晚出现,浮尘、阵雨和小雪分别仅出现两日。由于并非每位司机均会经历少数天气状况与道路和交通条件的所有组合场景,因此除去未发生的外部环境组合,共计获得22371组数据。

模型的随机效应和拟合度检验结果如表6-13所示。结果表明,不同受试者的安全系数 DTR 存在显著差异($p<0.001$)。分别采用 AIC(Akaike's Information Criterion)、BIC(Bayesian Information Criterion)和调整后 R^2(R-squared)值评价模型性能。AIC 与 BIC 的取值越小、调整后 R^2 取值越大,则模型拟合度越好。从模型拟合结果可看出,由于调整后 $R^2>0.5$,模型具有可解释性。

随机效应与模型拟合度检验 表6-13

		油耗
随机效应	随机效应项(θ_i)	0.08511 ($p<0.001$)
	误差项(ε_i)	4.10354
模型拟合度	AIC	95482.1
	BIC	96387.8
	调整后 R^2	0.582

固定因子的显著性检验结果如表6-14所示。从模型主效应分析结果可看出,道路条件和交通条件对油耗有显著影响。尽管天气状况对油耗的主效应影响并不显著,但从交互作用来看,天气状况与其他外部环境因素对驾驶生态性具有交互影响。结果表明,道路条件、交通条件、天气状况、昼夜均为影响车辆生态性的重要因素,这些外部环境因素是构建模型的必要指标。

主效应与交互效应 表6-14

	油耗(FC)	
	F	p-value
道路条件	195.9434	<0.001 ***
交通条件	856.8784	<0.001 ***
天气	5.7763	<0.001 ***
昼夜	0.4652	0.4952
道路条件×交通条件	288.5133	<0.001 ***
道路条件×昼夜	5.2881	<0.001 ***
道路条件×天气	2.4374	<0.001 ***
交通条件×昼夜	1.1939	0.3104
交通条件×天气	1.877	0.0058 **
昼夜×天气	3.2164	0.0037 **

注:* 在0.05水平显著,** 在0.01水平显著,*** 在0.001水平显著。

线性混合模型的固定效应结果如图6-24所示。为直观起见，用不同符号表示外部因素与对照因素相比，对油耗产生的影响。三角形表示不会对油耗产生显著影响，圆形代表因素对生态性将产生负面影响（更高油耗），正方形代表因素对生态性产生正面影响（更低油耗）。图6-24（a）为单个外部环境因素对油耗的影响，图6-24（b）～图6-24（g）为两个外部环境因素的交互影响。

由图6-24（a）可看出，除下坡油耗较高外，其他道路条件均比平直路段油耗低。由于驾驶人在交叉口、上坡和弯道行驶时，路况更为复杂，车速相对较低且加减速行为较多，因此油耗较高。道路拥堵会增加燃油消耗。天气对油耗无负面影响，但天气与道路条件和昼夜时段对油耗有交互影响。

道路条件与交通条件对车辆油耗的交互影响如图6-24（b）所示。结果表明，在交叉口处，随交通拥堵程度增加，油耗显著升高。严重拥堵情况下的油耗显著高于畅通行驶状态。在上坡路段，拥堵程度较高的Level1和Level2状态，或弯道处严重拥堵的Level1状态，车辆油耗显著增加。驾驶人在上坡与弯道的拥堵路段行驶将产生更多油耗。

道路条件与昼夜对油耗的交互影响如图6-24（c）所示。由于夜间交通流量小，车辆行驶在交叉口出口处时速度增加，与白天相比减少了加减速行为，因此油耗有所降低。

道路条件与天气对油耗的交互影响如图6-24（d）所示，在小雪天气下，由于路面摩擦系数降低且能见度有所下降，驾驶人在交叉口行驶时产生较多"走走停停"的行为，车辆油耗显著增加。浮尘天气影响了交叉口处的能见度，"走走停停"行为同样增加，导致车辆油耗增加。

从图6-24（g）可以看出，夜晚阵雨天气时，由于能见度较低且路面湿滑导致频繁操纵车辆，导致油耗增加。

交通条件与昼夜、交通条件与天气对油耗的交互影响分别如图6-24（e）、图6-24（f）所示。结果表明，交通条件与昼夜、天气对油耗的交互作用均无负面影响。

天气与昼夜对油耗的交互影响如图6-24（g）所示。从结果可看出，在阵雨天气时，夜间行驶的车辆油耗将显著增加。

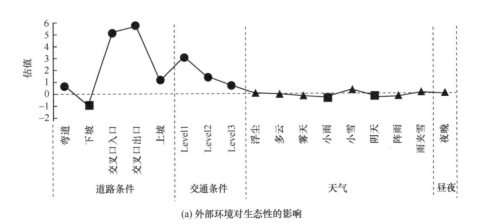

(a) 外部环境对生态性的影响

图6-24 线性混合模型固定效应（三角形-无显著影响，圆形-负面影响，正方形-正面影响）（一）

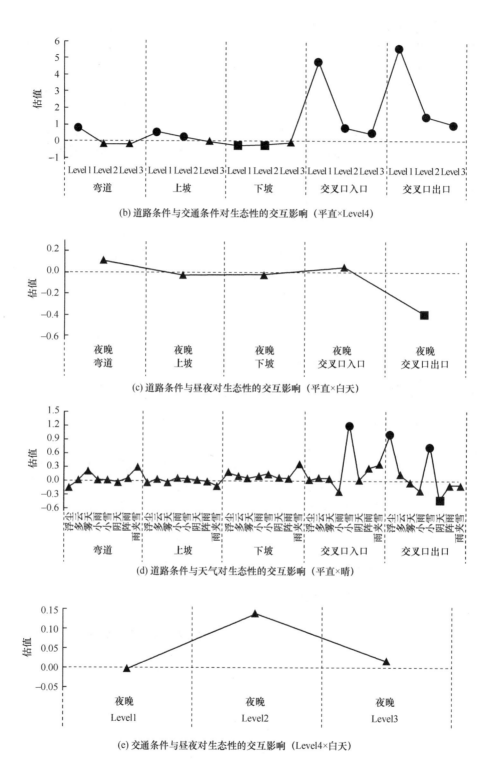

图 6-24 线性混合模型固定效应（三角形-无显著影响，圆形-负面影响，正方形-正面影响）（二）

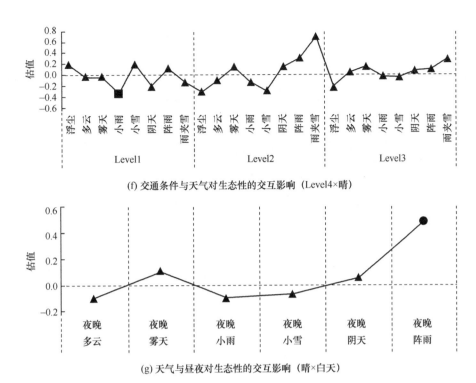

(f) 交通条件与天气对生态性的交互影响（Level4×晴）

(g) 天气与昼夜对生态性的交互影响（晴×白天）

图 6-24　线性混合模型固定效应（三角形-无显著影响，圆形-负面影响，
正方形-正面影响）（三）

表 6-15 表示混合线性模型的固定效应检验结果，表中仅列出了对生态性有显著影响的固定效应，包括固定效应系数估计值和显著性检验 p 值。图 6-24 仅表示出固定效应对生态性的影响趋势，表 6-15 列出了具体的估计值，反映不同外部环境因素对驾驶生态性的影响程度。

固定效应　　　　　　　　　　　　　　　　　　　　　　　表 6-15

		生态性	
		估值	p 值
截距		6.504	<0.001***
道路条件	弯道与平直	0.607	<0.001***
	下坡与平直	−0.988	<0.001***
	交叉口入口与平直	5.097	<0.001***
	交叉口出口与平直	5.661	<0.001***
	上坡与平直	1.052	<0.001***
交通条件	Level 1 与 Level 4	3.024	<0.001***
	Level 2 与 Level 4	1.321	<0.001***
	Level 3 与 Level 4	0.653	<0.001***
天气	小雨与晴天	−0.346	0.030*
	阴天与晴天	−0.280	0.034*
道路条件×交通条件	弯道×Level 1	0.760	<0.001***
	下坡×Level 1	−0.309	0.009**
	交叉口入口×Level 1	4.748	<0.001***

续表

		生态性	
		估值	p 值
道路条件×交通条件	交叉口出口×Level 1	5.541	<0.001***
	上坡×Level 1	0.458	<0.001***
	下坡×Level 2	−0.245	0.047*
	交叉口入口×Level 2	0.757	<0.001***
	交叉口出口×Level 2	1.426	<0.001***
	上坡×Level 2	0.242	0.048*
	交叉口入口×Level 3	0.450	0.002**
	交叉口出口×Level 3	0.963	<0.001***
道路条件×昼夜	交叉口出口×夜晚	−0.404	<0.001***
道路条件×天气	交叉口出口×浮尘	0.993	0.005**
	交叉口入口×小雪	1.182	<0.001***
	交叉口出口×小雪	0.739	0.001**
	交叉口出口×阴天	−0.433	0.005**
交通条件×天气	Level 1×小雨	−0.354	0.022*
昼夜×天气	夜晚×阵雨	0.476	<0.001**

注：* 在 0.05 水平显著，** 在 0.01 水平显著，*** 在 0.001 水平显著。

6.3.3 基于手机数据的驾驶行为生态性预测

目前，大多车辆能耗排放监测平台采用 OBD 设备，以出租车驾驶人、客货运输业驾驶人为主要对象，但较难全面覆盖所有出租车及客货运输企业。移动手机终端的采集方式为更大规模的车辆能耗数据汇聚提供了可能。研究提出一种基于手机 GPS 数据的车辆能耗排放预测方法。以出租车驾驶人作为实验对象，匹配手机驾驶行为数据及 OBD 终端油耗数据，筛选影响油耗的驾驶行为指标，应用机器学习算法构建油耗预测模型。基于手机数据的个体能耗排放预测模型不仅能够进一步完善与形成精细化、高容错率的能耗排放实时监测数据库，同时为宏观把控城市道路能源消耗水平，落实与评估交通能源政策实施效果提供了技术支撑。

6.3.3.1 车辆能耗预测方法概述

1）能耗预测分析框架

由于手机移动终端无法直接获取车辆油耗信息，因此通过匹配手机驾驶行为数据与 OBD 能耗数据，构建基于移动终端的能耗预测模型，实现车辆能耗预测。分析框架如图 6-25 所示，具体步骤如下：

（1）数据采集：基于手机移动终端的 GPS、线性加速度计、陀螺仪等传感器，采集多名驾驶人的自然驾驶的行为数据。与此同时，OBD 终端同步采集车辆的实时油耗数据。

（2）指标提取：通过运行时间匹配手机与 OBD 终端的数据，比较两终端驾驶行为数据异同性，并提取出基于手机数据的车辆能耗预测指标。

(3) 模型构建：随机选取训练集与测试集，应用 BP 神经元网络、支持向量机、随机森林等方法，分别构建车辆能耗预测模型。

(4) 效果评价：通过多组预测，对比三种预测模型的准确性及运行效率，提出基于移动终端的车辆能耗预测最佳方法及模型。

2) 能耗预测模型

BP 神经元网络、支持向量机（SVR）及随机森林是几种常见的准确率及运行效率较高的预测方法，通过构建三种类型的预测模型，对比分析预测结果差异，最终选择能耗预测最佳模型。

(1) BP 神经网络

人工神经网络是一种模仿神经元传递感知信息给人脑过程的运算模型，在处理非线性、非结构化、大样本的数据时具有自学习、高效等特点。误差反向传播算法（BP 算法），是人工神经网络

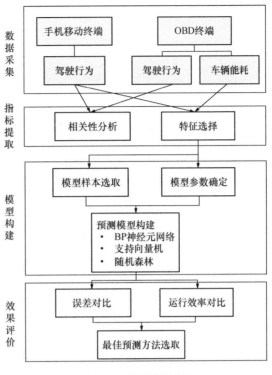

图 6-25　总体分析框架

中的一种应用最为广泛的监督式学习算法。BP 算法在随机选择网络权重后，利用反向传播方法确定权值的修正量，从而能够确定网络的连接权。基于 BP 神经网络的车辆能耗预测模型结构如图 6-26 所示。

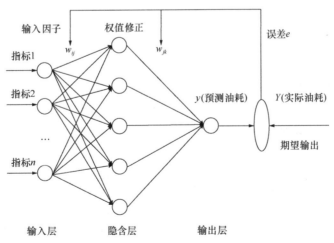

图 6-26　基于 BP 神经网络的车辆能耗预测模型结构

在对油耗预测指标进行筛选后，确定 n 项指标作为输入变量，隐含层有 5 个神经元，输出 y 即为预测油耗。输入层与隐含层的连接权值为 w_{ij}，隐含层与输出层的连接权值为 w_{jk}。首先，样本通过输入层进行传播，应用激励函数将当前数据转换为一定范围内的非

线性数组，再通过加权抵达输出层并输出结果。若输出油耗与实际油耗值超过设定的期望误差时，则反向传播修正权重系数。重复训练网络，直至满足期望误差，最终建立于 BP 神经网络的车辆能耗预测模型。

(2) 支持向量机

支持向量机是一种有监督的机器学习算法，主要应用于分类问题，同时也可应用于回归问题。支持向量机算法通过构造核函数，将非线性问题转换成高维空间的线性问题，具有几何上的解释意义。基于支持向量机的车辆能耗预测模型结构如图 6-27 所示。

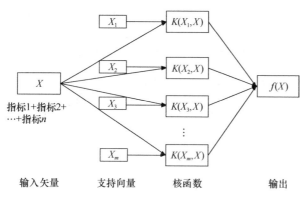

图 6-27 基于支持向量机的车辆能耗预测模型结构

对于给定的一组样本 $\{X_i, y_i\}$，$i=1,2,\cdots,m$。X 为 n 维的输入向量（包含 n 个驾驶行为指标），y 为对应的油耗，将输入向量映射到高维特征空间，则输出 y 可由下列回归模型给出：

$$f(X) = w \cdot \varphi(X) + b \tag{6-90}$$

式中　w——权值矢量；
　　$\varphi(X)$——将输入矢量映射到高维空间的映射函数；
　　b——偏置项。

通过引入凸优化问题和松弛因子，支持向量机回归问题可以转化为以下等价解：

$$Minimize \; \frac{1}{2}||w||^2 + C\sum_{i=1}^{n}(\xi_i + \hat{\xi}_i) \tag{6-91}$$

$$s.t. \begin{cases} f(X_i) - w^T \cdot \varphi(X_i) - b \leqslant \varepsilon + \xi_i \\ w^T \cdot \varphi(X_i) + b - f(X_i) \leqslant \varepsilon + \hat{\xi}_i \\ \hat{\xi}_i, \xi_i \geqslant 0, , i=1,2,\cdots,n \\ C > 0 \end{cases} \tag{6-92}$$

式中　$\hat{\xi}_i$、ξ_i——松弛变量；
　　C——惩罚系数，能够反映对离群点的重视程度；
　　ε——不敏感损失系数，它能够忽略真实值在某一范围内的误差，影响最终支持向量的数量。

在使用支持向量机算法预测车辆能耗时，需要确定 3 个参数：ε、C 与核函数。输入矢量为能耗预测所需的 n 项指标，输出为车辆能耗。在确定 ε 和 C 时，按照一定的规则划分为若干小区间，计算变量取值的组合及对应的目标误差，选取该区间中目标误差最小时的参数组合。径向基函数在支持向量机的回归应用中，性能较优，因此采用径向基函数为核函数，其表达式为：

$$K(X, X') = e^{-||X-X'||^2/\sigma^2} \tag{6-93}$$

式中　σ——核宽度系数，能够决定输入数据样本的范围特性和支持向量间的相关程度。

(3) 随机森林

随机森林（RF）是一种可用于预测和分类的方法，由大量的决策树组成，并在决策树的基础上，在行向量和列向量中添加随机过程，从而避免了决策树存在的过拟合问题。对于每棵树，训练样本为有放回抽样，未被抽样到的数据即袋外数据（OOB）大约占数据总量的37%。随机森林回归算法的主要计算步骤如下：

首先，通过有放回抽样的方式选取 k 组训练样本集。其次，每组训练样本集中随机从 n 个特征中抽取 m 个特征作为分裂节点进行分裂，分别形成 k 组决策树。特征节点的分裂采用最小均方差的原则，使分裂后的两组数据集均方差之和最小。最后，通过对 k 棵决策树的预测值取平均，可以得到预测的车辆能耗值。基于随机森林的车辆能耗预测模型结构如图6-28所示。

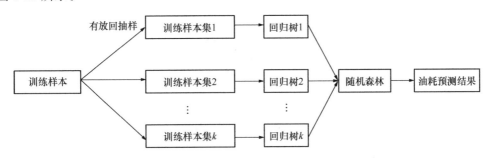

图6-28 基于随机森林的车辆能耗预测模型结构

6.3.3.2 数据来源及指标提取

1）数据来源

实验数据的采集主要来源于车载OBD终端与手机终端，采样间隔均为1s，可采集的数据类型如表6-16所示。实验测试人员均为出租车驾驶人，出租车均为1.6L排量伊兰特汽车，符合国家Ⅳ级排放标准。实验于2017年8月进行，共有17名驾驶人参与实验，采集为期15天的自然驾驶数据。实验期间出租车辆上安装有OBD数据采集设备，同时要求驾驶人在驾驶过程中打开驾驶行为数据采集手机软件，同步采集与上传两种数据源至云端。

表6-16 车载OBD终端与手机终端采集数据类型

车载OBD终端	手机终端
采集时间	采集时间
GPS经纬度	GPS经纬度
GPS方向角	海拔
仪表盘速度	GPS速度
GPS速度	x向加速度
转速	y向加速度
扭矩	z向加速度
空调状态	x向角加速度
氧传感器状态	y向角加速度
瞬时油耗	z向角加速度

2）指标提取

通过匹配基于OBD终端与手机终端的驾驶行为数据，获取每名驾驶人每日的行为与对应的百公里油耗信息。影响车辆能耗的因素众多，参照国外生态驾驶评价的相关文献，选取 7 项指标实现能耗的预测，指标的类型及定义如表 6-17 所示。其中，加速工况定义为逐秒加速度大于 $0.1 m/s^2$，减速工况定义为逐秒加速度小于 $-0.1 m/s^2$，匀速工况定义为逐秒加速度的绝对值$\leqslant 0.1 m/s^2$。

能耗预测所需指标类型　　　　　　表 6-17

指标	定义	单位
平均速度 V_{mean}	$V_{mean} = \frac{1}{T}\sum_{i=1}^{T} v_i$ 式中 v_i 为每天第 $i s$ 的车速，T 为每天的行驶总时间	km/h
平均速度（除怠速外） V'_{mean}	$V'_{mean} = \frac{1}{T'}\sum_{i=1}^{T'} v_i$ 式中 T' 为每天的除怠速行驶外的行驶总时间	km/h
平均加速度 $\bar{a}_+$	$\bar{a}_+ = \frac{1}{t_a}\sum_{i=1}^{t_a} a_i$ 式中：a_i 为每天第 i 秒的加速度，t_a 为每天的加速过程总时间	m/s^2
平均减速度 $\bar{a}_-$	$\bar{a}_- = \frac{1}{t_d}\sum_{i=1}^{t_d} a_i$ 式中：t_d 为每天的减速过程总时间	m/s^2
加速比例 P_a	$P_a = \frac{t_a}{T} \cdot 100\%$	%
减速比例 P_d	$P_d = \frac{t_d}{T} \cdot 100\%$	%
匀速比例 P_c	$P_c = \frac{t_c}{T} \cdot 100\%$ 式中：t_c 为每天的匀速行驶总时间	%
日百公里油耗 F_C	$F_C = \frac{\sum_{i=1}^{T} FC_i}{distance}$ 式中，FC_i 为每天第 i 秒的瞬时油耗，$distance$ 为每天的行驶总距离	L/100km

采用 Pearson 相关分析方法，验证 OBD 与手机终端采集数据的相关性，结果如表 6-18所示。可以看出，由于 OBD 和手机终端采集 GPS 精度存在略微差异，导致匀速比例的相关性相对较低。除匀速比例外，其余 OBD 与手机终端采集的驾驶行为指标均显著相关，相关系数在 0.6 以上，可见运用手机数据预测油耗排放的方法可行。

OBD 与手机终端采集驾驶行为相关性分析结果　　　　　　表 6-18

	Pearson 相关系数	p 值
平均速度	0.975	<0.001
平均速度（除怠速外）	0.936	<0.001
平均加速度	0.793	<0.001
平均减速度	0.670	<0.001
加速比例	0.662	<0.001

续表

	Pearson 相关系数	p 值
减速比例	0.662	<0.001
匀速比例	0.060	0.467

Pearson 相关是一种常见的过滤式特征选择方法，通过分析手机采集的驾驶行为数据与 OBD 采集的油耗数据间的 Pearson 相关关系，可以过滤获得预测油耗的关键特征指标，结果如表 6-19 所示。除平均减速度与油耗的相关性较小外，其余驾驶行为指标均与油耗显著相关（$p<0.05$）。因此，可选取平均速度、除平均速度（除怠速外）、平均加速度、加速比例、减速比例、匀速比例等指标实现油耗的预测。

手机驾驶行为与 OBD 油耗的相关性分析　　　　表 6-19

	车辆日百公里油耗	
	Pearson 相关系数	p 值
平均速度	−0.8	<0.001
平均速度（除怠速外）	−0.659	<0.001
平均加速度	0.515	<0.001
平均减速度	0.127	0.123
加速比例	−0.363	<0.001
减速比例	−0.363	<0.001
匀速比例	−0.229	0.005

6.3.3.3　模型构建及预测结果分析

1）模型训练步骤

基于出租车驾驶人每日移动终端采集的驾驶行为数据，构建能耗预测模型的过程如图 6-29 所示。一方面，通过采集手机终端的驾驶行为数据，计算每名驾驶人每日的平均速度、平均速度（除怠速外）、平均加速度、加速比例、减速比例、匀速比例等指标；另一方面，通过 OBD 终端采集车辆瞬时油耗数据，并换算成车辆日百公里油耗数据。通过采集时间的对应关系，匹配两种来源的数据，随机选取 75% 的样本作为模型训练样本，25% 的样本作为模型测试样本。分别构建基于 BP 神经元网络、支持向量机和随机森林的油耗预测模型。为保证模型验证的准确性与稳定性，样本选取与模型训练共 10 次。通过对比三种模型预测油耗与实际油耗的差别，评估手机数据预测油耗的准确性。

基于 BP 神经元网络的驾驶行为能耗预测模型训练使用 trainlm 算法，激励函数采用对数函数 tansig，节点传递函数采用线性函数 purelin。模型训练次数设为 100 次，训练目标为 0.001。基于支持向量机的模型，不敏感损失系数和惩罚系数的确定是依据一种类似穷举的方式，通过限制迭代次数使误差小于某一绝对值，从而计算出两个系数的最优值。核函数采用径向基函数。基于随机森林的模型，选取 50 棵回归树进行训练，回归树数量与袋外数据误差的关系如图 6-30 所示，可见随着回归树的数量增加，模型误差逐渐降低，预测精度提高，在回归树为 50 棵左右时模型趋于稳定。

2）预测结果分析

10 次训练模型其中一次的油耗预测结果如图 6-31 所示，显示了基于 BP 神经元网络、

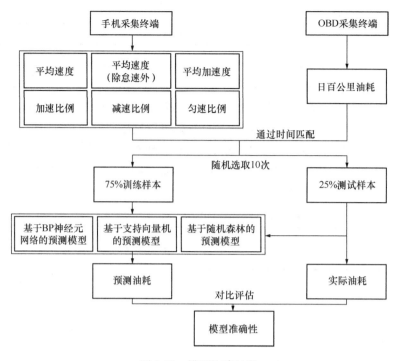

图 6-29 模型构建过程

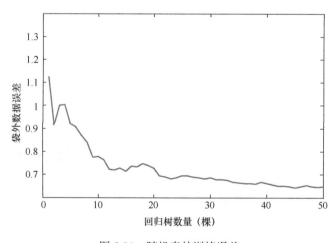

图 6-30 随机森林训练误差

支持向量机和随机森林的三种油耗预测结果与实际油耗结果的逼近程度。从图中可以看出，偏差较大的点中，BP 神经元网络模型预测结果较多。但总体来看，三种预测模型预测油耗与实际油耗的拟合程度较好，基本分布在虚线 $y=x$ 两侧，逼近程度较高。

为准确评价三种油耗预测模型的准确度及运行效率，对比了均方根误差 RMSE，相对误差绝对值 K 和判定系数 R^2 以及运行时间 TIME 四项指标，其数学表达式如下：

$$RMSE = \sqrt{\frac{\sum(f_i - y_i)^2}{n}} \tag{6-94}$$

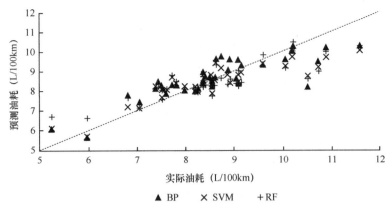

图 6-31 油耗预测结果

$$K = \left| \frac{f_i - y_i}{y_i} \times 100\% \right| \qquad (6-95)$$

$$R^2 = 1 - \frac{\sum_{i=1}^{n}(y_i - f_i)^2}{\sum_{i=1}^{n}(y_i - \overline{y})^2} \qquad (6-96)$$

式中 f_i ——预测油耗值；

y_i ——实际油耗值；

$\overline{y}$ ——油耗平均值；

n ——样本数。

如表 6-20 所示，三种模型均表现出较高的准确性，均方根误差为 0.78～0.89 L/100km，相对误差绝对值在 6.9%～7.5%，判定系数大于 0.5。说明三种模型均能实现手机数据油耗的准确预测。对比三种模型间的误差与运行效率，可知随机森林优于 BP 神经元网络，最后是支持向量机。随机森林模型的运行时间远远低于 BP 神经元网络与支持向量机，在大数据样本支撑的条件下，更适用于实际的应用，能够实现卓效的基于个体驾驶行为的油耗预测。

模型评价指标　　　　　　　　　　　　　表 6-20

预测方法	RMSE	K	R^2	TIME（s）
BP 神经元网络	0.872	0.075	0.547	0.724
支持向量机	0.888	0.073	0.519	0.933
随机森林	0.783	0.069	0.635	0.140

研究匹配 OBD 终端及手机终端采集出租车驾驶人驾驶行为数据及油耗数据，通过过滤式特征选择方法，提取影响油耗的相关指标。基于 6 项驾驶行为指标（包括平均速度、平均速度（除急速外）、平均加速度、加速比例、减速比例、匀速比例）分别构建了基于 BP 神经元网络、支持向量机和随机森林的三种油耗预测模型。经模型误差与运行时间对比分析可知，三种模型均能实现油耗的准确预测，其中随机森林模型的准确率及运行速度最高，均方根误差为 0.783L/100km，相对误差绝对值为 6.9%，模型构建仅需 0.14s，能够实现基于手机采集驾驶行为数据的车辆油耗准确高效预测。该方法为出租车驾驶人个体

驾驶行为的生态性监测提供了有力的支撑。

值得强调的是，在模型构建初期，应用了手机采集的驾驶行为数据及 OBD 采集的油耗数据。在预测模型构建完成后，可直接应用手机数据预测驾驶人每天的油耗水平，无需安装 OBD 设备。该方法的应用可以改变传统 OBD 的油耗采集方式，通过手机采集来评估个体驾驶行为生态性不仅节约了设备安装成本，同时由于 OBD 设备存在驾驶人安装意愿等问题，基于手机的能耗评估方法增加了用户源，能够大大提高出租车能耗监测数据库规模。

本章参考文献

[1] 陈晨. 城市道路驾驶人生态驾驶行为评估方法研究[D]. 北京：北京工业大学，2016.

[2] 马聪. 基于 OBD 技术的驾驶行为习惯评价方法研究[D]. 南京：南京大学，2016.

[3] 康迪，马寿峰，钟石泉. 基于 BP 神经网络的微观交通安全预测方法[J]. 交通信息与安全，2011，29(3)：79-83.

[4] 董四辉，史卓屾. 道路交通事故 BP 神经网络预测研究[J]. 中国安全科学学报，2010，20(9)：15-20.

[5] 刘冰，郭海霞. MATLAB 神经网络超级学习手册[M]. 北京：人民邮电出版社，2014.

[6] DESROCHERS M, SOUMIS F. A column generation approach to the urban transit crew scheduling problem [J]. Transportation Science, 1989, 23(1)：1-13.

[7] POTTHOFF D, HUISMAN D, DESAULNIERS G. Column generation with dynamic duty selection for railway crew rescheduling [J]. Transportation Science, 2010, 44(4)：493-505.

[8] CASTAÑO F, ROSSI A, SEVAUX M, et al. A column generation approach to extend lifetime in wireless sensor networks with coverage and connectivity constraints [J]. Computers & Operations Research, 2014 (52)：220-230.

[9] IRNICH S, DESAULNIERS G. Shortest path problems with resource constraints [J]. Column Generation, 2005 (6730)：33-65.

[10] 李松，刘力军，解永乐. 遗传算法优化 BP 神经网络的短时交通流混沌预测[J]. 控制与决策，2011, 26(10)：1581-1585.

[11] NASH J E, SUTCLIFFE J V. River flow forecasting through conceptual models part I—A discussion of principles[J]. Journal of hydrology, 1970, 10(3)：282-290.

[12] MORIASI D N, ARNOLD J G, VAN LIEW M W, et al. Model evaluation guidelines for systematic quantification of accuracy in watershed simulations[J]. Transactions of the Asabe, 2007, 50(3)：885-900.

[13] AKCELIK R. An assessment of the Highway Capacity Manual 2010 roundabout capacity model[C]. TRB International Roundabout Conference, Carmel, Indiana, USA. 2011.

[14] WOLFINGER R, O'CONNELL M. Generalized linear mixed models a pseudo-likelihood approach [J]. Journal of statistical Computation and Simulation, 1993, 48(3-4)：233-243.

[15] EDWARDS L J, MULLER K E, WOLFINGER R D, et al. An R2 statistic for fixed effects in the linear mixed model [J]. Statistics in medicine, 2008, 27(29)：6137-6157.

[16] SAAD M, ABDEL-ATY M, Lee J. Analysis of driving behavior at expressway toll plazas [J]. Transportation research part F：traffic psychology and behaviour, 2019, 61：163-177.

[17] WERBOS P. Beyond Regression：New Tools for Prediction and Analysis in the Behavioral Sciences [D]. Dissertation, Harvard University, 1974.

[18] DRUCKER H, BURGES C J C, KAUFMAN L, et al. Support vector regression machines[C]. Advances in neural information processing systems. 1997：155-161.

[19] 解少博, 魏朗. 基于神经网络和支持向量机的大客车运行车速组合预测[J]. 武汉理工大学学报（交通科学与工程版），2013，37(3)：486-490.

[20] 冯海亮, 夏磊, 黄鸿. 基于SVR模型的重庆市生态安全指标预测模型研究[J]. 计算机科学，2013（08)：245-248.

[21] KUHLER M, KARSTENS D. Improved driving cycle for testing automotive exhaust emissions[R]. SAE Technical Paper, 1978.

第7章 生态驾驶行为优化方法

7.1 概述

驾驶行为优化的核心是准确、快速和稳定地促使驾驶人跟进驾驶行为优化目标,从而使车辆达到安全、高效、绿色和平稳等行驶状态。生态驾驶行为优化旨在通过改变驾驶人驾驶行为习惯从而提升车辆燃油经济性和降低排放。

目前,已有多种方式用于生态驾驶行为培训优化,最为常见是静态宣教、实操培训和动态反馈三种方式。其中,静态宣教主要借助培训手册、网站及其他信息资源;实操培训通常基于模拟驾驶系统或实际行车道路开展;动态反馈利用汽车仪表板、智能手机应用程序、离线反馈系统、专业汽车后市场反馈设备及触觉踏板等介质实施。除此,作为生态驾驶的专用车道,生态车道也成为从路端开展生态驾驶行为优化的新兴手段。

大多生态驾驶行为优化方法的训练模式和反馈内容都是固定和一般性的,较少考虑驾驶人的不同属性,较大程度上忽略了不同驾驶人的个体特征。事实上,由于具有不同的个体特征和驾驶习惯,不同驾驶人的驾驶风格差异较大。目前,已有研究开始尝试基于驾驶人不同动机实施差别化的驾驶培训以提升行为安全性和节能性,相比不考虑驾驶人动机差异的一般培训模式,研究取得了更好的行为改善效果。

另外,生态驾驶行为优化方法的合理性和有效性需要依靠科学的评价方法进行验证。生态驾驶优化效果评价涉及驾驶人认知和操纵能力、车辆运行行为和能耗排放等多种因素,因此本章节介绍一种基于柯氏层次评估模型的生态驾驶行为优化效果评价方法,并结合静态宣教培训案例进行说明。

7.2 典型生态驾驶行为优化手段

当前生态驾驶行为培训与优化主要分为线下和线上两种形式。线下培训的主流方式包括静态宣教和实操培训两种。线上主要借助在线生态驾驶辅助系统。除常见手段外,通过设置专用生态车道的方式也逐渐被人们所熟知。

1) 静态宣教

静态宣教旨在通过培训手册、网站及其他信息资源,鼓励驾驶人采用安全和节能的驾驶操作。宣教内容主要包括政策法规、管控规则、实践案例等。与其他典型生态驾驶行为优化手段相比,静态宣教是最基本也是最常用的方式,具备普适性和便捷性等特点,但由于缺乏针对性,其优化效果也往往较差。

2) 模拟培训

驾驶实操培训通常基于模拟驾驶系统、实验测试场地或实际行车道路,由专业的驾驶教练指导驾驶人完成相关驾驶操作任务。随着虚拟现实技术的不断发展,利用驾驶模拟器对驾驶人进行驾驶培训的方式也逐步趋于成熟。由于驾驶模拟培训不存在安全隐患,已发展成为驾驶实操培训的主流趋势。除依靠专业教练指导外,部分模拟器还配备有驾驶反馈系统,可实现行车过程中风险驾驶行为实时语音提醒,驾驶结束后输出针对性驾驶评测报告。因此,驾驶模拟培训同样是生态驾驶行为培训的重要手段。

3) 车载终端

在线驾驶辅助系统(Driving Assistance Systems,DAS)是一种为驾驶人提供动态驾驶建议,必要时对驾驶行为进行适当干预,以使车辆达到安全和节能的驾驶辅助系统。主要通过采集行车过程中车辆实时运行数据和道路环境信息,通过分析处理进而向驾驶人提供具有时效性的驾驶建议,其优化目标较线下培训更具体和量化。在线反馈形式主要包括听觉提示、视觉显示和触觉感知。反馈载体主要借助汽车仪表盘、智能手机终端(手机APP)、人机交互系统(HMI)、专用成套车载装置和加速踏板等。图 7-1 和图 7-2 分别展示了智能手机终端和 HMI 反馈界面。随着技术不断更新,一方面,作为可以降低驾驶分心风险的抬头显示仪(HUD)成为人机交互设备的发展趋势;另一方面,车路协同技术使得具备车路环境协同感知和反馈能力的生态预警系统逐步兴起。

图 7-1 智能手机终端(APP)反馈界面

图 7-2 HMI 反馈界面

4) 生态车道

生态车道旨在通过交通管理的方式促使驾驶人采用生态驾驶行为操控车辆,进而达到节能减排的目的。生态车道类似于高占有率专用车道(HOV),由一条或多条专用车道组成,通常设置于快速路、高速路等高等级道路。生态车道采用经济车速作为限速指标,同时具有相应的交通标志标线,并常将道路铺设为特定颜色予以区分。生态车道示意图见图 7-3。

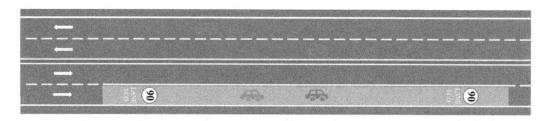

图 7-3　生态车道示意图

7.3　考虑驾驶人差异性的生态驾驶行为优化方法

以往生态驾驶行为优化主要采用统一和灌输式的教育模式，较大程度上忽略了不同驾驶人的个体差异。实际上，不同驾驶人的行为特征、驾驶技能、社会属性、个人偏好等存在较大差别，群体广播式的生态驾驶行为优化方法较难真正刺激驾驶人的实际需求，培训效果并不理想，因此需要寻求针对不同驾驶个体特性的差别化生态驾驶行为优化方法。

实施驾驶人生态驾驶行为差别化反馈优化，其核心是建立驾驶人类型和培训方式及反馈内容间的关联关系。根据 Offerman 等人的研究结论，驾驶人通常可以通过价值和目标取向进行区分。一方面，并非所有驾驶人均具有相同的价值取向，基于是否选择环境友好型驾驶行为，驾驶人通常可以分为两类：关心自我（比如最大限度获取自身利益）和考虑他人（例如，关心他人、下一代、其他物种及整个生态系统）。另一方面，并非所有驾驶人均喜欢相同的学习方式，一些驾驶人期望通过学习提升驾驶技能，另有一些驾驶人可能更愿意通过与他人的比较进而促使自己学习。

因此，本书提出一种面向驾驶人价值和目标取向差异的差别化生态驾驶行为优化方法，其总体思路如图 7-4 所示。首先，基于个体价值和目标取向，通过分析驾驶行为数据，将驾驶人分为四个类别。其次，分析不同类型驾驶人的油耗特征，并测试不同培训方式的节能减排效果，建立针对不同驾驶人类型的生态驾驶行为培训方式；同时，依据不同类型驾驶人价值和目标取向特点设计不同反馈内容；最终，建立面向不同驾驶人特征的差别化反馈优化模式。

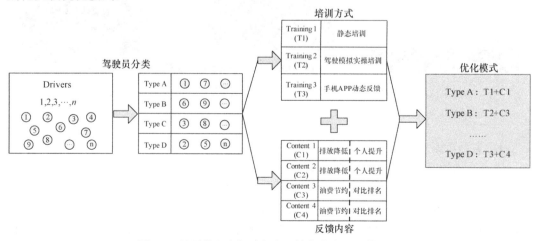

图 7-4　差别化生态驾驶行为反馈优化方法总体思路

7.3.1 驾驶人分类方法

本节旨在阐述驾驶人分类的原理，分析驾驶行为与驾驶人类型间的关联关系，建立基于客观行为数据面向价值和目标差异的驾驶人分类方法，并通过实车监测数据实施驾驶人类别划分。

7.3.1.1 驾驶人分类原理

由于存在个体特征差异，并非所有人都具有相同的价值观。根据 Hibberd 的研究，驾驶人改变驾驶行为的动机主要受两方面的影响：价值取向和目标取向。

1) 价值取向

不同个体可能存在不同的价值取向。价值取向理论表明，人们对待个人自身收益和他人收益的重视程度存在差异。因此，一个驾驶个体可能被分成两种属性：自我型和公益型。自我型驾驶人更在乎生态驾驶行为能否提升自身收益，如燃油费用的降低；公益型驾驶人更关注生态驾驶行为能否降低对环境的污染，如能否减少车辆尾气排放。

2) 目标取向

不同个体可能倾向于不同的学习方式。一些人注重自身能否成为对比群体中的第一，而另一些人可能更加关注自身的进步过程。因此，根据目标取向同样可以将驾驶个体划分为两种类型：竞技型和学习型。竞技型驾驶人乐于通过与其他驾驶人的对比学习提升生态驾驶行为；学习型驾驶人更希望得知自身生态驾驶行为随时间的进步过程。

据此，将价值和目标取向结合，驾驶人通常可以分为四种类型：自我型 & 学习型、自我型 & 竞技型、公益型 & 学习型、公益型 & 竞技型，如图 7-5 中的类型 A、B、C 和 D 所示。各类型驾驶人的详细特征描述见图 7-5。例如，对于 A 类驾驶人，其价值取向是自我型，目标取向是学习型。因此，他们学习实施某种行为时主要因为该行为对自身有明显的效益，并且

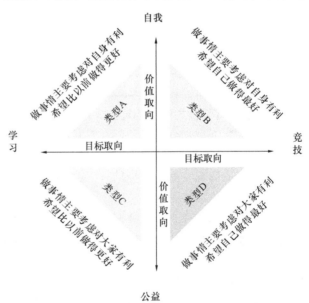

图 7-5 基于价值和目标取向差异的驾驶人类型描述

他们想了解自身学习提升的过程。相反，D 类驾驶人为公益型 & 竞技型，促使他们学习实施某种行为的主要动力是因为该行为对大家均有益处，同时他们想得到比他人更好的学习成绩。

7.3.1.2 驾驶行为与驾驶人类型关联性分析

依据 Hibberd 等人的研究，驾驶人不同价值和目标取向可以通过驾驶过程中的行为数据区分。共选取 6 种驾驶行为指标用于驾驶人类型划分，即：加速度绝对值、急减速比例、速度标准差、急加速比例、发动机转速大于 2000r/min 比例，以及速度超过 60km/h

比例。驾驶行为特征指标选取标准主要考虑两个方面：(1) 以上 6 种指标可以较为直观地反映驾驶人不同的价值和目标差异；(2) 上述变量可以较为方便地通过 OBD 等车载终端检测和获取。

其中，加速度绝对值、急减速比例和速度标准差用于划分驾驶人价值取向，因为实际行车过程中这三种驾驶行为会影响其他车辆运行。例如，急减速比例较高表征为自我型驾驶人，由于频繁的急减速将会对其他车辆造成不良影响，尤其是跟驰较近的后车。

急加速比例、发动机转速＞2000r/min 比例和速度＞60km/h 比例（北京城市道路的平均运行速度约为 40km/h）用于划分驾驶人的目标取向，因为这三种驾驶行为指标主要反映驾驶过程驾驶人的目标倾向性。比如，如果发动机转速＞2000r/min 的比例较高，意味着驾驶人为竞技型驾驶人，因为"运动比赛型"的驾驶风格与喜欢竞争对比的态度相关。

基于以上分析，可汇总驾驶行为与驾驶人类型的关系，如表 7-1 所示。

驾驶行为与驾驶人类型关系　　　　　　　　　　表 7-1

驾驶人类型 驾驶行为	价值取向		目标取向	
	自我	公益	学习	竞技
加速度绝对值	高	低	—	—
急减速比例	高	低	—	—
速度标准差	高	低	—	—
急加速比例	—	—	低	高
发动机转速＞2000r/min 比例	—	—	低	高
速度＞60km/h 比例	—	—	低	高

7.3.1.3　基于驾驶行为数据的驾驶人分类方法

用于驾驶人类型划分的驾驶行为数据，基于自然驾驶平台（见第 3 章）获取。共选用 60 辆出租车运行数据作为驾驶人类型划分的样本。为尽量获取驾驶人内在的驾驶行为，减少干扰因素的影响（如交通拥堵），数据采集时间设定为每天的上午 10：00～11：00。为尽可能排除随机事件影响，采用 2016 年 3 月 1～7 日一周的数据为分析对象，通过驾驶人一周数据的平均情况表征驾驶行为特征。

基于驾驶过程中的驾驶行为数据，可以计算得到每名驾驶人在 2016 年 3 月 1～7 日期间每天的驾驶行为特征指标值（对应表 7-1 中 6 项指标）。除去无效数据和异常值，共有 56 名驾驶人作为最后的驾驶人类型划分样本。基于此，可以获得每名驾驶人以上 6 项指标的周平均值。由于出租车可能在某天停运，计算周平均值时不包括停运时的数据。部分驾驶人驾驶行为特征指标的周平均值见表 7-2。其中，驾驶人编号与车载 OBD 设备唯一对应。

由表 7-2 可知，同一驾驶行为指标在不同驾驶人之间存在一定差异，由此可以进一步验证说明通过驾驶行为特征指标区分驾驶人类型的合理性和可行性。例如，在驾驶人价值取向差异方面，对于急减速比例，分布范围为 0.02～0.11，取值相差明显；同样，在驾驶人目标取向差异方面，对于发动机转速＞2000r/min 比例，取值范围从 0.02～0.40 不等，差异同样显著。因此，通过划分获取各指标的分界阈值，能有效实现驾驶人价值和目标取向分类，进而为寻求基于驾驶人类型的差别化生态驾驶行为培训方式和反馈内容提供依据和参考。

驾驶行为特征指标周平均值统计示例　　　　表 7-2

驾驶人编号	加速度绝对值 (m/s²)	急减速比例	速度标准差 (km/h)	速度>60km/h 比例	转速>2000r/min 比例	急加速比例
674465	2.74	0.06	20.06	0.19	0.24	0.07
212844	2.83	0.08	21.68	0.31	0.21	0.07
213834	2.72	0.07	19.19	0.26	0.40	0.08
859033	2.64	0.06	22.75	0.31	0.33	0.06
212752	2.82	0.08	20.28	0.22	0.10	0.06
235613	2.61	0.06	20.90	0.40	0.40	0.06
233659	2.90	0.06	18.53	0.17	0.09	0.08
212927	2.44	0.06	19.95	0.44	0.25	0.04
213271	2.88	0.09	22.56	0.22	0.10	0.07
214089	2.90	0.11	14.82	0.03	0.02	0.06
…	…	…	…	…	…	…
213842	2.65	0.05	24.56	0.35	0.22	0.05
236041	2.59	0.02	13.11	0.04	0.04	0.09
212729	2.53	0.04	16.32	0.31	0.19	0.02
236017	2.83	0.07	22.23	0.18	0.17	0.06
213644	2.63	0.06	20.32	0.22	0.22	0.06
213727	2.74	0.06	12.88	0.06	0.04	0.13
213461	2.96	0.09	16.60	0.07	0.03	0.09
210111	2.80	0.08	19.85	0.25	0.15	0.07
854422	2.19	0.03	16.64	0.17	0.06	0.05

利用以上驾驶行为指标划分驾驶人类型，需确定表 7-1 中每项指标"高""中"和"低"的上、下限阈值。以指标"速度>60km/h 比例"为例，说明指标阈值计算方法，其他指标阈值计算方法一致。具体计算过程为：

首先，计算所有驾驶人速度>60km/h 比例的均值和标准差，计算方法如下：

$$\bar{m} = \frac{1}{N} x_i \tag{7-1}$$

$$s = \sqrt{\frac{1}{N-1} \sum_{i=1}^{N} (x_i - \bar{m})^2} \tag{7-2}$$

式中　$\bar{m}$——所有驾驶人速度>60km/h 比例的平均值；

　　　s——所有驾驶人速度>60km/h 比例的标准差；

　　　x_i——驾驶人 i 速度>60km/h 的比例；

　　　i——驾驶人编号 i；

　　　N——驾驶人数量，此处驾驶人数量为常量值 56。

然后，计算用于驾驶行为指标阈值确定的另一参考变量 T_{10}，如式 (7-3)。T_{10} 表示指标 x_i 最大值与最小值差值的 10%。

$$T_{10} = [\max(x_i) - \min(x_i)] \times 10\% \quad (7\text{-}3)$$

最后，确定上限（T_u）和下限（T_d）阈值见式（6-4）和式（6-5）：

$$T_u = \bar{m} + \max(s, T_{10}) \quad (7\text{-}4)$$

$$T_d = \bar{m} - \max(s, T_{10}) \quad (7\text{-}5)$$

图 7-6 展示了特征指标速度＞60km/h 比例的原始值（实线）、上限 T_u（点状线）和下限 T_d 阈值（虚线）。如果实线超越点状线，则判定为竞技型驾驶人；如果实线低于虚线，则判定为学习型驾驶人；如果实线位于点状线和虚线之间，将认为驾驶人既不是竞技型也不是学习型驾驶人。

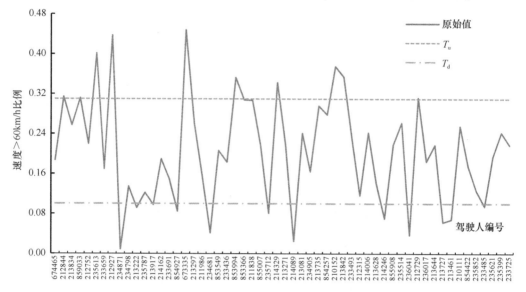

图 7-6 每名驾驶人驾驶车速＞60km/h 的比例及上下阈值

用于划分驾驶人类型的驾驶行为特征指标阈值汇总如表 7-3 所示：

用于划分驾驶人类型的驾驶行为特征指标阈值　　　　表 7-3

驾驶行为 \ 驾驶人类型	价值取向		目标取向	
	自我	公益	学习	竞技
加速度绝对值	≥3.10	≤2.55	—	—
急减速比例	≥0.11	≤0.05	—	—
速度标准差	≥22.39	≤14.83	—	—
急加速比例	—	—	≤0.05	≥0.10
发动机转速＞2000rpm 比例	—	—	≤0.07	≥0.29
速度＞60km/h 比例	—	—	≤0.10	≥0.31

基于表 7-3 中各驾驶行为指标阈值，可分别获取驾驶人的价值取向和目标取向。本书中，用于驾驶人价值和目标取向划分的驾驶行为特征指标各有三项，驾驶人类型为价值取向和目标取向的组合。在实施驾驶人类型划分时，认定各项指标的权值相等。例如，当价值取向被判定为"A"、目标取向判定为"D"，则驾驶人类型为"A&D"。

不同驾驶人类型对应的驾驶人数量分布如图7-7所示。分别汇总56名驾驶人价值和目标取向划分结果可知：对于价值取向，有16名驾驶人（28.6%）被判定为自我型（A&/、A&C、A&D）、13名（23.2%）驾驶人被判定为公益型（B&/、B&C、B&D）；对于目标取向，14名驾驶人（25.0%）被划分为学习型（A&C、B&C、/&C）；17名驾驶人（30.4%）被划分为竞技型（A&D、B&D、/&D）。

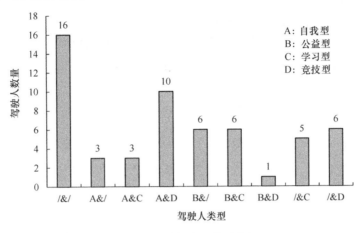

图7-7 不同驾驶人类型分布

7.3.2 生态驾驶行为综合反馈优化方法

为构建生态驾驶行为反馈优化方法，首先分析了不同驾驶人类型所对应的油耗特征，并测试了三种不同生态驾驶行为培训方式的节能效果，进而确定了基于不同驾驶人类型能耗特征的生态驾驶行为培训方式。同时，基于不同驾驶人类型的价值和目标取向，设计了差别化的生态驾驶行为反馈内容。最后，通过关联生态驾驶行为培训方式和反馈内容，形成了针对驾驶人特征的差别化生态驾驶行为反馈优化方法。

7.3.2.1 生态驾驶行为培训方法设计

1) 不同驾驶人类型油耗特征分析

利用车载OBD设备采集的逐秒瞬时油耗和驾驶行为数据，可以获取和比较对应不同价值和目标取向的驾驶人平均油耗水平。基于此，能够划分不同驾驶人对应的能耗等级，进而为形成适合不同驾驶人类型能耗特点的最佳生态驾驶行为培训方式提供支撑。

计算获取每类驾驶人的平均百公里油耗和标准差如表7-4所示。由于仅有一名驾驶人被识别为公益&竞技型，因此表7-4中无该类型驾驶人的油耗标准差。总体来看，驾驶人类型对应车辆油耗水平由高至低的顺序依次为：自我型&学习型、自我型&竞技型、公益型&学习型、公益型&竞技型。由此推测可知，自我型的驾驶人其车辆油耗水平相对高于公益型；学习型驾驶人的车辆油耗水平相对高于竞技型。

不同类型驾驶人车辆油耗特征对比　　表7-4

驾驶人类型	平均油耗(L/100km)	油耗标准差(L/100km)
—	8.69	2.42
A&C(自我型&学习型)	10.66	1.73

续表

驾驶人类型	平均油耗(L/100km)	油耗标准差(L/100km)
A&D(自我型 & 竞技型)	8.91	1.52
B&C(公益型 & 学习型)	8.64	1.68
B&D(公益型 & 竞技型)	7.42	—

2) 不同生态驾驶行为培训方式节油效果测试

主要测试和对比了三种常见生态驾驶行为培训方式的节油效果，进而为形成面向驾驶人油耗特征的差别化生态驾驶培训方式奠定基础。三种培训方式分别为：

(1) 静态宣教

组织驾驶人通过培训手册、宣传视频、多媒体（PPT）或网站等素材学习生态驾驶行为操作方法。

(2) 实操培训

基于驾驶模拟平台，要求驾驶人在专业教练的指导和演示下完成生态驾驶行为操作方法的实操练习。

(3) 动态反馈

驾驶人通过手机 APP 接收生态驾驶行为信息。反馈内容包括每次行程的平均油耗和排放值，对应不同地点和时间的非生态驾驶行为及相应反馈建议，不同时间段（每天/周/月）的驾驶行为生态特性比较及排名。

为测试不同生态驾驶行为培训方式的节能效果，共有 60 名出租车驾驶人接受了生态驾驶行为培训，并通过车载 OBD 获取车辆油耗，实施培训前后油耗对比。60 名出租车驾驶人被随机分成 3 组，每组 20 名。第 1 组驾驶人接受静态宣教、第 2 组接受实操培训、第 3 组接受动态反馈。分别获取生态驾驶行为培训前后各一周的数据，对比不同生态驾驶行为培训方式的节油效果。

三种生态驾驶行为培训方式的节油效果对比如图 7-8 所示。由图 7-8 可知，生态驾驶培训后，车辆能耗明显降低；同时，对应不同培训方式，车辆油耗降低程度存在较大差异。通过培训前油耗值与培训后油耗值做差再除以培训前油耗值确定油耗降低比例，可知

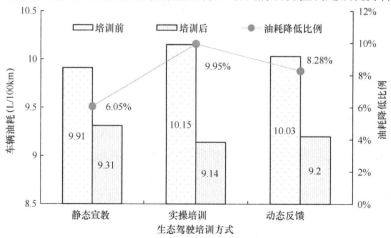

图 7-8 不同生态驾驶行为培训方式下的车辆能耗降低程度

车辆油耗降低比例分别为：第 1 组油耗降低 6.05%、第 2 组降低 9.95%、第 3 组降低 8.28%。因此，三种生态驾驶行为培训方式降低车辆油耗比例从高至低的顺序依次为：实操培训、动态反馈和静态宣教。由此可以推测，对于具有良好生态驾驶行为基础且油耗较低的驾驶人，实施生态驾驶行为静态宣教即可；而对于油耗较高的驾驶人，实操培训更有助于生态驾驶行为提升从而降低车辆能耗。

3）差别化生态驾驶行为培训方式设计

考虑到具有高油耗的驾驶人应该需要更加有效的生态驾驶行为培训方式以提升驾驶行为的燃油经济性，按照油耗越高对应节油效果越明显的培训方式作为生态驾驶行为培训方式分配原则，研究建立了驾驶人类型与生态驾驶行为培训方式间的关联关系，如表 7-5 所示。

例如，对于自我型 & 学习型（A&C）驾驶人，由于相比其他类型驾驶人具有更高的油耗特征，而实操培训相对于其他两种培训方式具有更有效的节能效果，因此，最适合 A&C 型驾驶人的生态驾驶行为培训方式应为实操培训。而对于公益型 & 竞技型（B&D）驾驶人，相对于另外三种类型的驾驶人具有低油耗的特征，与之相对应，静态宣教的节能减排效果相对较弱，因此向 B&D 型驾驶人提供静态宣教形式的生态驾驶行为培训方式即可。

基于驾驶人类型的生态驾驶行为培训方式设计　　表 7-5

驾驶人类型	培训方式	驾驶人类型	培训方式
A&C(自我型 & 学习型)	实操培训	B&C(公益型 & 学习型)	基于手机 APP 动态反馈
A&D(自我型 & 竞技型)	基于手机 APP 动态反馈	B&D(公益型 & 竞技型)	静态宣教

7.3.2.2　生态驾驶行为反馈内容设计

如上文所述，并非所有驾驶人都具有相同的价值取向，不同驾驶人可能倾向于不同的学习方式。因此，本节主要研究解决对应不同驾驶人类型的生态驾驶行为反馈内容及形式问题，以提升驾驶人对生态驾驶行为的接受和服从程度。

1）基于驾驶人价值取向的生态驾驶行为反馈内容设计

（1）自我型：由于自我型驾驶人主要关心生态驾驶行为对自身利益的影响，因此，针对自我型驾驶人的生态驾驶行为反馈内容应能体现驾驶人收益的变化情况。较为有效的方式便是告知驾驶人采取生态驾驶行为时能够获得的燃油节约费用。

（2）公益型：由于公益型驾驶人更关心自身对社会的贡献程度，因此，生态驾驶行为的反馈内容应能体现他们在保护环境方面所做的贡献。如果直接告知采用生态驾驶行为时所降低的二氧化碳（CO_2）排放量，驾驶人可能并不好理解。更有效的方式便是将采用生态驾驶行为时减少的碳排放量折算为种植树木的棵数，从而增强驾驶人的主观感受。

2）基于驾驶人目标取向的生态驾驶行为反馈内容设计

（1）学习型：由于学习型驾驶人学习新事物时更加关注他们的学习进程，对自身技能的变化过程更敏感。因此，针对学习型驾驶人的生态驾驶行为反馈内容应设计为驾驶行为生态特性随时间的变化情况。所以，对于学习型驾驶人，告知其自身生态驾驶行为的历史变化过程信息更为合适。

（2）竞技型：由于竞技型驾驶人喜欢通过与他人对比而促使自己加强学习，从而获得更好的排名。因此，与之相对的反馈信息应为不同驾驶人的驾驶行为改善对比情况。为满足竞技型驾驶人的这一需求倾向，生态驾驶行为反馈内容宜为不同驾驶人针对同一驾驶事件（如起步、停车、跟驰等）及总体平均情况的生态驾驶行为排名。

综上以上分析及反馈设计原则，适合四种类型驾驶人的生态驾驶行为反馈内容汇总如表7-6所示。例如，如果驾驶人被识别为自我&竞技型，生态驾驶行为反馈内容应设计为他们采取生态驾驶后能获得的燃油费用节约情况和生态驾驶行为对比排名。

基于驾驶人类型的生态驾驶行为反馈内容设计　　　　　表7-6

驾驶人类型	反馈内容
A&C(自我型&学习型)	车辆燃油费用节约情况&驾驶行为提升过程比较
A&D(自我型&竞技型)	车辆燃油费用节约情况&生态驾驶行为对比排名
B&C(公益型&学习型)	减少碳排放的树木种植当量&驾驶行为提升过程比较
B&D(公益型&竞技型)	减少碳排放的树木种植当量&生态驾驶行为对比排名

7.3.2.3　生态驾驶行为优化方法建立

促进驾驶人采用生态驾驶行为的核心是提升驾驶人对生态驾驶行为的接受和服从度从而增强生态驾驶行为的培训效果。因此，应主要解决两方面的问题：①合理的生态驾驶行为培训方式；②适合的生态驾驶行为反馈内容。基于驾驶人类型，研究建立了培训方式、反馈内容和驾驶人类型间的关联关系，共包括三种培训方式和四类反馈内容，最终形成了面向驾驶人特征的差别化生态驾驶行为反馈优化方法。

图7-9为研究建立的生态驾驶行为反馈优化方法。以A&C型驾驶人为例，由于A&C型驾驶人具有较高的油耗特征，而实操培训在降低车辆能耗方面效果更加明显，因此适合A&C型驾驶人的生态驾驶行为培训方式应为实操培训。同时，A&C型驾驶人的价值取向为自我型，适合该类型驾驶人的反馈内容应为采取生态驾驶行为时的燃油费用节约情况；A&C型驾驶人的目标取向为学习型，适合该类型驾驶人的反馈内容应为驾驶人生态驾驶行为提升过程的历史和当前进程信息。

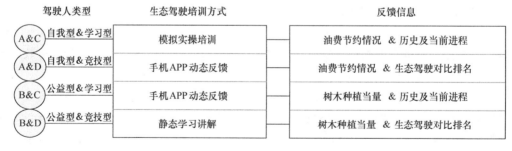

图7-9　生态驾驶行为优化方法

7.3.3　生态驾驶行为优化效果测试

为测试验证生态驾驶行为反馈优化方法降低车辆能耗的效果，研究对比分析了相同生态驾驶行为反馈优化方法对于改善A&C和A&D两类驾驶人车辆能耗的情况。实验中，借助研究建立的生态驾驶行为动态反馈优化平台（见第3章），两组驾驶人均通过手机

APP 接受生态驾驶行为动态反馈优化，获得车辆油耗及驾驶行为等生态驾驶相关信息。

其中，对于 A&C 型驾驶人，生态驾驶行为反馈内容设计为车辆能耗信息及生态驾驶行为对比排名。对于 A&D 型驾驶人，反馈内容为采取生态驾驶行为可获得的燃油费用节约情况及生态驾驶行为对比排名。基于此种实验设计，可明显看出，对 A&D 型驾驶人的反馈优化主要基于本研究构建的生态驾驶行为反馈优化方法完成，满足 A&D 型驾驶人的价值和目标取向（图 7-6）；而 A&C 类驾驶人接收的反馈优化为常规通用模式，并未考虑该类型驾驶人具有的个性化差异。因此，可以预计，按上述实验设计实施生态驾驶行为反馈优化后，A&D 型驾驶人驾驶车辆的百公里油耗降低比例应优于 A&C 类驾驶人。

根据本研究对 56 名驾驶人的分类结果，共有 10 名 A&D 型和 3 名 A&C 型驾驶人参加实验测试。通过采集和对比优化前后各一周的车辆百公里油耗数据，分析对比生态驾驶行为反馈优化效果。详细的实验时间安排如下：

(1) 生态驾驶行为培训前数据采集：2016 年 3 月 9～15 日；
(2) 生态驾驶行为动态反馈手机 APP 软件安装与使用培训：2016 年 3 月 16～19 日；
(3) 生态驾驶行为培训后数据采集：2016 年 3 月 20～26 日。

分别计算 A&D 型和 A&C 型驾驶人在接收生态驾驶行为反馈优化前和后的车辆平均百公里油耗，如图 7-10 所示。生态驾驶行为反馈优化对两类驾驶人均有明显的节能效果，但两类驾驶人所对应的油耗降低程度并不相同。通过培训前油耗值与培训后油耗值做差再除以培训前油耗值确定油耗降低比例，可知 A&C 型驾驶人的油耗降低比例为 4.82%，A&D 型驾驶人油耗降低比例为 9.06%。

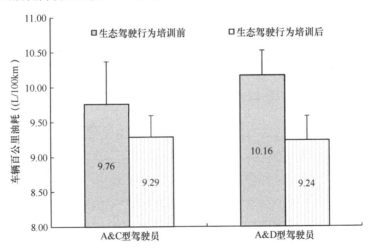

图 7-10　A&C 型和 A&D 型驾驶人的生态驾驶动态反馈效果

为进一步测试对比两种生态驾驶行为优化模式的不同节油效果，利用配对样本 T 检验，分别比较两类型驾驶人生态驾驶行为培训前后的车辆能耗差异性。统计结果表明，95% 置信水平下，相对于培训前，培训后 A&D 型驾驶人的车辆油耗显著降低（$p=0.026<0.05$）；而培训前和培训后，A&C 型驾驶人的车辆油耗无统计意义上的显著差异（$p=0.124>0.05$）。进而，再次利用配对样本 T 检验比较两类型驾驶人之间车辆油耗降低比例的差异性，其统计结果存在显著差别（$p=0.023$）。因此，实验测试结果验证说明，考虑驾驶人特征的差别化生态驾驶行为反馈优化方法，其节能效果明显好于常规一般性生态驾驶行为培训。由此可以推断，基于驾驶人价值和目标取向的生态驾驶行为反馈优化方法能有效提升驾驶人对生态驾驶行为的接受程度并增强生态驾驶行为培训效果，因而有助于更大程度地降低车辆能耗。

7.4 生态驾驶行为优化效果评价方法

科学评价生态驾驶行为优化结果，对改善生态驾驶行为优化方法，从而进一步提升优化效果具有重要意义。事实上，生态驾驶行为优化结果涵盖驾驶人认知及操作能力、车辆运行行为及能耗排放等多个维度，需要综合客观的评价方法。因此，本书介绍一种基于柯氏层次评估模型的生态驾驶行为优化效果评价方法，并结合静态宣教培训结果进行案例分析。

7.4.1 柯氏层次评估模型简介

培训效果评估历经定性评估至定量评估的发展，其中影响最大、最广泛的是柯氏层次评估模型。该模型将培训效果的评估标准分为反映、学习、行为、效果4个递进层次，评估4个层次的培训效果。其中，反映层关注参与者对培训的直接感受；学习层关注参与者在培训后对培训内容的知识、技能、态度等的理解和掌握程度；行为层关注参与者经培训后对自身行为的变化及培训中知识、技巧的运用程度；效果层关注培训所带来的成效与变化。

7.4.2 基于柯氏层次评估模型的生态驾驶行为培训效果评价

选用柯氏层次评估模型，基于反映、学习、行为、效果4个层次评估生态驾驶静态培训效果。各级评估指标如表7-7所示，一级指标4项，对应反映、学习、行为、效果4个层次，二级、三级指标分别表征与具化一级、二级指标。

各层评估指标 表7-7

一级指标	二级指标	三级指标
A 反映层	A1 培训主观反应	A11 生态驾驶对燃油的帮助
		A12 采取生态驾驶程度
	A2 场景真实度	A21 模拟器评分
B 学习层	B1 学习程度	B11 生态驾驶测试得分
C 行为层	C1 客观反应	C11 非生态驾驶行为频次
D 效果层	D1 经济效益	D11 百公里油耗
	D2 生态环境	D21 百公里排放

7.4.2.1 反映层

反映层是评估驾驶人对培训的满意程度、积极程度的重要工具，用来描述驾驶人对培训的整体反映。采用驾驶人对培训的主观反映（A1）与场景的真实度（A2）描述该指标。问卷调查评价培训内容、效果、设施等满意度（满分10分），利用分值划分表征培训在反映层的影响效果。A1、A2指标问卷设计见表7-8，分值划分规划见表7-9。

第 7 章 生态驾驶行为优化方法

问卷设计　　　　　　　　　　　　　　　　　　　　　　　表 7-8

序号	问题描述
问题 A	生态驾驶静态培训对您生态行为的提升程度
问题 B	以后的日常驾车中会坚持采取学到的生态驾驶行为
问题 C	结合日常驾车的感受，综合评价模拟器油门、方向盘、刹车、离合、场景真实感、速度感的真实度分值

分值对应表　　　　　　　　　　　　　　　　　　　　　　表 7-9

分值	符合程度	分值	符合程度
9～10	非常好、非常符合	3～5	差、不符合
7～9	好、符合	1～3	非常差、非常不符合
5～7	一般		

图 7-11 统计问题分值与表 7-9 对应，结果表明，问题 A 与 C 分值对应"好、符合"，即模拟器的真实度可以模拟驾驶真实水平，驾驶人认为培训很大程度上可以改善其驾驶行为；问题 B 分值对应"非常符合"，即培训后驾驶人可以学习到生态驾驶行为知识并用于指导日后驾驶。

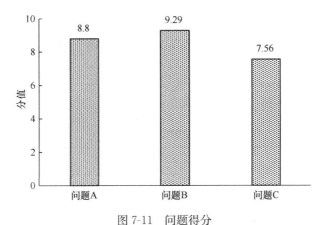

图 7-11　问题得分

7.4.2.2　学习层

学习层的评估纵向对比培训前后驾驶人的知识水平，用于描述驾驶人对培训中学习程度（B1），利用驾驶人对培训中生态知识的认知程度表征该指标。通过试卷测试，借助驾驶人培训前后试卷得分评价培训在学习面层的影响。试卷设计见表 7-10。培训前后试卷分值显著性结果表明培训对分数产生显著影响 $[F_{(1,67)}=18.788, p<0.001]$，见表 7-11。培训后驾驶人得分显著提升，静态培训可明显提升驾驶人生态驾驶行为知识水平。

试卷设计　　　　　　　　　　　　　　　　　　　　　　　表 7-10

类型	考察点	分值	总分
选择题	生态驾驶基本操作、节能减排常识	5	25
填空题	生态驾驶操作规范	10	50
判断题	驾驶行为影响因素、生态驾驶综合操作	5	25

试卷得分　　　　表7-11

测试组	分数	提升比例
基础测试	45.57	—
培训后测试	60.29	32.3%

7.4.2.3 行为层

行为层评估借助行为指标考察静态培训后驾驶人接受知识、技能的应用与转化程度，用于表征培训对驾驶行为生态性的客观反映（C1）。对比静态培训前后，基于驾驶人非生态（不良）驾驶行为频次描述该指标。

1) 行为指标提取

选取急加/减速、急刹车、低挡高速作为评价指标，其中急加/减速各分为3个严重阶段，共8个非生态驾驶行为发生频次，各指标定义如下：

① 急加/减速、急刹车：将模拟器产生的加/减速度绝对值从小至大排序，85%、90%、95%位加/减速度数值即为急加/减速1、2、3共3个阶段的阈值；85%位减速度为急刹车阈值。

② 低挡高速：据驾校教练驾驶经验，挡位为1、2、3、4时车速范围应为10~20km/h、20~30km/h、30~40km/h、40~50km/h。

为剔除异常数据，在指标提取时引入"时间阈值"概念，是指指标发生的持续时间大于或等于阈值时判定行为发生。由小至大取15%位时长为时间判定阈值，即85%的指标发生时间大于该阈值。

综上所述，非生态驾驶行为判定条件见表7-12，其中 a 为加速度；v 为速度；v_s 为终止速度；d 为挡位；t 为时间。

非生态驾驶行为判定条件　　　　表7-12

行为	判定条件	
	阈值范围	持续时间
急加速1	$1\text{m/s}^2 < a \leqslant 1.3\text{m/s}^2$	
急加速2	$1.3\text{m/s}^2 < a \leqslant 1.9\text{m/s}^2$	
急加速3	$a > 1.9\text{m/s}^2$	
急减速1	$-0.75\text{m/s}^2 > a \geqslant 0 \geqslant -1.1\text{m/s}^2$，$v_x \neq 0$	$t \geqslant 1\text{s}$
急减速2	$-1.1\text{m/s}^2 > a \geqslant 0 \geqslant -2.1\text{m/s}^2$ $v_s \neq 0$	
急减速3	$a < -2.1\text{m/s}^2$ $v_s \neq 0$	
急刹车	$a < -2.1\text{m/s}^2$ $v_s = 0$	
低挡高速	$d=1$，$v>20\text{km/h}$ $d=2$，$v>30\text{km/h}$ $d=3$，$v>40\text{km/h}$ $d=4$，$v>50\text{km/h}$	$t \geqslant 2\text{s}$

2）基于非生态驾驶行为频次的行为层评估

熵权法是一种客观赋权方法，用于度量信息论中的信息。利用熵权法评估驾驶行为的非生态性，流程如图 7-12 所示。

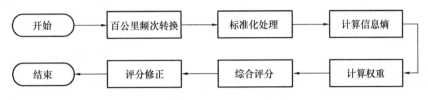

图 7-12 熵权法评价流程

① 百公里频次，不同驾驶场景里程数存在差异，为实现数据一致性与可比性，对指标取百公里频次，见式（7-6）：

$$百公里频次 = 场景发生频次 / 场景里程数 \times 100 \tag{7-6}$$

② 标准化处理，8 个指标 $X_1, X_2, X_3, \cdots, X_8, X_i = \{x_{i1}, x_{i2}, \cdots, x_{ij}\}$。35 名驾驶人 8 项指标标准化为 $Y_1, Y_2, Y_3, \cdots, Y_8$：

$$Y_{ij} = x_{ij} - \min(X_i) / \max(X_i) - \min(X_i) \tag{7-7}$$

③ 计算信息熵，信息熵 $E_1, E_2, E_3, \cdots, E_8$：

$$E_j = -\ln(n)^{-1} \sum_{i=1}^{n} \ln p_n ; \quad p_{ij} = Y_{ij} / \sum_{i=1}^{n} Y_{ij} \tag{7-8}$$

若 $p_{ij} = 0$，则：

$$\lim_{p_0} p_{ij} \ln p_{ij} = 0 \tag{7-9}$$

④ 计算权重（表 7-13）：

$$W_i = 1 - E_i / k - \sum E_i \tag{7-10}$$

信息熵与权重值　　　　　　　　　　　　　　　　　表 7-13

指标	X_1	X_2	X_3	X_4
信息熵	0.968	0.956	0.923	0.952
权重	0.0714	0.0987	0.1711	0.1071
指标	X_5	X_6	X_7	X_8
信息熵	0.948	0.935	0.916	0.951
权重	0.1143	0.1441	0.1858	0.1075

⑤ 综合评分，Z_l 为 8 项指标综合得分：

$$Z_l = \sum_{i=1}^{8} X_{li} W_i \tag{7-11}$$

⑥ 分数修正，设分值随指标频次增加而降低，故修正 Z_l：

$$Z_l = \frac{1}{\sum_{i=1}^{8} X_{li} W_i} \tag{7-12}$$

用培训前后平均分数表征驾驶行为生态性的变化，分值见表 7-14。结果表明静态培训可降低非生态驾驶行为的发生频次，生态性提升比例为 3% 左右。

生态性变化 表7-14

测试组	分数	提升比例
基础测试	6.222	—
培训后测试	8.092	3.01%

7.4.2.4 效果层

效果层评估是指培训在自我的提升基础上，将对外界产生积极影响，描述驾驶人培训后所带来的经济（D1）及生态环境（D2）效益。其中百公里燃油消耗量与百公里排放量分别表征培训后的经济和生态环境效益。参照以往研究结果，应用VSP区间的基准排放率测算尾气排放，利用碳平衡反推汽车油耗FC。

计算培训前后百公里油耗及排放，见表7-15。对百公里油耗显著性分析，结果表明培训具有显著效果 $[F_{(1,139)}=4.201, p<0.005]$。静态培训可显著影响车辆油耗量，对尾气排放产生积极影响。油耗下降3.78%，排放下降4.71%～9.97%。

排放与油耗值 表7-15

	CO_2	CO	HC	NO_X	油耗
基础测试	2449.3	5.401	0.578	0.369	9.567
培训后测试	2323.7	4.918	0.551	0.332	9.205
降低比例	5.13%	8.93%	4.71%	9.97%	3.78%

本章参考文献

[1] STAUBACHA M, SCHEBITZA N, KOSTERA F, et al. Evaluation of an eco-driving support system [J]. Transportation Research Part F: Traffic Psychology and Behaviour, 2014, 27: 11-21.

[2] TULUSAN J, STAAKE T and FLEISCH E. Providing eco-driving feedback to corporate car drivers: what impact does a smartphone application have on their fuel efficiency? [C]. Proceedings of the 2012 ACM conference on ubiquitous computing. ACM, 2012: 212-215.

[3] BORIBOONSOMSIN K, VU A and BARTH M. Eco-driving: Pilot evaluation of driving behavior changes among US drivers [J]. University of California Transportation Center, 2010.

[4] WADA T, YOSHIMURA K, DOI S, et al. Proposal of an eco-driving assist system adaptive to driver's skill [C]. Intelligent Transportation Systems (ITSC), 2011 14th International IEEE Conference on. IEEE, 2011: 1880-1885.

[5] BIRRELL S A, YOUNG M S and WELDON A M. Vibrotactile pedals: provision of haptic feedback to support economical driving [J]. Ergonomics, 2013, 56(2): 282-292.

[6] AZZI S, REYMOND G, MERIENNE F, et al. Eco-driving performance assessment with in-car visual and haptic feedback assistance [J]. Journal of Computing and Information Science in Engineering, 2011, 11(4): 041005.

[7] 赵琦，朱思聪，于雷，宋国华. 面向生态驾驶的智能手机应用的开发与检验[J]. 交通运输系统工程与信息, 2015, 15(6): 54-59.

[8] ASAD J, KHATTAK, et al. Are HOV/eco-lanes a sustainable option to reducing emissions in a medium-sized European city? [J]. Transportation research, Part A: Policy and practice, 2014, 63: 93-106.

[9] Department of Transportation of the United States (US-DOT). Eco-Lane and Speed Harmonization simulation results in up to 6.3 percent reduction in fuel consumption and 4.6 percent reduction in CO_2 emissions. Available at: https://www.itskrs.its.dot.gov/its/benecost.nsf/ID/729077ddb72ee3f685257c8c006a83f4? OpenDocument=&Query=BMeasure, 2014.

[10] CHUNG Y S. Seemingly irrational driving behavior model: The effect of habit strength and anticipated affective reactions [J]. Accident Analysis & Prevention, 2015, 82: 79-89.

[11] CHEN S W, FANG C Y, and TIEN C T. Driving behaviour modelling system based on graph construction [J]. Transportation Research Part C: Emerging Technologies, 2013, 26: 314-330.

[12] WANG W, ZHANG W, GUO H, et al. A safety-based approaching behavioural model with various driving characteristics [J]. Transportation Research Part C: Emerging Technologies, 2011, 19: 1202-1214.

[13] ZHANG A H, CHANG Y, LI S J. Driver safety education system based on multimedia technology [J]. Journal of Transport Information and Safety, 2013, 31(2): 64-68.

[14] YANG J S. Analysis driving behavior intervention technology to prevent traffic accidents [J]. Chinese Journal of Ergonomics, 2005, 11(3): 38-40.

[15] BORIBOOMSOMSIN K, BARTH M, VU A. Evaluation of driving behavior and attitudes towards eco-driving: A Southern California limited case study [C]. Proceedings of the 90th Annual Meeting of Transportation Research Board, 2011.

[16] 伍毅平, 赵晓华, 荣建, 等. 基于驾驶模拟实验的生态驾驶行为节能减排潜力[J]. 北京工业大学学报, 2015, 41(8): 1212-1218.

[17] 伍毅平, 程颖, 刘莹, 等. 出租汽车驾驶人生态驾驶行为培训方法——以北京市为例[J]. 城市交通, 2016, 14(6): 36-39.

[18] 伍毅平. 生态驾驶行为特征甄别及反馈优化方法研究[D]. 北京: 北京工业大学, 2017.

[19] ZHAO X H, WU Y P, RONG J, et al. Development of a driving simulator based eco-driving support system [J]. Transportation Research Part C: Emerging Technologies, 2015, 58: 631-641.

[20] BELOUFA S, CAUCHARD F, VEDRENNE J, et al. Learning eco-driving behaviour in a driving simulator: Contribution of instructional videos and interactive guidance system [J]. Transportation Research Part F: Traffic Psychology and Behaviour, 2019, 61: 201-216.

[21] GONER J, EARLEYWINE, SPARKS W. Final report on the fuel saving effectiveness of various driver feedback approaches [J]. Contract, 2011, 303: 275-3000.

[22] WU Y P, ZHAO X H, CHEN C, et al. Development and application of an ecodriving support platform based on Internet+: Case study in Beijing taxicabs [J]. Transportation Research Record: Journal of the Transportation Research Board, 2017, 2645: 57-66.

[23] VAEZIPOUR A, RAKOTONIRAINY A, HAWORTH N, et al. A simulator evaluation of in-vehicle human machine interfaces for eco-safe driving [J]. Transportation Research Part A: Policy and Practice, 2018, 118: 696-713.

[24] DAHLINGER A, TIEFENBECK V, RYDER B, et al. The impact of numerical vs. symbolic eco-driving feedback on fuel consumption-A randomized control field trial [J]. Transportation Research Part D: Transport and Environment, 2018, 65: 375-386.

[25] SANGUINETTI A, QUEEN E, YEE C, et al. Average impact and important features of onboard eco-driving feedback: A meta-analysis [J]. Transportation Research Part F: Traffic Psychology and Behaviour, 2020, 70: 1-14.

[26] C. MCILROY R, A. SANTON N, GODWIN L. Good vibrations: Using a haptic accelerator pedal

to encourage eco-driving [J]. Transportation Research Part F: Traffic Psychology and Behaviour, 2017, 46: 34-46.

[27] OFFERMAN T, SONNEMANS J and SCHRAM A. Value orientations, expectations and voluntary contributions in public goods [J]. The Economic Journal, 1996, 106(437): 817-845.

[28] GENTRY J W, DICKINSON J R, BURNS A C, et al. The role of learning versus performance orientations when reacting to negative outcomes in simulations games [C]. Presented in Developments in Business Simulation and Experiential Learning, 2006(34): 79-84.

[29] STERN P C. Contributions of psychology to limiting climate change [J]. American Psychologist, 2011, 66(4): 303-314.

[30] KIRKPATRICK DL. Evaluating In-house Training Programs [J]. Training and Development Journal, 1978, 32(9): 6-9.

[31] 王清源, 旭海. 熵权法在重大危险源应急救援评估中的应用[J]. 南京工业大学学报(自然科学版), 2011, 33(3): 87-92.

第 8 章 "安全—生态"驾驶行为识别、预测及致因分析

8.1 概述

除影响车辆能耗排放以外,驾驶行为同样与车辆运行安全密切相关,有必要对驾驶行为安全性与生态性的耦合特征进行研究,以实现二者协同提升。目前国内外大多研究均是分别探讨驾驶行为的安全性和生态性问题,较少探究二者的耦合性,尚未形成融合安全、生态驾驶行为的一体化评估模式。本章以驾驶行为的"安全—生态"特性为核心,探讨驾驶行为"安全—生态"等级划分和评估、基于图谱对驾驶行为进行可视化表征、利用模型对驾驶行为"安全—生态"等级进行预测,以及不同道路与交通条件下驾驶行为"安全—生态"性的致因分析等核心问题,以期构成面向"安全—生态"驾驶行为的等级划分、特征表达、预测及辨识的系统化和一般化方法,为驾驶行为生态和安全特性协同提升奠定支撑。

8.2 "安全—生态" 驾驶行为等级划分及评估方法

8.2.1 安全性评估

为了提高驾驶行为安全性评估的准确性及稳定性,从整体驾驶行为安全性和不同道路及交通条件下的安全性两个方面进行评价。针对驾驶人整体驾驶行为安全性,通过计算每日驾驶行为的安全"熵"进行评估;针对不同道路条件(弯道、坡道、上坡、下坡、进交叉口、出交叉口、直线路段)与不同交通等级(等级1、等级2、等级3、等级4)下的安全性,选取安全等级指标算法标定安全等级。

8.2.1.1 基于驾驶人整体驾驶行为的安全性评估

"熵"是物理中的概念,代表能量在空间中的分布均匀度,于 1865 年由克劳修斯提出。信息熵是对客观数据的信息度量值,可以避免主观参数对行为评价的影响,已被用于评估驾驶人的驾驶行为。通过国内外现有研究分析,结合已有数据基础(见第 3 章),选择横、纵向加速度两个驾驶行为指标作为基础参数,用于后续开展驾驶行为安全性评估。

一般情况下,驾驶人不安全驾驶行为主要由两部分因素导致,一方面是正常驾驶时的外部环境突变,另一方面主要与驾驶人不良驾驶习惯有关。基于上述两部分因素可见,因外部环境突变所产生的不安全驾驶行为通常是由于驾驶人进行紧急避险所导致的,这是一种为了安全而导致的不安全驾驶行为。然而,若构建的驾驶行为数据库足够大,包含大量且丰富的道路条件及交通等级,则每位驾驶人遇到突发情况的概率都是相似的,在此种情况下,不安全驾驶行为大概率是由驾驶人自身差异所导致的。所以,此种驾驶行为差异可

表征驾驶人驾驶行为安全性的差异。

综上，研究利用加速度评估表征驾驶行为安全性，并将车辆运行时的纵、横向加速度二次细化为四个子类加速度指标，即：纵向加速度、纵向减速度、横向向右加速度与横向向左加速度。先分别计算 4 类加速度熵值，进而计算四类加速度熵的总和即为安全熵，具体评估方法及步骤如下：

1) 通过区间划分法划分四类加速度，划分区间数量为 10 个，具体的划分区间为：

当 a_1，$a_{lat}>0$ 时：
$$bins = [0 \quad 1,1 \quad 2,2 \quad 2.5,2.5 \quad 3,3 \quad 3.5,3.5 \quad 4, \\ 4 \quad 4.5,4.5 \quad 5,5 \quad 5.5,5.5 \quad +\infty] \tag{8-1}$$

当 a_1，$a_{lat}<0$ 时：
$$bins = [-\infty \quad -5.5,-5.5 \quad -5,-5 \quad -4.5,-4.5 \quad -4,-4 \quad -3.5, \\ -3.5 \quad -3,-3 \quad -2.5,-2.5 \quad -2,-2-1,-1 \quad 0] \tag{8-2}$$

2) 计算每位驾驶人在 4 类加速度的区间分布占比 p_i，计算 4 类加速度熵值 H_k：

$$H_k = \sum_{i=1}^{10} -p_i \times \log_{10}(p_i), i = 1,2\cdots,10 \tag{8-3}$$

式中　H_k——4 类加速度熵值，k 取 1~4，分别表征纵向加速度、纵向减速度、横向向右加速度与横向向左加速度的熵值。

3) 计算 4 类加速度熵值的和即为"安全熵"，代表驾驶人的安全性：

$$H_s = \sum_{k=1}^{4} H_k \tag{8-4}$$

式中　H_s——驾驶人安全熵值。

驾驶人的安全熵越高，代表驾驶人在自然驾驶条件下的加速度分布越分散，相比之下更频繁地出现不良驾驶行为，导致安全性较低。

基于一天的实车驾驶行为数据，计算获取不同驾驶人分项及总体安全熵结果，如图 8-1 所示。对比四类加速度的熵值可得，纵向加速的熵值相对其他类加速度熵值较小，

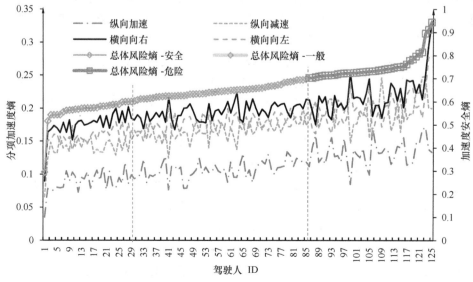

图 8-1　不同驾驶人分项和总体安全熵计算结果

证明驾驶人在纵向加速时的操作比较柔和，因此纵向加速运行安全性较高。而纵向减速的安全熵值与纵向加速的相比较高，这表明纵向减速比纵向加速运行安全性低。横向运动的安全熵值均高于纵向运动，证明驾驶人在横向加速选择上复杂于纵向加速选择。相比两种横向运行可知，横向向右的加速度安全熵值较高，证明驾驶人在向右行驶时通常会选择更高的横向加速度。

以安全熵表征驾驶行为安全性，可将驾驶人驾驶行为分为安全、一般和不安全共3类。如图8-1所示，加速度安全熵能够较好地表征驾驶人驾驶安全系数。单因素方差分析结构表明，不同安全等级驾驶人对应的4类加速度熵值有显著差异（$p<0.001$）。与此同时，将研究计算的安全熵结果与以往文献中对安全阈值界定的评估结果进行对比，如图8-2所示。结果表明，两种评估结果呈正相关关系，线性拟合R^2值约为0.69，其皮尔逊相关系数为0.83。因此，基于安全熵的评估结果与以往驾驶行为安全性评估结果具有很高的一致性与相关性，证明安全熵的方法可以较为准确地评估驾驶人驾驶行为的安全性。

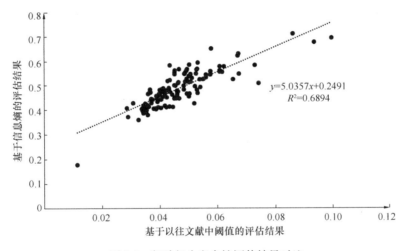

图8-2 驾驶行为安全性评估结果对比

8.2.1.2 考虑道路条件及交通等级的安全性评估

参照Jensen等人基于DTV（Data Threshold Violations）和PPAL（Phase Plane Analysis with Limits）确立的驾驶行为安全评价指标，在此基础上增加车辆横向控制指标以改进安全评估算法，从而提出驾驶操纵安全水平指数（DTR）。DTR由纵向控制安全水平指数（DTR_{lg}）和横向控制安全水平指数（DTR_{la}）构成。其中，驾驶人纵向控制的安全水平指数是基于速度、纵向加速度和颠簸三个因素计算，在计算纵向控制的同时考虑了DTV和PPAL。式（8-5）～式（8-9）用于计算驾驶人纵向控制的DTR_{lg}：

$$XDTV_v = \{v_p > v_{rl} \,\forall\, p \mid v \in R\} \tag{8-5}$$

$$XDTV_a = \{a_p > a_{rl}, a_p < d_{rl}, \forall\, p \mid a \in R\} \tag{8-6}$$

$$X'_{PPAL_i} = \left\{ \frac{[(a_p - ox_i)\cos\theta + (j_p - oy_i)\sin\theta]^2}{R_{a_i}^2} + \frac{[-(a_p - ox_i)\sin\theta + (j_p - oy_i)\cos\theta]^2}{R_{j_i}^2} > 1, \right.$$

$$\forall p \mid a \in R, J \in R\} \tag{8-7}$$

$$X_{\text{PPAL}_1} = X'_{\text{PPAL}_1} - X'_{\text{PPAL}_2} \tag{8-8}$$

$$DTR_{la_i} = \frac{a_{\text{DTV}_v} XDTV_v + a_{\text{DTV}_v} XDTV_v \sum_{i=1}^{S} a_{\text{PPAL}_i}}{l} \tag{8-9}$$

式中：$R_{a_i} = 0.5(a_{\tau l_i} - d_{\tau l_i})$，$R_{ji} = j_{\tau l_i}$，$ox_i = a_{\tau l_i} - R_{a_i}$，$oy_i = 0$。

驾驶人安全评价的常参数值如表8-1所示。

驾驶人安全评价的常参数值　　　　　　表8-1

指标	θ	j_{tl1}	j_{tl2}	j_{tl3}
值	0.63rad	1m/s²	2m/s³	3m/s³
指标	$la_{\tau l}$	a_{DTV_v}	a_{DTV_a}	a_{PPAL_1}
值	2.5m/s²	1	1	2
指标	a_{PPAL_2}	a_{PPAL_3}		
值	3	5		

基于速度、纵向加速度和颠簸三个因素，计算驾驶人纵向控制安全水平指数。计算公式如下：

$$DTR_{lt} = XDTV_{la} = \{\mid la_p \mid > la_{\tau l}, \forall p \mid la \in R\} \tag{8-10}$$

$$la_p = \frac{v_p^2}{R_p} \tag{8-11}$$

$$R_p = \frac{v_p \times \Delta t}{\varphi_p} \tag{8-12}$$

$$\varphi_p = \arctan \frac{x_{p+i} - x_p}{y_{p+i} - y_p} \times \cos(y_{p+1}) \tag{8-13}$$

式中　$la_{\tau l}$——横向加速度阈值；

　　　x——车辆的经度；

　　　y——车辆的纬度；

$\Delta t = 1\text{s}$；φ_p 和 R_p——偏航角和转弯半径。

纵向控制和横向控制对行车安全同等重要。因此，对所得到的结果进行归一化处理，得到驾驶人的整体安全等级指数（DTR）：

$$DTR = \frac{DTR_{lg_p} - \min(DTR_{lg})}{\max(DTR_{lg})} + \frac{DTR_{lt_p} - \max(DTR_{lt})}{\max(DTR_{lt}) - \max(DTR_{lt})} \tag{8-14}$$

利用 DTR 表征驾驶人整体安全性，得分越高表明驾驶人的驾驶行为风险越高。

8.2.2　生态性评估

生态驾驶行为是指驾驶人在驾驶过程中能够采取及时换挡、保持平稳的车辆行驶速度、提前有效预测前方交通流状态和信号变化情况等措施，从而最大限度地避免突然加速、减速与长时怠速等不良驾驶行为，通过对驾驶行为的合理改善从而达到节能减排的效果。基于车载 OBD 设备采集的数据（见第3章），选择燃料消耗作为分类指标代表驾驶人驾驶行为的生态水平。为了保证数据的一致性和可比性，采用百公里油耗进行分类分析，计算如式（8-15）所示：

$$FC = \frac{FC_a}{S} \times 100 \qquad (8-15)$$

式中　FC——百公里油耗（L/100km）；
　　　FC_a——驾驶人每天的油耗（L）；
　　　S——当天的行驶距离（km）。

8.2.3 安全—生态性分类

8.2.3.1 安全—生态等级划分

用安全熵代表驾驶人的安全特性，油耗代表驾驶人的生态特性。安全熵越大，驾驶行为风险性越大；油耗越高，驾驶行为生态性越差。采用四分位数法划分安全生态等级，将安全熵分为安全阈值、一般安全阈值和不安全阈值，将燃料消耗分为生态阈值、一般生态阈值和非生态阈值。在此基础上，将安全性和生态性进行组合划分，分为"一般"驾驶人"安全—生态"驾驶人"安全—非生态"驾驶人"不安全—生态"驾驶人"不安全—非生态"驾驶人，见图 8-3。不同安全生态等级的阈值如表 8-2 所示。

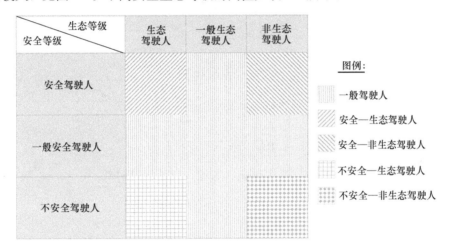

图 8-3　分类示意图

不同等级的阈值　　　　　　　　　　　　　　　表 8-2

安全等级	阈值范围	生态等级	阈值范围(L/100km)
安全	[0, 0.625]	生态	<7.32
一般安全	(0.625, 0.680]	一般生态	(7.32, 8.39]
不安全	(0.680, 1]	不生态	>8.39

8.2.3.2 安全—生态指标提取

驾驶行为是影响驾驶安全性和生态性的重要指标。通过国内外文献梳理，结合已有数据基础，最终选取 12 个指标反映驾驶安全和生态性。12 个指标均以日为单位进行提取，默认最小速度为 0，故不提取最小速度指标，采集指标如表 8-3 所示。其中，道路长度与行驶时长用作数据预处理，其余 10 项指标作为驾驶行为安全性和生态性评估。

主要指标与缩写 表 8-3

指标	缩写	指标	缩写
平均速度	V_{mean}	怠速比例	IP
速度标准差	S_V	平均加速度	AA
最大速度	V_{max}	平均减速度	AD
加速比例	AP	加速度标准差	δ_a
减速比例	DP	道路长度	RL
匀速比例	SP	驾驶时长	DT

定义各指标如下：

$$V_{mean} = \frac{1}{T}\sum_{i=1}^{T} v_i \tag{8-16}$$

$$\delta_v = \frac{1}{T}\sum_{i=1}^{T}(v_i - V_{mean})^2 \tag{8-17}$$

$$V_{max} = \{v_1, v_2, v_3, \cdots, v_T\}_{max} \tag{8-18}$$

式中　　v_i——第 i 秒的车速；

　　　　T——一天总驾驶时长；

$v_1, v_2, v_3, \cdots, v_T$——一天驾驶过程中的秒级车速。

$$AP = \frac{t_a}{T} \times 100\% \tag{8-19}$$

$$DP = \frac{t_d}{T} \times 100\% \tag{8-20}$$

$$SP = \frac{t_s}{T} \times 100\% \tag{8-21}$$

$$IP = \frac{t_i}{T} \times 100\% \tag{8-22}$$

式中　t_a、t_d、t_s、t_i——一天中加速、减速、匀速、怠速的总时长。

$$AA = \frac{1}{M}\sum_{j=1}^{M} a_j \tag{8-23}$$

$$AD = \frac{1}{N}\sum_{k=1}^{N} a_k \tag{8-24}$$

式中　a_j——第 j 秒的加速度；

　　　M——一天内加速总时长；

　　　a_k——第 k 秒的减速度；

　　　N——一天内减速总时长。

$$\delta_a = \frac{1}{T}\sum_{s=1}^{T}(a_s - a_{mean})^2 \tag{8-25}$$

式中　a_s——第 s 秒的加速度；

　　　T——一天驾驶时间长度；

　　　a_{mean}——一天的加速度均值。

$$RL = \sum_{i=1}^{T} v_i \tag{8-26}$$

$$DT = T_E - T_S \tag{8-27}$$

式中 T_S、T_E——路段开始时间、结束时间。

8.2.3.3 安全—生态划分验证

为了检验"安全—生态"分类的可靠性,对以上 10 个指标在 5 种"安全—生态"水平下的差异性开展非参数检验,结果如表 8-4 所示。由表 8-4 可知,不同类别下各驾驶行为指标存在显著差异,进一步的 LSD 分析结果如表 8-5 所示。表 8-5 中的"1""2""3""4""5"分别代表"一般"驾驶人"安全—生态"驾驶人"安全—非生态"驾驶人"不安全—生态"驾驶人"不安全—非生态"驾驶人五类。

非参数检验　　　　　　　　　　　　　　　　　　　　表 8-4

指标	χ^2	p	指标	χ^2	p
平均速度	1719.652	<0.001	加速比例	2088.502	<0.001
速度标准差	668.482	<0.001	加速度标准差	1076.559	<0.001
最大速度	128.934	<0.001	减速比例	1900.390	<0.001
平均加速度	891.744	<0.001	匀速比例	1117.83	<0.001
平均减速度	839.697	<0.001	怠速比例	2009.218	<0.001

不同指标下的显著性检验结果　　　　　　　　　　　　　　表 8-5

(1) 平均速度($p<0.001$)

"安全—生态"等级	1	2	3	4	5
1	—	0.000	0.000	0.000	0.000
2	—	—	0.000	0.000	0.000
3	—	—	—	0.000	0.000
4	—	—	—	—	0.000

(2) 速度标准差($p<0.001$)

"安全—生态"等级	1	2	3	4	5
1	—	0.000	0.000	0.000	0.000
2	—	—	0.000	0.000	0.000
3	—	—	—	0.000	0.000
4	—	—	—	—	0.000

(3) 最大速度($p<0.001$)

"安全—生态"等级	1	2	3	4	5
1	—	0.009	0.051	0.000	0.000
2	—	—	0.001	0.097	0.000
3	—	—	—	0.000	0.000
4	—	—	—	—	0.000

(4) 平均加速度($p<0.001$)

"安全—生态"等级	1	2	3	4	5
1	—	0.000	0.034	0.005	0.000
2	—	—	0.000	0.000	0.000
3	—	—	—	0.000	0.000
4	—	—	—	—	0.000

续表

(5) 加速度标准差($p<0.001$)

"安全—生态"等级	1	2	3	4	5
1	—	0.000	0.000	0.000	0.000
2		—	0.000	0.000	0.000
3			—	0.000	0.000
4				—	0.002

(6) 加速比例($p<0.001$)

"安全—生态"等级	1	2	3	4	5
1	—	0.000	0.000	0.000	0.000
2		—	0.000	0.000	0.000
3			—	0.000	0.000
4				—	0.000

(7) 平均减速度($p<0.001$)

"安全—生态"等级	1	2	3	4	5
1	—	0.000	0.001	0.000	0.000
2		—	0.000	0.000	0.000
3			—	0.000	0.000
4				—	0.000

(8) 减速比例($p<0.001$)

"安全—生态"等级	1	2	3	4	5
1	—	0.000	0.000	0.000	0.000
2		—	0.000	0.000	0.000
3			—	0.000	0.000
4				—	0.000

(9) 匀速比例($p<0.001$)

"安全—生态"等级	1	2	3	4	5
1	—	0.000	0.000	0.000	0.000
2		—	0.000	0.000	0.000
3			—	0.000	0.000
4				—	0.000

(10) 怠速比例($p<0.001$)

"安全—生态"等级	1	2	3	4	5
1	—	0.000	0.000	0.000	0.000
2		—	0.000	0.000	0.000
3			—	0.000	0.000
4				—	0.000

10项指标的组间差异性检验结果表明,除"最大速度"外,其余9项指标在5类中

均有显著性差异。由于所有驾驶人行驶的道路都有明确的限速,导致驾驶人最大速度无显著性差异。因此,后续分析种剔除了最大速度指标。

8.2.4 安全—生态性评估

为了将"安全—生态"等级划分进行量化表征,对安全熵(代表安全性)与油耗(代表生态性)进行归一化处理,统一量纲,见式(8-28)。将安全熵与油耗分别归一化后加和,得到"安全—生态"的评估得分。

$$x_i^* = \frac{x_i - x_{\min}}{x_{\max} - x_{\min}} \quad (8\text{-}28)$$

式中 x_i ——归一化前的数据;

x_i^* ——归一化后的数据;

$x_{\min}$ ——数据列表中的最小值;

$x_{\max}$ ——数据列表中的最大值。

为了验证"安全—生态"评估的准确性与可靠性,将"安全—生态"等级划分结果与评估结果进行差异显著性分析。同样采用非参数检验方法,结果显示,"安全—生态"评估得分在不同的"安全—生态"等级下有显著性差异$[F_{(4,272228)} = 42422.791, p < 0.001]$,评估得分可以显著区分不同"安全—生态"等级的驾驶人。在此基础上,进一步分析5类等级下"安全—生态"评估得分的差异显著性,LSD分析结果如表8-6所示。评估得分的组间差异显著性分析结果进一步验证"安全—生态"评估分值可以区分不同的"安全—生态"等级。

"安全—生态"评估得分的显著性检验结果　　　　　　表8-6

"安全—生态"等级	1	2	3	4	5
1	—	0.000	0.000	0.000	0.000
2		—	0.000	0.000	0.000
3			—	0.000	0.000
4				—	0.000

8.3 "安全—生态"驾驶行为特征图谱表达

本章将介绍一种基于特征图谱的表达方法描绘"安全—生态"驾驶行为特性,以挖掘和刻画不同"安全—生态"驾驶行为的内部复杂数据结构关系,实现驾驶行为变化过程的直观表达。基于自然驾驶状态下的车辆运行状态数据,以"安全—生态"等级为约束,采用图谱理论构建驾驶行为特征图谱。绘制图谱包括编码产生、编码规则和图谱构建规则共三个步骤,流程图如图8-4所示。

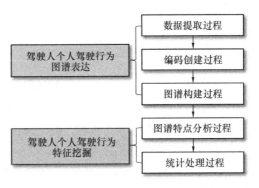

图8-4　驾驶行为特征图谱构建流程

8.3.1 等级划分与指标提取

由于实际行程过程中驾驶行为受多种条件交互影响，是各种影响因素综合作用的结果。在本书中，驾驶行为特征表达重点考虑道路和交通两个基本条件。基于上述研究中的道路条件与交通条件划分结果，综合考虑不同"安全—生态"等级分类，形成"安全—生态"驾驶行为特征图谱划分类型如图8-5所示，包括直线、弯道、上坡、下坡、进交叉口、出交叉口共6个道路条件，道路等级1、道路等级2、道路等级3、道路等级4共4种交通等级，"一般"驾驶人、"安全—生态"驾驶人、"不安全—生态"驾驶人、"安全—非生态"驾驶人、"不安全—非生态"驾驶人共5个"安全—生态"驾驶等级。因此，最终形成6种道路条件×4种交通等级×5种"安全—生态"等级＝120种"安全—生态"驾驶行为特征图谱。

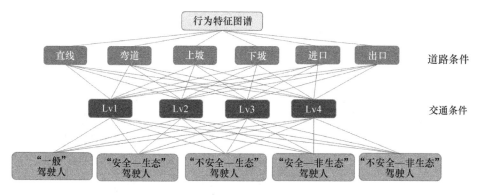

图 8-5 "安全—生态"驾驶行为特征图谱划分类型

8.3.2 数据编码

为更好地描述数据编码过程，以出租车在基本直线段数据为例，分别提取安全驾驶人、一般安全驾驶人和危险驾驶人原始数据中的速度（v）、横向加速度（a_x）和纵向加速度（a_y）作为图谱的行为风险评价指标，进而对不同安全性分类状态下的基本指标进行预处理。以车速数据为例，根据式（8-27）和式（8-28）可以计算车辆运行状态发生显著变化的时刻。

$$\Delta t = f(t+1) - f(t) \tag{8-29}$$

$$|f(t+1) - f(t)| > 0.85 Percentile(|\Delta t_1|, |\Delta t_2| \cdots |\Delta t_\tau|) \tag{8-30}$$

式中　　$f(t)$——时刻 t 对应的车辆运行状态值；

Δt——$t+1$ 时刻指标值与 t 时刻指标值之差；

$0.85 Percentile(|\Delta t_\tau|)$——指标的85％位数值。

图谱编码规则如图8-6所示，图中实折线代表车辆运行速度值，虚折线代表速度变化绝对值，直线代表速度变化绝对值的85％位数值。以速度变化绝对值的85％位值作为基准，当速度变化绝对值超过85％位值时意味着速度发生显著变化。根据上述编码规则，分别记录三个指标变化绝对值（虚折线）超过85％位值（直线）的点（圆圈），表示此时刻产生图谱编码。在某一时刻产生的编码情况，包括单一行驶状态发生显著改变以及两种

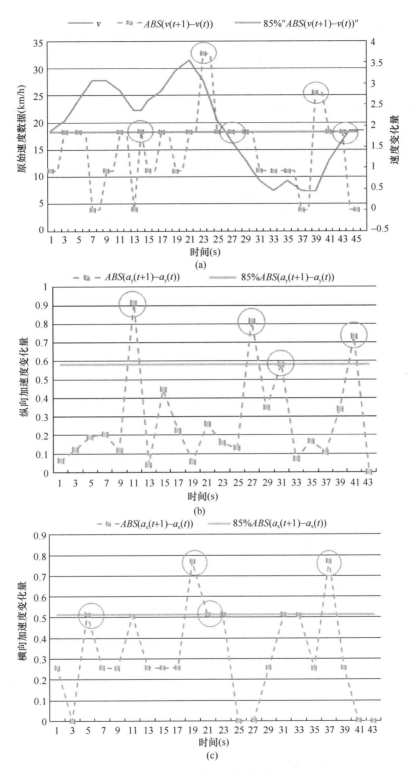

图 8-6 图谱编码规则示意

或多种行驶状态同时发生显著变化。

8.3.3 图谱构建

基于数据编码结果,定义图谱构建规则:①横坐标为时间序列,纵坐标为数据编码;②编码从左往右依次排列,正(负)号代表编码增(减)量,当同种编码之间没有其他编码时,该编码相互叠,编码外圈数表示编码数量;③编码按时间顺序用箭头连接,箭头长短表示时长,箭头上的数字表示相邻两种编码间隔时间,没有数字则表示两种编码接连产生。需要注意的是:①横坐标的时间节点并不是等距的;②一个编码或一个编码组合本身的时间为2s。

以直线段低速条件下的车辆运行数据为例,基于上述图谱构建规则,绘制5类"安全—生态"驾驶人人群中的典型驾驶人驾驶行为图谱见图8-7。

(1)"安全—非生态"驾驶人

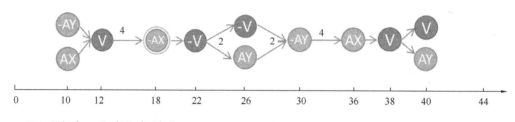

(2)"安全—生态"驾驶人

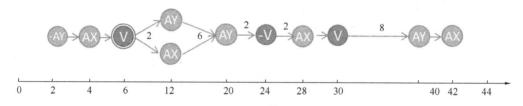

(3)"不安全—生态"驾驶人

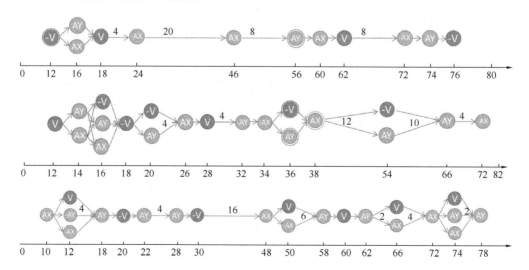

图 8-7 特征图谱示例(一)

(4)"不安全—非生态"驾驶人

(5)一般驾驶人

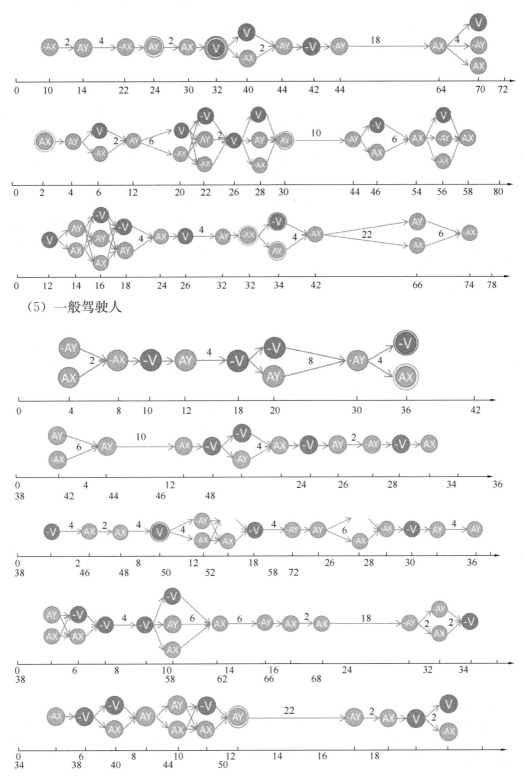

图 8-7 特征图谱示例（二）

以图 8-7 所示"安全—生态"类图谱为例，描述了驾驶人在 44s 的行驶过程中车辆运行状态发生的一系列改变。该图谱由 3 个驾驶行为组构成，第二组与第一组间隔 6s，第三组与第二组间隔 8s。开始行驶时，该驾驶人降低了纵向加速度并发生了横向偏移，速度缓慢增加，2s 过后纵向加速度开始增加的同时再次发生了横向偏移。平稳 6s 后，出现第二组驾驶行为，第二组驾驶行为表现为车辆速度明显降低，2s 后横向加速度增加，然后速度开始增加。距离第二组驾驶行为 8s 后，纵、横向加速度增加，再 2s 后结束行程。

从安全性角度看，安全驾驶行为的单一编码比不安全的多，同一时刻下的编码较为单一，表明安全驾驶行为在同一时刻大概率只会产生一种驾驶行为；反之，不安全驾驶行为图谱显示编码组合多样复杂，说明同一时刻产生多个驾驶操作。可以推测，安全驾驶人的驾驶行为更加单一有序，不安全驾驶人更易出现多种驾驶行为状态。

在生态性方面，非生态驾驶人的驾驶行为组数比生态的少，每组驾驶行为大部分有编码组合产生，驾驶行为组的产生较为密集。可以推测，非生态驾驶人会在较短的时间内完成多个驾驶操作，如急加（减）速、纵（横）向加速度的突然变化等，相比分散均匀地完成同样的驾驶操作，车辆油耗量会增加。

8.3.4 结果分析

为验证驾驶行为特征图谱是否与"安全—生态"指标划分结果一致，对不同类型的编码产生数量、产生规律进行统计分析。由特征图谱可知，给定指标能出现的编码组合共计 7 种：速度（v）、纵向加速度（a_y）、横向加速度（a_x）、速度（v）+纵向加速度（a_y）、速度（v）+横向加速度（a_x）、横向加速度（a_x）+纵向加速度（a_y）、速度（v）+横向加速度（a_x）+纵向加速度（a_y）。为了便于统计分析图谱与四类"安全—生态"划分结果的量化关系，首先对每种编码进行数字校准，如表 8-7 所示，其中 1～3 为单一编码，4～6 是两个编码的组合，7 是所有编码的组合。分别计算 13 名驾驶人不同编码组合形式出现频率如图 8-8 所示。编码出现频率指编码或编码组合出现次数与编码组合总数的比值。统计单一编码、两个及三个编码组合对应的安全、一般安全和不安全三个等级所对应的频率分布，如图 8-9 所示。

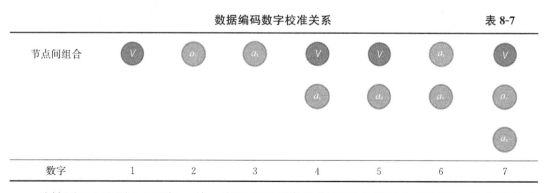

数据编码数字校准关系　　　　表 8-7

总结图 8-8 和图 8-9 可知，单一编码出现频率均高于组合编码出现频率。安全驾驶人单一编码出现频率最高，不安全驾驶人的单一编码出现频率最低。反之，不安全驾驶人发生编码组合的频率比安全驾驶人高。因此，驾驶行为特征图谱表征结果与"安全—生态"等级划分结果一致。

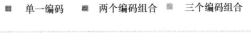
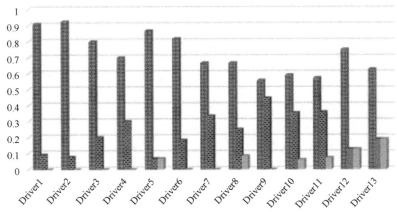

图 8-8　不同驾驶人编码情况及出现频率

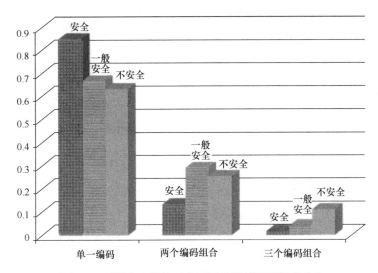

图 8-9　不同安全等级对应不同编码情况的频率分布

8.4 "安全—生态" 驾驶行为预测模型

本章基于驾驶行为特征数据库构建预测模型，提出面向"安全—生态"驾驶行为等级划分的一般性综合判定方法，并对"安全—生态"驾驶行为预测结果进行评估分析。

8.4.1 数据库特征提取

基于自然驾驶行为数据的"安全—生态"等级划分结果如图 8-10 所示。由此可知，"一般"驾驶人比例较大，占总分类比例 76%，而"安全—生态"驾驶人、"安全—非生态"驾驶人、"不安全—生态"驾驶人、"不安全—非生态"驾驶人共 4 类仅占 24%。其中，"安全—生态"驾驶人数量占比 4%、"安全—非生态"驾驶人数量占比 9%、"不安全—生态"驾驶人数量占比 7%、"不安全—非生态"驾驶人数量占比 4%。

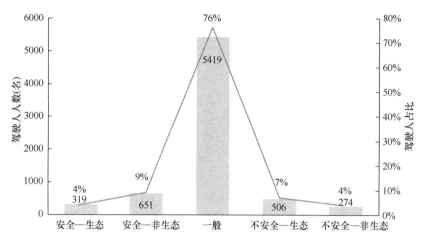

图 8-10　基于自然驾驶行为数据的"安全—生态"等级划分结果分布情况

由图 8-10 可以看出,"安全—生态"等级划分结果具有明显不均衡特征,"一般"驾驶人样本数量远远大于其他类别。针对不均衡数据集的分类算法较为特殊,需要在每类数据分布不平均的情况下,训练模型并学习到每类数据中的有用特征,尤其少数类数据是建模研究的重点。一般情况下,可将"少数类"称为"负类"或者"稀有类",则另外的"多数类"可称为"正类"或者"多数类"。在研究数据集分布的类不均衡时,少数类通常蕴含重要的特征,而往往传统的分类算法会忽略数据不均衡这一问题,导致出现较高的误差。因此,在构建分类预测模型开展驾驶人进行分类时,需要考虑并解决数据不平衡问题。

8.4.2　模型选取及建立

8.4.2.1　多元逻辑回归模型

在现有分类问题中,逻辑回归模型是一种较为流行的机器学习方法。逻辑回归模型通过估算某一事物发生的可能性进行预测分类,同时还可通过设置权值解决类不平衡问题。逻辑回归是对线性回归后的逻辑方程正规化过程,是概率统计中的经典分类方法之一。在利用逻辑回归方法进行分类预测时,往往需要设置一个阈值,通过阈值对需要预测的数据样本类别进行判断。鉴于逻辑回归模型具备较高的可解释性及较好的泛化能力,经常被视为机器学习与模式识别中最重要的分类预测模型之一。

一般情况下,决策分类模型可分为判别模型与生成模型两类。其中,生成模型是指对所有可能的结果进行建模,而后输入某一新的样本特征和每种可能的模型进行匹配,选择模型匹配度最高的为最终分类结果。判别模型则采用直接建模的方式,判断每个样本匹配为各种类别下的概率。通过对建模方式的分析可知,多元逻辑回归模型分类器属于判别模型。对于多分类问题,逻辑回归分类器的定义如下:

$$p(y=j \mid x_i) = \frac{\exp(\omega_i^T x_i + b_i)}{1 + \sum_{l=1}^{M-1} \exp(\omega_l^T x_i + b_l)}, j=1,\cdots,M-1 \quad (8-31)$$

其中 $y_i \in \{1,2,\cdots,M\}$,y_i 是示例 x_i 的分类标号。

8.4.2.2　参数设置

在多元逻辑回归模型中,对于不均衡样本分类,常选用类别权重 $class\_weight$ 与样本权重 sample_weight 两个函数进行处理。

1) 类别权重 class_weight

class_weight 参数用于表示分类模型中各类别样本的权重。一般有三种处理方式：

(1) 不考虑权重，即所有类别的权重相同。

(2) 自动计算类别权重。某类别的样本量越多，其权重越低；样本量越少，则权重越高。类权重计算方法为：$n\_samples/[n\_classes * np.bincount(y)]$。其中，$n\_samples$ 为样本数，$n\_classes$ 为类别数量，$np.bincount(y)$ 输出每个类的样本数。

(3) 手动指定各个类别的权重。如对于"0-1"二类分类问题，可以定义 class_weight ={0：0.9，1：0.1}，即类别"0"的权重为90%，而类别"1"的权重为10%。

2) 样本权重 sample_weight

模型训练为 $fit(X, y, sample\_weight=None)$。其中参数 sample_weight 为样本权重参数。如果既用了 class_weight，又用了 sample_weight，那么样本的真正权重是：class_weight * sample_weight。

根据现有数据库情形，结合数据类情况，本研究调用样本权重函数对类不均衡问题进行参数设置。研究随机抽取数据库中75%的行为数据作为模型训练样本，其余25%的行为数据作为预测样本对模型结果的稳定性进行判定。考虑到样本量不均衡问题，在模型建立中对各样本量赋权重。调用 Python 中 numpy 库中的 bincount 函数算法实现对不平衡数据的权重计算，计算公式如下：

$$weight = n\_sample/[n\_class \times np.bincount(y)] \tag{8-32}$$

式中 n_sample——训练样本总个数；

n_class——分类个数，本研究中取5；

$np.bincount(y)$——每类别中出现的次数矩阵；

y——每个样本个体。

由于类别为5，bin 的数量为6，索引值为 0~5。因此输出的结果为训练样本分别在索引 0~5 条件下的出现频次 $[X_0, X_1, X_2, X_3, X_4, X_5]$。

8.4.2.3 结果输出

多元逻辑回归模型输出结果如表 8-8 所示，表内参数 $\omega_1^T - \omega_9^T$ 分别表示平均速度、速度标准差、平均加速度、加速度标准差、加速比例、平均减速度、减速比例、匀速比例、怠速比例的参数值。

模型参数结果输出　　　　表 8-8

	一般	安全—生态	安全—非生态	不安全—生态	不安全—非生态
ω_1^T	-0.09386	-0.00336	-1.10015	0.71844	-0.08914
ω_2^T	0.38331	2.80615	5.06618	-4.45522	-3.10078
ω_3^T	-0.03532	-7.35815	-1.71859	-0.31486	5.60314
ω_4^T	1.16543	2.42712	-1.03583	-0.90917	-4.73175
ω_5^T	1.00927	-2.88888	-3.24443	4.40978	5.45457
ω_6^T	0.14719	5.88103	0.80103	-3.67826	-4.65111
ω_7^T	1.24739	-3.12287	-3.58924	3.76982	6.04087
ω_8^T	0.05813	0.29181	-0.08296	-0.16107	-0.29934
ω_9^T	-3.34267	5.95420	6.52214	-7.88668	-7.59181
b	1.097	0.387	0.185	0.0266	3.464

由表8-8可知，减速比例对"一般"与"不安全—非生态"驾驶人的正影响最大，对"安全—生态""安全—非生态"驾驶人的负向影响最大。怠速比例对"一般""安全—非生态""不安全—非生态"驾驶人的负向影响最大，对"安全—非生态"驾驶人的正影响最大。平均减速度对"安全—生态"驾驶人的正向影响最大。加速比例对"不安全—生态"驾驶人的正影响最大。

8.4.3 模型评估

8.4.3.1 评估指标选取

如上文所述，本研究属于数据类不平衡的分类问题，除准确率（$Accuracy$）、召回率（$Recall$）等一般性模型性能评估指标外，综合引用 $G\text{-}mean$、$F\text{-}measure$、ROC 曲线、AUC 对模型的预测效果进行评价。

1）准确率（$Accuracy$）

分类问题通常将分类结果划分为阳性与阴性两种情况，预测结果会出现如表8-9所示的四类情况。分类准确率定义如式（8-33）所示：

表 8-9 混淆矩阵

	样本预测为正类 ＋	样本预测为负类 －
样本实际为正类 ＋	TP	FN
样本实际为负类 －	FP	TN

$$Accuracy = \frac{TP+TN}{TP+TN+FP+FN} \quad (8\text{-}33)$$

2）召回率（$Recall$）

召回率（$Recall$）即敏感度，为阳性样本被准确预测为阳性的占比。

$$Recall = \frac{TP}{TP+FN} \quad (8\text{-}34)$$

3）$F\text{-}measure$ 与 $G\text{-}mean$

$F\text{-}measure$ 代表准确率与召回率两指标的加权调和平均数，$G\text{-}mean$ 代表准确率与召回率两指标的几何平均数。$F\text{-}measure$ 与 $G\text{-}mean$ 是评估不均衡数据集模型分类性能的重要指标，均以模型对各类划分的准确程度为衡量基础，值越大代表此分类模型的性能越好。通常定义调整召回系数和正确率的参数 β 为1。

$$G\text{-}mean = \sqrt{\frac{TP}{TP+FN} \times \frac{TN}{TN+FP}} \quad (8\text{-}35)$$

$$F\text{-}measure = \frac{recall \times precision(1+\beta)^2}{\beta^2 \times recall + precision} \quad (8\text{-}36)$$

$$precision = \frac{TP}{TP+FP} \quad (8\text{-}37)$$

4）ROC 曲线和 AUC 值

以特异度（式（8-38））作为横坐标，以敏感度（即召回率）为纵坐标绘制 ROC 曲线图。利用 ROC 曲线评估预测模型性能时，通常用曲线左下角至右上角的对角线为参考。如果预测模型 ROC 曲线与对角线重合，证明此分类预测模型无解释能力；ROC 曲线越靠近左上角，表示分类预测模型的敏感度高但特异度低，说明阳性样本被正确预测为阳性的比例高，阴性样本被错误预测为阳性的比例低；如果 ROC 曲线达到左上角，证明此分类预测模型能够完全正确预测样本中的所有阳性样本与阴性样本，此时预测模型的解释力达到最优。

$$FPR = \frac{FP}{TN + FP} \tag{8-38}$$

通过 ROC 曲线检验模型性能时，除观察 ROC 曲线外形外，还可以利用 AUC 值判别模型的分类能力。AUC 值指 ROC 曲线下方的面积，其取值范围为 [0，1]。AUC 值越大，证明分类预测模型的性能越好。利用 AUC 值判别模型性能的规则如表 8-10 所示。

AUC 值的判定规则 表 8-10

AUC 值范围	判定规则
[0.9，1]	模型的解释能力表现极好
[0.8，0.9)	模型的解释能力表示为良好
[0.7，0.8)	模型的解释能力表示为可以接受
0.5	模型的解释能力表现为无解释能力，分类模型等同于随机分类

8.4.3.2 评估结果分析

以整体数据集中剩余 25% 为预测样本数据，计算 Accuracy、Precision、Recall、G-mean、F-measure 以评估模型性能，结果见表 8-11。

模型评估结果 表 8-11

	准确率 Accuracy	召回率 Recall	G-Mean	F-Measure	AUC 值
"一般"驾驶人	0.81	0.84	0.76	0.84	0.81
"安全—生态"驾驶人	0.94	0.71	0.83	0.54	0.95
"安全—非生态"驾驶人	0.94	0.73	0.84	0.82	0.97
"不安全—生态"驾驶人	0.94	0.61	0.77	0.75	0.97
"不安全—非生态"驾驶人	0.96	0.53	0.72	0.65	0.95
平均值	0.92	0.69	0.78	0.72	0.93

由准确率（Accuracy）可知，5 个不同"安全—生态"等级下的准确率均值为 0.92，说明模型在各层级与整体下具有较好的准确性。除准确性外，在不平衡数据问题中应更重视其余指标。由召回率（Recall）可知，各等级下召回率均大于 0.5 且模型整体召回率约为 0.69，表明模型具有较好的预测质量。由 G-Mean 与 F-Measure 可知，模型在各等级下的综合分类准确性较好，模型具有良好的性能且能很好解决类不平衡的问题。

结合表 8-11 中的 AUC 值和图 8-11 中的 ROC 曲线可知，不同"安全—生态"等级下的 AUC 值和 ROC 均有一定差异，但模型中的 AUC 值普遍较高，均在 0.8 以上。除"一般"驾驶人模型表现为有良好的解释能力，其余 4 个等级下的模型均表现为有极好的解释能力。因此，研究结果表明预测模型有良好的适用能力，可以对驾驶人进行"安全—生态"等级的准确预测。

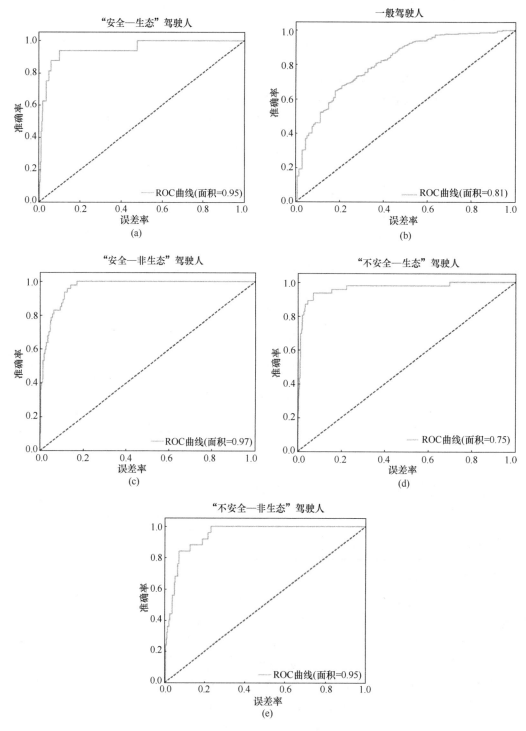

图 8-11 ROC 曲线与 AUC 值

8.5 "安全—生态"驾驶行为致因分析

利用 GPS 数据关联道路和交通条件,进而提取不同外部环境影响下驾驶行为的安全特性与生态特性。使用线性混合效应模型,辨识不同道路条件、交通等级对驾驶行为安全特性与生态特性的致因影响,以期为驾驶行为改善提供有效依据。

8.5.1 模型选取

研究建模分析不同道路、不同交通条件下驾驶人驾驶行为的安全性及生态性,需消除由驾驶人带来的随机效应影响。因此,选用线性混合效应模型进行研究。线性混合效用模型是一种方差分量模型,既含有固定效应,又含有随机效应。

一般线性回归模型具有 2 个重要因素,即固定效应与噪声,见式 (8-39):

$$y = \beta x + \varepsilon \tag{8-39}$$

式中 y——因变量向量;

x——自变量矩阵;

β——与 x 对应的固定效应参数向量;

ε——噪声或剩余误差向量。

上述公式中,固定效应为可预测因素,噪声为被忽略的随机因素。但是,在某些环境中,预测某一类别会产生 2 种随机因素影响模型输出结果,包括通过重复测试对模型产生的随机噪声,以及由不同个体间差异所产生的噪声。基于此,随机因素包含组内、组间两种随机因素,并不满足一般线性回归模型的模型假设。

线性混和效应模型是基于线性混合模型的拓展模型,其中包含固定、随机两种效应。随机效应一般用于处理一般线性模型中无法处理的"随机影响"部分。线性混合效应模型见式 (8-40):

$$y = \beta x + \gamma z + \varepsilon \tag{8-40}$$

式中 y——因变量向量;

x——自变量矩阵;

β——与 x 相对应的固定效应参数向量;

z——随机效应变量矩阵;

γ——随机效应参数向量;

ε——噪声或剩余误差向量。

8.5.2 安全驾驶行为模型构建

以驾驶行为安全熵为数据基础,建立线性混合效应模型,诊断由不同道路条件与交通等级下驾驶行为安全性的致因。其中道路条件包括直线道路、上坡、下坡、进交叉口、出交叉口、弯道;交通等级按照不同的行驶车速从小到大分为:等级 1、等级 2、等级 3、等级 4。安全驾驶行为模型结果见表 8-12。设置不显著参数系数为 0,获取不同等级的道路条件与交通等级对驾驶行为安全性的影响。以直线条件与交通等级 1 为基准,如果模型输出系数大于 0，证明该因素会导致驾驶行为安全性升高；如果模型输出系数小于 0，证明此因素会导致驾驶行为安全性降低。表中灰色阴影部分表示该效应对于安全熵没有显著影响，表中无灰色阴影部分表示该效应对于安全熵有显著影响。

由道路条件分析可知，道路条件中的弯道、进交叉口、出交叉口、上坡、下坡路段与直线路段的驾驶行为安全性有显著差异，上坡、下坡路段驾驶行为的安全性高，弯道路段驾驶行为的安全性低。由交通等级分析可知，交通等级越高即车辆行驶速度越高，驾驶过程中的驾驶行为安全性相应增高。

安全驾驶行为模型结果　　　　　　　　　　　　表 8-12

			估算	显著性	95%的置信区间	
					下限值	上限值
主效应	道路条件	直线	0.000	—		
		上坡	−0.006	0.000**	−0.007	−0.004
		下坡	−0.011	0.000**	−0.021	−0.009
		弯道	0.052	0.000**	0.049	0.055
		入口	−0.133	0.000**	−0.135	−0.131
		出口	−0.135	0.000**	−0.137	−0.132
	交通等级	交通等级 1	0.000			—
		交通等级 2	−0.068	0.000**	−0.069	−0.066
		交通等级 3	−0.109	0.000**	−0.110	−0.107
		交通等级 4	−0.168	0.000**	−0.170	−0.167
交互	直线	交通等级 1	0.000	—	—	—
		交通等级 2	0.000	—	—	—
		交通等级 3	0.000	—	—	—
		交通等级 4	0.000	—	—	—
	上坡	交通等级 1	0.000	—	—	—
		交通等级 2	0.025	0.000**	0.020	0.031
		交通等级 3	0.015	0.000**	0.010	0.019
		交通等级 4	0.024	0.000**	0.020	0.028
	下坡	交通等级 1	0.000	—	—	—
		交通等级 2	0.013	0.000**	0.007	0.018
		交通等级 3	0.005	0.000**	0.001	0.010
		交通等级 4	0.022	0.000**	0.018	0.026
	弯道	交通等级 1	0.000	—	—	—
		交通等级 2	0.011	0.094	−0.002	0.023
		交通等级 3	0.011	0.000**	0.001	0.020
		交通等级 4	0.003	0.446	−0.005	0.011
	入口	交通等级 1	0.000	—	—	—
		交通等级 2	0.078	0.000**	0.073	0.084
		交通等级 3	0.139	0.000**	0.134	0.144
		交通等级 4	0.193	0.000**	0.184	0.202
	出口	交通等级 1	0.000	—	—	—
		交通等级 2	0.078	0.000**	0.072	0.083
		交通等级 3	0.136	0.000**	0.131	0.141
		交通等级 4	0.194	0.000**	0.185	0.203

注：**表示该因素在 0.01 水平上显著；*表示该因素在 0.05 水平上显著。

由道路条件与交通等级的耦合分析可知，弯道路段的低速与高速交通条件对驾驶行为安全性没有显著影响；上坡路段低速与高速交通条件等级下的驾驶行为具有较大风险，中速交通等级下的风险性较低。下坡路段在高速等级下的驾驶行为具有较大风险性，中速交通等级下的驾驶行为风险性较低。随着速度的增加，交叉口出口和入口的驾驶行为安全性逐渐减低。

综合分析可知，对于弯道、上坡、下坡路段，驾驶人应保持中等速度行驶，对于进交叉口、出交叉口两种道路等级下，驾驶人应保持低速行驶，以确保驾驶行为的安全性。

8.5.3 生态驾驶行为模型构建

以 OBD 采集的油耗数据表征驾驶行为生态性，建立线性混合效应模型，诊断不同道路条件与交通等级下驾驶行为生态性的致因。其中道路条件和交通等级划分规则与上述安全性诊断模型一致，生态驾驶行为模型结果见表 8-13。类似地，设置不显著参数系数为 0，获取不同道路条件与交通等级对驾驶行为生态性的影响。以直线路段和交通条件等级 1 为基准，如果系数大于 0，表明该因素将导致驾驶行为生态性提升；如果系数小于 0，说明该因素将降低驾驶行为生态性。表中灰色阴影部分表示该效应对于生态性没有显著性影响，无灰色阴影部分表示该效应对生态性有显著性影响。

生态驾驶行为模型结果　　　　　表 8-13

			估算	显著性	95%的置信区间	
					下限值	上限值
主效应	道路条件	直线	0.000	—	—	—
		上坡	0.702	0.000**	0.669	0.734
		下坡	−0.792	0.000**	−0.825	−0.760
		弯道	−0.056	0.0976	−0.121	0.010
		入口	2.517	0.000**	2.473	2.560
		出口	0.023	0.000**	2.669	2.758
	交通条件	交通等级1	0.000		—	—
		交通等级2	−3.121	0.000**	−3.161	−3.082
		交通等级3	−3.920	0.000**	−3.954	−3.886
		交通等级4	−4.060	0.000**	−4.092	−4.029
交互	直线	交通等级1	0.000			
		交通等级2	0.000			
		交通等级3	0.000			
		交通等级4	0.000			
	上坡	交通等级1	0.000			
		交通等级2	−0.237	0.000**	−0.353	−0.120
		交通等级3	−0.518	0.000**	−0.619	−0.417
		交通等级4	−0.453	0.000**	−0.536	−0.370

续表

			估算	显著性	95%的置信区间	
					下限值	上限值
交互	下坡	交通等级1	0.000	—		
		交通等级2	0.088	0.144	−0.030	0.205
		交通等级3	0.281	0.000**	0.181	0.380
		交通等级4	0.392	0.000**	0.310	0.474
	弯道	交通等级1	0.000			
		交通等级2	0.787	0.000**	−1.054	−0.519
		交通等级3	−0.801	0.000**	−1.009	−0.593
		交通等级4	−0.547	0.000**	−0.708	−0.385
	入口	交通等级1	0.000	—		
		交通等级2	−3.739	0.000**	−3.859	−3.620
		交通等级3	−4.175	0.000**	−4.280	−4.070
		交通等级4	−4.620	0.000**	−4.805	−4.434
	出口	交通等级1	0.000	—		
		交通等级2	−4.172	0.000**	−4.295	−4.050
		交通等级3	−4.675	0.000**	−4.783	−4.566
		交通等级4	−5.525	0.000**	−5.708	−5.341

注：**表示该因素在0.01水平上显著；*表示该因素在0.05水平上显著。

由道路条件可知，除弯道外，进交叉口、出交叉口、上坡、下坡路段与直线路段驾驶行为生态性有显著差异，下坡路段对驾驶行为的生态性影响较低，交叉口入口会降低驾驶行为生态性。由交通等级可知，随着速度等级提高，驾驶行为生态性增强。

由道路条件与交通等级的耦合关系分析可知，下坡路段低速条件对驾驶行为的生态性无显著影响；上坡路段在中等车速等级可以提升驾驶行为的生态性。随着速度的增加，下坡路段的驾驶行为生态性有所降低。弯道路段，低速条件会降低驾驶行为生态性，中速条件会增加驾驶行为生态性。随着速度增加，交叉口出、入口的驾驶行为生态性逐渐提升。

综合以上结果表明，对于上坡、下坡路段，驾驶人应保持中等速度行驶以保证驾驶行为生态性，对于上坡、弯道、进交叉口、出交叉口几种道路条件，驾驶人应保持较高速度行驶以提升驾驶行为生态性。

8.5.4 "安全—生态"驾驶行为模型构建

为了探究不同道路条件与交通等级下"安全—生态"驾驶行为的影响致因，以"安全—生态"驾驶行为分值数据为基础，构建线性混合效应模型，衡量不同道路条件与交通等级下驾驶行为"安全—生态"性差异。模型结果如表8-14所示。

"安全—生态"驾驶行为模型结果　　　　表 8-14

			估算	显著性	95%的置信区间	
					下限值	上限值
主效应	道路条件	直线	0.000	—	—	—
		上坡	0.0576	0.000**	0.0568	0.0585
		下坡	0.1008	0.000**	0.0999	0.1016
		弯道	0.0129	0.000**	0.0111	0.0146
		入口	0.1447	0.000**	0.1435	0.1458
		出口	0.2986	0.000**	0.2974	0.2997
	交通条件	交通等级1	0.000	—	—	—
		交通等级2	0.0008	0.15	−0.0003	0.0018
		交通等级3	−0.0009	0.041*	−0.0019	0.0000
		交通等级4	−0.0014	0.001*	−0.0022	−0.0006
交互	直线	交通等级1	0.000	—	—	—
		交通等级2	0.000	—	—	—
		交通等级3	0.000	—	—	—
		交通等级4	0.000	—	—	—
	上坡	交通等级1	0.000	—	—	—
		交通等级2	0.0001	0.974	−0.0032	0.0033
		交通等级3	0.0017	0.236	−0.0011	0.0045
		交通等级4	0.0038	0.001*	0.0015	0.0061
	下坡	交通等级1	0.000	—	—	—
		交通等级2	0.0049	0.003*	0.0016	0.0081
		交通等级3	0.0014	0.324	−0.0014	0.0041
		交通等级4	0.0004	0.748	−0.0019	0.0026
	弯道	交通等级1	0.000	—	—	—
		交通等级2	0.0055	0.145	−0.0019	0.0128
		交通等级3	0.0007	0.802	−0.0050	0.0065
		交通等级4	0.0034	0.131	−0.0010	0.0079
	入口	交通等级1	0.000	—	—	—
		交通等级2	0.0031	0.069	−0.0002	0.0063
		交通等级3	0.0003	0.817	−0.0026	0.0032
		交通等级4	0.0031	0.230	−0.0020	0.0082
	出口	交通等级1	0.000	—	—	—
		交通等级2	0.0022	0.204	−0.0012	0.0056
		交通等级3	0.0020	0.183	−0.0010	0.0050
		交通等级4	0.0040	0.118	−0.0010	0.0091

注：** 表示该因素在 0.01 水平上显著；* 表示该因素在 0.05 水平上显著。

对于道路条件，与直线路段的驾驶行为"安全—生态"性相比，弯道、进交叉口、出交叉口、上坡、下坡路段存在显著差异，弯道路段对驾驶行为"安全—生态"性影响较小，而交叉口出口对驾驶行为"安全—生态"性影响较大。由交通等级可知，总体而言，随着速度等级提升，驾驶行为"安全—生态"性增强。由道路条件与交通等级的耦合关系可知，弯道、进交叉口、出交叉口在不同交通条件下对驾驶行为的"安全—生态"性无显著影响。综合以上结果可知，上坡路段驾驶人应保持较高速度行驶，下坡路段驾驶人应保持低速行驶，以确保驾驶行为"安全—生态"性。

8.5.5 驾驶行为模型构建结果汇总分析

对安全驾驶行为、生态驾驶行为、"安全—生态"驾驶行为的结果进行汇总分析，结果如表8-15所示。其中，"＋"代表该因素对安全风险（安全熵）有增加作用、对生态性（油耗）有降低作用、对"安全—生态"特性（"安全—生态"分值）有降低作用；"—"代表该因素对安全风险有降低作用、对生态性有提升作用、对"安全—生态"性有提升作用；"○"代表该因素对安全风险、生态性和"安全—生态"性均无显著性影响。

模型结果汇总表　　　　表8-15

	主效应							交互												
	道路条件					交通等级			上坡			下坡			弯道			入口			出口		
	上坡	下坡	弯道	入口	出口	交通等级2	交通等级3	交通等级4	交通等级2	交通等级3	交通等级4	交通等级2	交通等级3	交通等级4	交通等级2	交通等级3	交通等级4	交通等级2	交通等级3	交通等级4	交通等级2	交通等级3	交通等级4
安全性			＋			＋	＋	＋	＋	＋	＋	＋	＋	＋	□	＋	○	＋	＋	＋	＋	＋	＋
	—	—		—	—										○								
生态性	＋	＋	○	＋	＋							○	＋	＋									
		—	○									○	—	—	—	—	—	—	—	—	—	—	—
安全—生态性	＋	＋	＋	＋	＋						＋	○	○	○	○	○	○	○	○	○	○	○	○
												○	—	—	○	○	○	○	○	○	○	○	○

分析表8-15可知：(1)对安全性而言，不同道路条件对驾驶行为安全性的影响多为负向的，即除弯道外，其他道路条件有利于降低驾驶行为风险；不同交通等级对驾驶行为安全性的影响是正向的；由交互效用可知，交通等级与道路条件耦合时会增加驾驶行为的风险性。(2)对于生态性，除弯道外，其他道路条件会降低驾驶行为生态性；不同交通条件有利于驾驶行为生态性的养成；除下坡与弯道低速行驶，交通等级与道路条件的交互影响对驾驶行为的生态性有正向促进作用。(3)针对"安全—生态"性，道路条件对驾驶行为"安全—生态"性有负向作用，多数道路条件与交通等级的交互对驾驶行为"安全—生态"性无显著影响。

本章参考文献

[1] 陈晨. 驾驶人个体自然驾驶行为风险特征挖掘、辨识和预测[D]. 北京：北京工业大学，2019.
[2] AKCELIK，R. An assessment of the Highway Capacity Manual 2010 roundabout capacity model[C].

TRB International Roundabout Conference, 2011.

[3] JENSEN M, WAGNER J, ALEXANDER K. Analysis of in-vehicle driver behaviour data for improved safety [J]. International Journal of Vehicle Safety, 2011, 5(3): 197-212.

[4] YAO Y, ZHAO X, ZHANG Y, et al. Modeling of individual vehicle safety and fuel consumption under comprehensive external conditions [J]. Transportation Research Part D: Transport and Environment, 2020, 79: 1-15.

[5] CASTANO F, ROSSI A, SEVAUX M, et al. A Column Generation Approach to Extend Lifetime in Wireless Sensor Networks with Coverage and Connectivity Constraints. Computers & Operations Research, 2014, 52: 220-230.

[6] HIGGS B, ABBAS M. A two-step segmentation algorithm for behavioral clustering of naturalistic driving styles[C] 16th International IEEE Conference on Intelligent Transportation Systems. IEEE, 2013: 857-862.

第 9 章　生态驾驶行为实施案例

9.1　概述

以出租行业为重点研究对象，依据我国当前驾驶培训现状和趋势，结合生态驾驶相关研究成果，研究形成了静态宣教、模拟体验和动态反馈三类生态驾驶行为实施模式，并据此测算北京市生态驾驶行为节能减排潜力。

1) 静态宣教

根据生态驾驶行为实际操作内容和要求，以编制生态驾驶培训手册和宣传视频为手段，通过要求驾驶人学习培训手册和观看宣传视频从而开展生态驾驶行为培训，具有普遍性和一般性的特点。

2) 模拟体验

选择实操性强的典型生态驾驶行为条目，利用驾驶模拟技术搭建驾驶场景并开发驾驶行为生态性评估与反馈系统，通过驾驶人驾驶模拟器体验生态驾驶行为驾驶要求，具有实操性和体验性的特点。

3) 动态反馈

借助互联网技术，以驾驶人实际行车轨迹数据为基础，通过分析对比实际驾驶行为与生态驾驶要求开展动态评估，进而利用人机交互终端（如手机 APP）向驾驶人反馈生态驾驶建议，具有针对性和动态性的特点。

9.2　基于静态宣教的生态驾驶行为培训体系

基于生态驾驶行为内容要求，结合我国驾驶培训行业发展现状，综合考虑培训受众范围、便捷程度、成本效益等因素，编制面向静态宣教的生态驾驶行为培训教材，形成普适性的生态驾驶行为培训手册和宣传视频，为生态驾驶行为应用推广提供抓手。

9.2.1　培训教材编制原则

为使生态驾驶行为培训教材能更贴切出租行业的主要特点，培训教材具有更强的可操作性，并使培训教材易于理解，编制培训教材时主要考虑以下三个方面的原则：

1) 针对性强

为使生态驾驶行为培训教材切合出租行业的实际情况，编制培训教材时应充分考虑出租行业驾驶群体特点，包括驾驶人文化水平、行业企业对驾驶人的管理要求、出租车驾驶人的驾驶技能以及出租行业较为固定的行车规律等。

2) 可操作性强

为更好地指导出租车驾驶人进行生态驾驶行为操作，满足实际行车过程需求，出租车驾驶人生态驾驶行为培训教材应具有可操作性强的特点，主要体现为以下三个方面：

（1）内容充实。根据出租车驾驶人行车过程的实际情况，培训教材的内容应包括行车前、驾驶过程中、收车后以及日常维护保养等多个方面。

（2）定量描述。培训教材尽可能地量化各种操作行为，以便出租车驾驶人能够明确各种操作行为的方式及标准，增强教材的可操作性。

（3）切合实际。为使生态驾驶行为培训教材更具可操作性，应充分考虑车辆行驶过程中的主要道路条件（快速路、交叉口、弯道等）、交通条件（顺畅和拥堵状态）、行驶工况（加速、减速、匀速及怠速等）等实际情况。

3) 通俗易懂

编制出租车驾驶人生态驾驶行为培训教材时，应充分考虑出租车驾驶人的文化程度，力求语言简洁并通俗易懂。同时，应丰富培训内容的体现形式，便于操作行为直观可见。除此之外，还应规范教材中的术语。

（1）语言简洁。应避免复杂冗长的语句，避免生僻、华丽和有歧义的辞藻，力求语言简洁、通俗易懂。

（2）术语规范。培训教材中的用词应该准确、规范，符合行业专业术语，避免引起歧义。

（3）形式丰富。培训手册应采用文字描述与插图相结合的方式，直观体现各种操作行为的要求。宣传视频中应采用多种体现形式展现生态驾驶行为操作方法，增强视觉效果的同时，便于驾驶人理解。

9.2.2 培训教材主要特点

按照培训教材的总体编制原则，出租车驾驶人生态驾驶行为培训教材主要体现为以下四个方面的特点：

1) 以实际行车过程为线索

以出租车驾驶人小李师傅一天的行车过程为主线，培训教材贯穿出租车驾驶人的整个行驶过程，以"出发前—驾驶过程中—特殊道路交通条件下—收车后—日常保养维护"为线索进行培训教材编制，体现"的哥的一天"的工作过程，与实际行车过程更贴切。

2) 充分考虑道路交通条件

培训教材充分考虑车辆行驶过程可能遇到的各种道路和交通条件，分别给出不同道路条件（城市快速路基本路段、坡道、弯道、匝道等）和交通条件（顺畅与拥堵状态）下的生态驾驶行为操作方法，更具可操作性。

3) 以大量实际行车数据为基础

基于北京市交通领域能耗监测统计平台，获取大量出租车实际行车数据，建立驾驶行为与车辆能耗关系模型，寻求不同道路、交通和工况条件下的最优操作模式，量化节能驾驶操作行为。

4) 通过大量驾驶人访谈验证

为使培训教材更能满足出租行业的实际需求，让出租车驾驶人易于理解和接受，培训教材的内容和形式通过大量出租车驾驶人和运营行业技术管理人员进行验证。

9.2.3 生态驾驶培训手册

以车辆实际行车过程为线索，编制出租车驾驶人生态驾驶行为培训手册（图9-1），主要包括出发前做好准备工作、驾驶过程中保持良好的驾驶行为习惯、特殊道路交通条件下采取正确的驾驶方式、收车后注意进行车辆自检以及按时进行车辆专业维护和保养五个方面：

图9-1 出租车驾驶人生态驾驶行为培训教材截图

1）出发前做好准备工作

行车前的准备行为包括：①调节座椅靠背，保持正确的驾驶姿势；②合理规划运行路线，尽量避开拥挤路段和不必要行程；③调整心态，保持心态平和；④做好出车前自检；⑤冬季行车前正确预热发动机五个方面。

2）驾驶过程中保持良好的驾驶行为习惯

驾驶过程中良好的驾驶行为习惯主要包括：①平缓起步；②及时换挡；③匀缓加速；④控制车速；⑤禁止频繁变道；⑥预见驾驶，提前减速；⑦避免长时间怠速；⑧合理使用空调；⑨驾驶过程中注意观察和感知车辆状态九个方面。

3）特殊道路交通条件下采取正确的驾驶方式

本次编制的培训手册所涉及的道路条件主要包括城市快速路、上下坡道、匝道及弯道和信号交叉口等四种情况，并根据交通服务水平对交通运行状态进行划分，给出不同道路条件的各种交通运行水平下的生态驾驶行为操作方法。

4）收车后注意进行车辆自检

收车后的车辆自检主要包括车辆外观清洗、轮胎等关键部分检查、车厢和驾驶室打扫等常规性车辆检查。

5）按时进行车辆专业维护和保养

结合出租车行业企业的相关规定，每行驶满5000km后，需进行一次车辆专业检修，并根据车辆情况，随着车龄调整检修频率。

9.2.4 生态驾驶宣传视频

为形象体现生态驾驶行为操作方法，便于广大出租车驾驶人学习和掌握，需丰富生态驾驶行为宣传视频的体现形式，进而提升视频的宣传效果。设计主要画面体现形式包括以下四个方面：

1）实拍画面

实拍出租车驾驶人进行车辆检查、实际行车过程中的操作行为等，还原实际行车过程画面，增强视频可信度。

2）动画制作

对于某些特定和细节操作画面（如加速踏板踩踏程度等），通过制作卡通动画进行局部特写，形象化体现驾驶人细节操作行为。

3）画面标示

以车辆实际运行画面为背景，通过添加辅助画面的形式，形象说明驾驶人操作行为和车辆运行情况，直观体现生态驾驶行为要求（如以车辆预热画面为背景，通过添加时钟画面说明发动机预热时间）。

4）画面对比

对于较难理解的操作行为，通过正确操作和错误操作画面的对比说明生态驾驶行为操作方法，便于出租车驾驶人理解。

通过实际拍摄与后期制作加工，形成出租行业生态驾驶行为宣传视频（图 9-2），主要包括片头、生态驾驶操作方法和片尾三个部分。

图 9-2 出租行业生态驾驶行为宣传视频截图

（1）片头

片头的主要目的为说明进行生态驾驶行为的必要性，主要包括以下四个方面的内容：①通过北京市严重的雾霾天气告知进行节能减排工作的紧迫性；②通过驾驶行为对机动车能耗排放的影响比例引出进行生态驾驶行为的重要性；③通过机动车能耗排放的分担率引出进行机动车节能排放工作迫在眉睫；④总结生态驾驶行为综合效益。

(2) 生态驾驶行为操作方法

第二部分内容是整个宣传视频的主体部分，用于告知出租车驾驶人如何进行生态驾驶行为操作，包括出发前的准备工作、驾驶过程中的驾驶行为、收车自检和按期进行专业保养维护四大方面。

(3) 片尾

片尾主要用于告知出租车驾驶人坚持采用生态驾驶行为驾驶能节约的成本花销，敦促大家坚持采用生态驾驶行为，主要包括三个方面：①通过实验室画面和课题研究过程画面体现研究成果的科学性，提升宣传视频的可信度和说服力；②具体给出坚持生态驾驶行为能节约车辆使用成本的数额，提升出租车驾驶人坚持采用生态驾驶行为的积极性；③通过宣传标语和背景画面的形式敦促广大出租车驾驶人坚持采用生态驾驶行为。

9.2.5 培训效果测试

基于OBD+GPS实车监测数据，通过实施驾驶人生态驾驶行为培训，对比培训前后车辆能耗变化情况，分析生态驾驶行为培训效果。

9.2.5.1 实验设计

1) 被试选取

为使样本分布涵盖不同车辆油耗等级，根据自然驾驶平台监测的被试车辆，首先按照车辆某一天实际运行百公里油耗从高到低进行排序，并将油耗划分为高、中、低三档。然后，针对分布在三个油耗档次的车辆，分别随机选取20辆，共获得60辆车作为实验备用对象。

2) 实验方案

驾驶人生态驾驶行为培训方案共设计3种方式：

（1）静态宣教：通过培训手册、宣传视频对驾驶人实施生态驾驶行为培训；

（2）实操培训：聘请专业汽车驾驶教练，基于驾驶模拟舱，对驾驶人进行生态驾驶行为现场实操培训；

（3）综合培训：综合上述两种方式，对驾驶人实施先静态后动态的综合培训。

为对比不同培训手段的效果差异，共设置3个实验组：静态宣教组（T_1）、实操培训组（T_2）和综合培训组（T_3）。将不同油耗水平的60辆车随机分为3组，因此每个实验组共有20个测试样本。设计实验总体方案如表9-1所示。

出租汽车驾驶人生态驾驶行为培训方案　　　　表9-1

实验分组	培训方案	培训形式		
		宣传视频(A)	培训手册(B)	模拟实操(C)
T_1	静态宣教组	A+B		
T_2	实操培训组	C		
T_3	综合培训组	A+B+C		

为获得培训前后一致的实验数据，以培训前一天和培训后一天的车辆运行数据作为对比分析对象，并统一规定数据采集时间为 08：00～20：00。

9.2.5.2 实验结果分析

由于不同车辆的运行里程和时间均存在一定的差异，为实现数据的一致性和可比性，对比指标采用车辆百公里油耗，计算方法见式（9-1）：

$$FC = \left(\frac{\sum_{i=1}^{n} fc_i \times 0.01}{3600} \middle/ \sum_{i=1}^{n} \frac{v_i}{3.6} \times \frac{1}{1000} \right) \times 100 = \sum_{i=1}^{n} \frac{fc_i}{v_i} \tag{9-1}$$

式中　　FC——车辆百公里油耗（L/100km）；

　　　　i——数据采集时间（s），$i=1, 2, 3, \cdots, n$；

　　　　fc——车辆逐秒油耗（0.01L/h）；

　　　　v——车辆逐秒运行速度（km/h）。

1) 总体效果分析

根据式（9-1）计算得生态驾驶行为培训前后车辆平均油耗如图 9-3 所示。培训前车辆平均油耗为 10.00L/100km，培训后降低至 9.14L/100km，平均降幅为 8.6%。

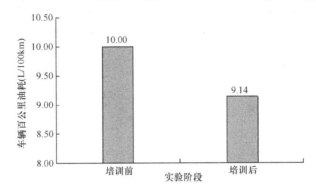

图 9-3　培训前后车辆平均百公里油耗（实车监测数据）

2) 不同培训方式效果对比

进一步计算得到不同培训方式的节油效果如图 9-4 所示。对于不同培训方式，培训后

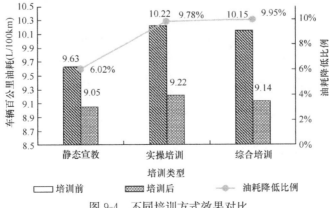

图 9-4　不同培训方式效果对比

的车辆百公里油耗均有明显降低。节油效果由高到低依次为综合培训、实操培训和静态宣教，降幅分别为 9.95%、9.78%、6.02%。综合培训和实操培训的效果显著优于静态宣教，但综合培训和实操培训之间的差异并不明显。

综合以上研究结果可知：
(1) 生态驾驶行为培训平均降低车辆百公里油耗 8.60%；
(2) 不同培训方式的效果存在差别，按节油效果由高至低的顺序依次为综合培训（9.95%）、实操培训（9.78%）、静态宣教（6.02%）。

9.3 基于驾驶模拟技术的生态驾驶行为培训体验系统

充分利用驾驶模拟技术具备条件可控制、因素可重复、安全零风险的优势，搭建驾驶模拟实验环境，设计并开发实验场景、驾驶行为生态性评估及优化系统，综合形成生态驾驶行为培训体验系统，为生态驾驶行为实施应用提供技术和平台支持。

9.3.1 基础平台构建

生态驾驶模拟系统搭建主要包含硬件的开发与软件的开发，其中硬件开发中主要任务是对于硬件形态的搭建，主要包含模拟驾驶舱部分、多屏显示器部分、立体音响部分，以支持模拟驾驶所需的硬件环境；软件开发中的主要任务是软件系统的搭建，主要包含汽车动力学采集系统、数据采集分析系统、评价系统、人机互动系统与视景系统，以满足所有功能要求，并支持将所有软件系统采集到的原始驾驶数据以及培训信息通过网络传输至政府平台（中心）和企业平台，最终将硬件与软件部分集成形成满足项目的生态驾驶模拟系统。

9.3.1.1 平台硬件形态搭建

生态智能模拟驾驶系统主要由模拟驾驶舱和驾驶舱人机交互系统、视景系统、汽车动力学采集系统、数据采集分析系统构成，产品系统构成关系如图 9-5 所示。

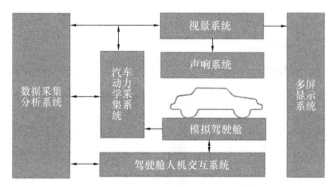

图 9-5　模拟驾驶平台系统硬件构成关系图

模拟器尺寸为长 2m×宽 2.3m×高 1.6m，基本外观如图 9-6 所示。
(1) 模拟驾驶舱位
模拟驾驶舱位是用来模拟汽车驾驶舱内的驾驶操作机构，它配备了方向盘、挡位操纵

图 9-6 模拟器基本外观

杆、离合器踏板、制动踏板、油门踏板以及其他辅助装置，如图 9-7 所示。在驾驶模拟过程中，驾驶人可以根据渲染场景的变化，操纵输入系统中的方向盘、离合器、制动器、油门和挡位操纵杆等部件。

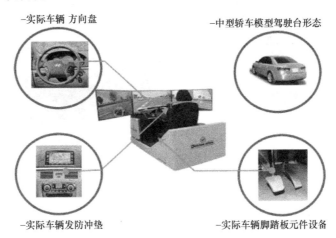

图 9-7 模拟器舱位构成

（2）多屏显示及声响系统

系统计划采用先进的三维场景建模及实时渲染技术，建立与实际驾驶环境相一致的虚拟场景模型，能够实时渲染输出场景模型。视景渲染模块根据汽车动力学模型计算好参数和位置信息，通过一系列变换后将虚拟场景渲染到显示设备上，并提供给驾驶人，实现虚拟汽车运动时相对于周围环境运动画面的连续显示，以形成行车效果。声响系统可以根据当前的汽车运行状态和操作人员的输入，模拟输出此时汽车运行时发出的各种声音，例如：发动机的轰鸣声、喇叭鸣笛、汽车运行的风声等。操作界面渲染模块主要实现汽车驾驶辅助信息和虚拟仪表的显示。

（3）运动力学采集控制系统

如图 9-8 所示采集控制系统开发将实现驾驶人的各种对于汽车的驾驶操作行为处理为计算机可以识别的行为数据，把发动机转数、速度、加速/制动踏板行程值、方向盘、换挡杆、离合器踏板、油门踏板、制动踏板、空调开启状态、车辆点火状态等控制机构操纵、控制汽车在场景中的运动参数逐秒采集，反馈给视景处理系统。

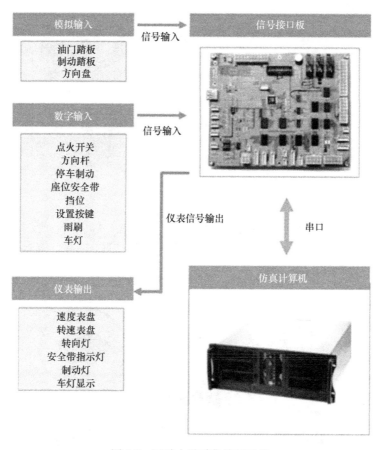

图 9-8　运动力学采集控制系统

(4) 数据采集分析系统

该系统作为管理整套软件的分析系统还可以对驾驶人的驾驶行为数据（包括驾驶数据）进行记录和分析，并通过其自带的模型对驾驶人的驾驶行为进行有效的评估。

(5) 人机交互系统、视景系统

在系统初始化时，根据用户的需求从汽车数据模型库中将用于仿真的车辆数据模型调入到动力学模型中，同时选择运行的三维场景，通过模型解析模块把它从场景数据库中调入场景管理平台；在仿真过程中，驾驶人员通过虚拟驾驶操作输入系统进行模拟驾驶操作，人机交互接口将油门、制动、换档和转向等动力学操作信息以及发动机启动、喇叭鸣笛等按钮操作状态送入汽车动力学模型和实时操纵模型中；经过仿真计算后，汽车运动仿真数据被送入显示模块，同时汽车的行驶姿态还受到地面因素的影响；然后，场景管理控制模块根据此时汽车的运动状态，通过视景渲染模块将三维场景在多块屏幕上实时反映出来，模拟视景变化，形成行车体感，并且通过仪表输出此时的汽车运行参数。另外，为了增强驾驶的沉浸感，系统的音响系统，根据驾驶人的操作和汽车运行的状态，从声音模型库中调出相应的声音特效，如汽车的发动机轰鸣声、喇叭鸣笛声、紧急制动等通过声音渲染模块输出。当驾驶结束后，系统会自动记录整个驾驶行为的数据，根据需要的格式生成相应的报表文件以供分析评估，并针对数据生成一整套改善驾驶方案供驾驶者模拟驾驶练习，逐步达到生态驾驶的目的。

9.3.1.2 平台软件系统搭建

1）软件界面

按照生态驾驶理念，软件交互界面颜色设计偏重绿色环保色系，整体界面框架以简明整洁为主，图9-9分别为登录界面、模式选择、道路选择、场景选择、交通量设置。

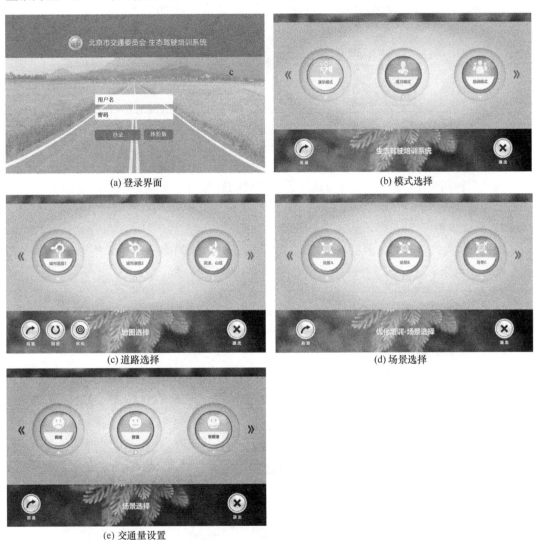

图9-9 软件界面

2）车辆物理引擎

车辆物理引擎技术原理如图9-10所示，具备以下特点：

（1）适用于最新车辆的物理引擎，体现和实际车辆几乎一致的车辆运动特性；

（2）依靠模拟装置，完全掌握实际车辆的特性；

（3）根据齿轮组织的加减速特性，发动机刹车特性，使用离合器半联动，车辆因抖动而熄火、刹车特性、出发时车辆拥堵，发动机刹车特性、凹凸齿轮等等，可以重现与实际

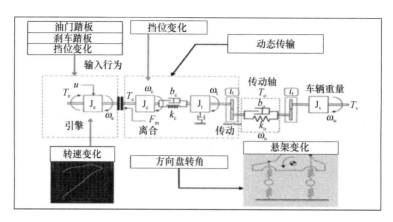

图 9-10 车辆物理引擎

车辆完全一样的运动特征;

(4) 车辆间追尾/撞击, 或者与建筑物及障碍物碰撞时, 车辆颠覆时, 车辆的震颤状态与实际完全一致。

3) 声音模拟

根据 RPM 的引擎音、警笛音、急刹车/急出发时轮胎的摩擦声、周边车辆的噪声和开车音,大型车辆的刹车音等音像效果表现得与实际完全一致。

4) 车型及场景标识

场景标识、道路车辆、车牌样式均按照国内样式进行本地化处理, 能提供多种本地车型出现在模拟软件中, 如图 9-11 所示。

5) 行驶结果评价

生态驾驶评价结果如图 9-12 所示。一方面, 通过配置评分标准算法后, 当驾驶结束

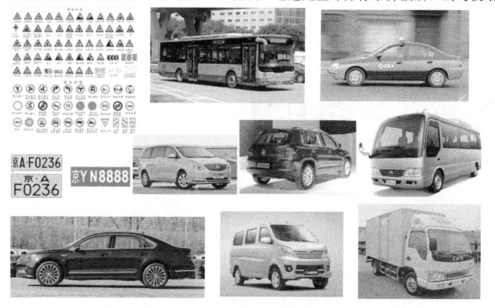

图 9-11 本地化车型及标识

图 9-12　评价模式展示界面

后,会自动关联驾驶人信息产生评分;另一方面,可以对整个驾驶行为的过程数据进行记录,并对不良驾驶结果进行展示。

同时,也可以对多名驾驶人的驾驶行为进行评比,并进行排名展示(图 9-13)。

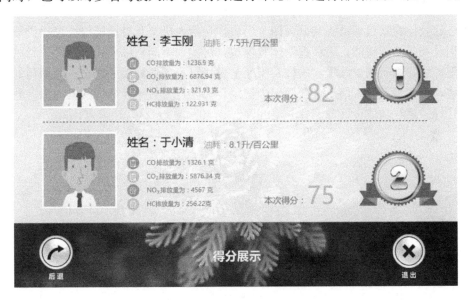

图 9-13　竞赛模式展示界面

9.3.2　场景设计开发

搭建 3 个主要场景:

(1) 城市道路 1,北京市西南二环,包括快速路与普通道路,长度 7.5km;

(2) 城市道路 2,北京市北四环,包括快速路与普通道路,长度 7.5km;

(3) 高速、山区道路,长度 15km(含机场高速收费站的真实场景)。

其中练习模式场景为单独场景供驾驶人适应模拟器，如图 9-14 所示评价模式下场景为以上 3 个主要场景，优化模式场景为 3 个场景内的部分路段。在不同道路场景下，包含多种驾驶事件，包括起步、减速停车、匀速行驶、上坡、下坡、通过弯道、遇到超车并线、前方转弯、怠速停车等。交通条件分为拥堵状态、基本畅通及畅通状态三种。

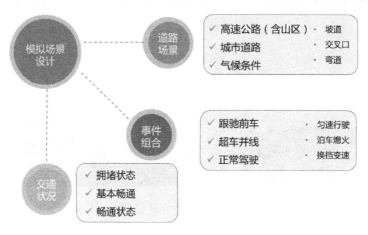

图 9-14　模拟场景设计方案

9.3.3　系统功能设计

生态驾驶体验式培训系统共分为四个模块，包括人机交互界面模块，可提供驾驶人登录、课程及场景选择功能；培训评测体验模块，可实现不同软件模式的管理；驾驶模拟器场景管理模块，用于场景编辑、事件及交通量设置以及评估算法的融合；数据与评价结果管理模块，可实现驾驶人信息、驾驶培训记录、驾驶行为数据、节能减排效果、数据共享的综合管理。系统功能设计如图 9-15 所示。

图 9-15　系统功能设计图

9.3.3.1 主要培训测评模式设计

系统的界面设计如图 9-16 所示。

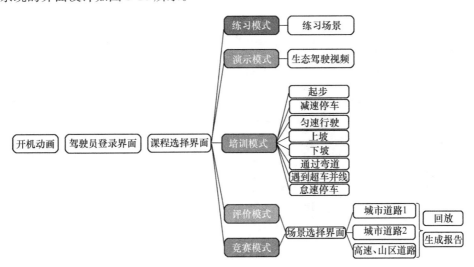

图 9-16 系统界面设计

1) 操作练习阶段

(1) 场景：练习场景；

(2) 内容：驾驶人自由驾驶练习，熟悉模拟器。

2) 培前评测阶段

(1) 场景：城市道路 1、城市道路 2、高速/山区公路；

(2) 内容：自由驾驶，根据驾驶结果进行评价打分，生成评估报告，给出矫正优化建议，并可观看回放录像。

3) 演示教学阶段

内容：观看生态驾驶视频。

4) 培训教学阶段

(1) 场景：包括起步、减速停车、匀速行驶、通过弯道、上坡、下坡、遇到超车并线、急速停车 8 个优化模式场景；

(2) 内容：寻找个体评价结果油耗影响最突出的事件，进行矫正优化练习；

(3) 形式：打开场景后，对驾驶人进行语音及文字教学。教学后，驾驶人开始自由驾驶，在驾驶过程中如出现不良驾驶行为，予以语音警告。提示内容如表 9-2 所示。

优化模式教学提示内容　　　　　表 9-2

	教学(语音)	教学(文字)	警告(教学后)
起步	·车辆起步，请轻踩油门，慢抬离合，尽量保持平稳起步 ·并尽快使发动机转速上升到 2000～2500r/min	·轻踩油门、慢抬离合 ·转速：2000～2500r/min	·请避免急加速 ·请避免低挡高速

续表

	教学(语音)	教学(文字)	警告(教学后)
减速停车	• 减速停车阶段,请预判前方道路及周围情况,注意提前制动,缓慢制动,尽量少使引擎空转 • 减速时,需抬起油门踏板,将离合和挡位保持原位,发动机处于点火状态,依靠发动机对汽车的阻滞力减速	• 预判路况、提前制动 • 缓慢制动、避免急刹	• 请避免急减速
匀速行驶	• 匀速行驶时,请您保持稳定车速,使用最高挡,且使发动机中低速运转 • 尽量减少加速和制动的次数,保持匀速行驶 • 请维持车速在70~75km/h,保持车距大于50m(城市快速路) • 请保持车距大于10m(普通道路)	• 稳定车速,使用高挡位 • 平稳行驶,避免加减速 • 车速:70~75km/h,车距>50m(城市快速路) • 车距>10m(普通道路)	• 请避免频繁变更车道 • 请避免急加/减速 • 请避免急打方向盘 • 请避免低挡高速 • 请避免速度过高 • 请保持合适车距
上坡行驶	• 上坡时,请尽量避免全力加速,油门踏板在3/4位置	• 油门踏板:3/4位置	• 请避免急踩油门踏板
下坡行驶	• 下坡时,请将离合和挡位保持原位,发动机不熄火,视情况通过间歇制动控制车速	• 离合挡位不变,间歇制动	• 请避免急踩制动踏板
通过弯道	• 通过弯道时,请将速度控制在安全水平,低速通过,避免过弯中急踩制动踏板、急打方向盘	• 控制车速,稳定驾驶	• 请避免急加/减速 • 请避免急打方向盘
遇到超车并线	• 遇到超车并线等事件时,请预判前方道路及周围情况 • 减速时,需抬起油门踏板,将离合和挡位保持原位,发动机处于点火状态,依靠发动机对汽车的阻滞力减速 • 遇特殊情况需紧急制动时,应采用"先紧后松"的方法 √第一脚制动先急速踩下; √车辆随制动惯性前倾时,松开制动踏板; √在车辆因前倾刚要回位时补上第二脚制动,以至车辆不能迅速回位	• 预判路况、提前制动 • 缓慢制动、避免急刹 • 紧急制动,先紧后松	• 请避免急加/减速 • 请避免急打方向盘
急速停车	• 急速停车时,需根据交通信号灯计时器,停车时间超过一分钟,应将发动机熄火(有计时信号交叉口)。 • 急速停车时,当车辆到达时行驶方向刚变为红灯,或红灯状态下排队在前3辆时,应将发动机熄火(无计时信号交叉口)	• 超过1min请熄火(有计时信号交叉口) • 刚变灯或前方排队3辆车请熄火(无计时信号交叉口)	• 长时间停车请熄火

5）培后评测阶段

（1）场景：城市道路 1、城市道路 2、高速/山区公路

（2）内容：自由驾驶，根据驾驶结果进行评价打分，生成评估报告，给出矫正优化建议，并可观看回放录像

6）竞赛评比阶段（可选）

（1）场景：城市道路 1、城市道路 2、高速/山区公路

（2）内容：两人操作两台模拟器进行生态驾驶竞赛，显示输出评比结果

7）节能效果评测阶段

（1）场景：城市道路 1、城市道路 2、高速/山区公路

（2）内容：自由驾驶，根据驾驶结果进行评价打分，生成评估报告，给出矫正优化建议，并可观看回放录像

9.3.3.2 模拟培训基本流程方案

单人单课时模拟培训时间为 1.5h，其余时间可安排参与公司例会或休息。培训过程中安排相应管理人员对驾驶人操作进行说明，个体培训流程如图 9-17 所示。

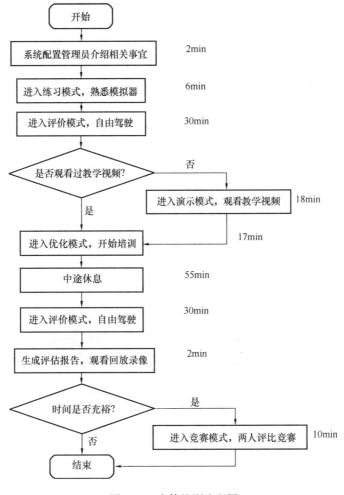

图 9-17 个体培训流程图

出租车公司例会时间安排为上午 9∶00～11∶00，下午 14∶00～16∶00。由于单人培训时长需 1.5h，因此每日可安排 8 人进行模拟培训。以半日作为一个时间单元，为保证每个驾驶人单次模拟驾驶时长不超过 40min（避免疲劳驾驶），在模拟培训时间安排上采取几名学员轮流培训，驾驶人有一定中场休息时间的模式。单个时间单元驾驶人培训流程如图 9-18 所示。

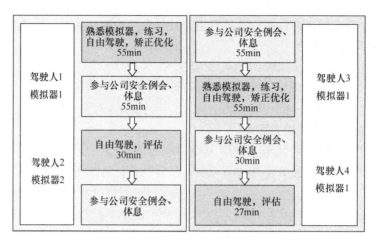

图 9-18　单个时间单元培训流程图

9.3.3.3　面向协同驾驶的体验式生态驾驶模拟系统研发

系统主要由驾驶模拟器、服务器、UPS 电源几部分组成，可实现账户管理、评价分析、数据管理、数据传输等功能，系统的物理架构如图 9-19 所示。

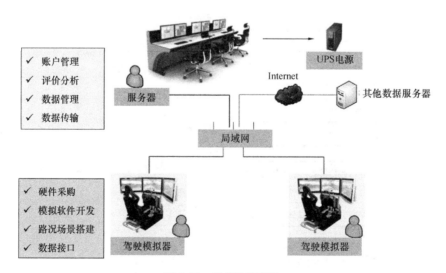

图 9-19　系统物理架构

模拟器软件架构如图 9-20 所示。
系统整体软件集成架构如图 9-21 所示。

第9章 生态驾驶行为实施案例

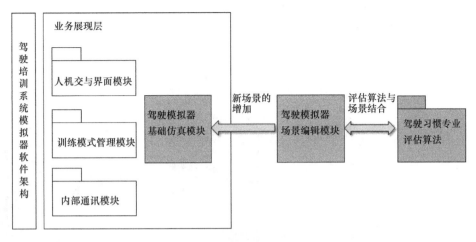

图 9-20 模拟器软件架构

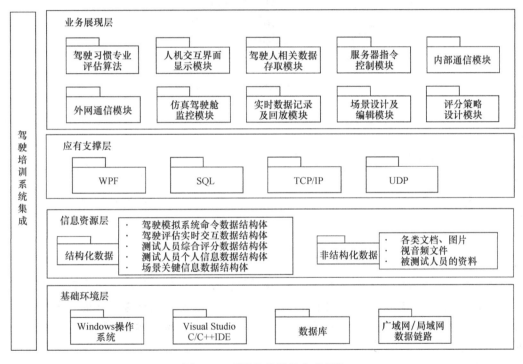

图 9-21 系统整体软件集成架构

9.3.4 评价模型与算法开发

从实际驾驶操作出发，考虑驾驶人可能出现的不良驾驶习惯，针对培训过程中选用的 8 种事件，包括起步、减速停车、匀速行驶、上坡、下坡、通过弯道、遇到超车并线及急速停车，以不同事件下出现的不良驾驶行为频数为参数，以车辆天百公里油耗为因变量，利用因子分析、线性回归、神经元网络等方法，建立驾驶行为评估模型，为各驾驶事件赋以权值，作为不同驾驶事件对车辆油耗影响程度的衡量指标，对驾驶人生态驾驶行为进行

233

评估。以评估结果为依据，面向个体驾驶人针对性的生态驾驶行为矫正建议。该模型将驾驶安全性与生态性相结合，实现模拟平台与实车监测大数据平台的综合评估。模型的构建框架如图9-22所示。

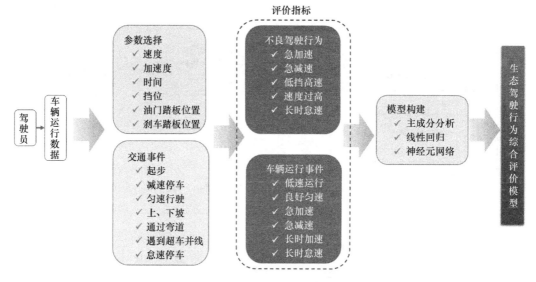

图9-22 生态驾驶评价模型构建框架

目前，已提出两种基本评价方法方案：一种是基于不良驾驶行为的评价方法，另一种是基于车辆运行事件的生态驾驶评价方法。

9.3.4.1 基于不良驾驶行为的评价方法

1) 基本要求

对营运小汽车的生态驾驶状况进行评价。规定营运小汽车生态驾驶评价指标体系和各指标的计算方法，以及主要技术指标要求、主要操作方法等方面的技术要求。满分100分，按照驾驶人在模拟器上进行驾驶的行为进行评分，设定基础分最低29分。

2) 评价算法流程

评价算法通过分析营运小客车生态驾驶特征及管理需求分析从而确定生态驾驶评价方法相关指标，通过分析相关指标确定各项评价指标阈值；利用指标选择评价方法通过模拟器输出油耗进行算法验证，完成一套完整的生态驾驶综合评价方案。具体评价算法流程如图9-23所示。

3) 判定指标

(1) 急加速

界定一段急加速判定标准为加速度 $1.1 m/s^2$ 以上，且持续时间1s及以上。

① 加速度1：平均加速度介于 $1.1 \sim 1.45 m/s^2$。

② 加速度2：平均加速度介于 $1.45 \sim 2.05 m/s^2$。

③ 加速度3：平均加速度大于 $2.05 m/s^2$。

(2) 急减速

界定一段急减速判定标准为减速度 $-0.64 m/s^2$ 以上，减速段终点速度不为0且持续时间1s及以上。

第9章 生态驾驶行为实施案例

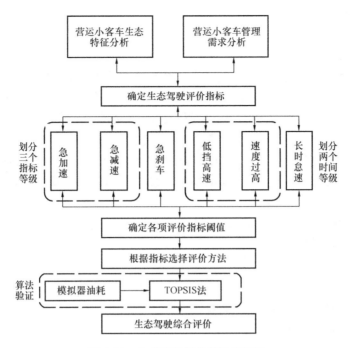

图 9-23 生态驾驶评价算法流程图

① 急减速 1：平均减速度介于 $-0.98 \sim -0.64 \text{m/s}^2$。

② 急减速 2：平均减速度介于 $-1.92 \sim -0.98 \text{m/s}^2$。

③ 急减速 3：平均减速度小于 -1.92m/s^2。

(3) 急刹车

界定一段急刹车判定标准为减速度 -0.64m/s^2 以上，减速段终点速度为 0 且持续时间 1s 及以上。

(4) 低挡高速

以下几种情况，持续时间 2s 及以上。

① 挡位＝1，速度＞20km/h。

② 挡位＝2，速度＞30km/h。

③ 挡位＝3，速度＞40km/h。

④ 挡位＝4，速度＞50km/h。

⑤ 阶段 1：持续时间 1：2～10s。

⑥ 阶段 2：持续时间 2：10s 以上。

(5) 速度过高

以下几种情况，持续时间 1s 及以上。

① 高速、山区道路：车辆速度＞120km/h。

② 城市道路：车辆速度＞100km/h。

③ 阶段 1：持续时间 1：1～13s。

④ 阶段 2：持续时间 2：14s 及以上。

(6) 长时怠速

车辆停止,但发动机持续运行时间超过1min且不超过5min。

4) 评价方法

生态驾驶评价利用综合分数反映驾驶人的整体驾驶情况,指标体系包括急加速(3个指标等级)、急减速(3个指标等级)、急刹车、低挡高速(2个时间等级)、速度过高(2个时间等级)、长时怠速共12项指标综合评价驾驶人驾驶行为的生态情况。具体方法如下:

(1) 驾驶指标频次转换

评价过程中计算均采用百公里频次,方法为百公里频次=测试路段频次/路段长度×100。其中:城市道路1长度10.44km,城市道路2长度10.66km,高速、山区道路长度17.7km。

(2) 综合评价

① 步骤1,求 a 值:

$$a_i = \frac{A_i}{\sqrt{C_i + A_i^2}} \tag{9-2}$$

式中　A_i——驾驶人在某项行为 i 上的百公里频数;

　　　i——取值范围为1~12。

具体 C_i 值如表9-3所示。

C_i 值具体取值　　　　　　　　　表9-3

C_1	C_2	C_3	C_4	C_5	C_6
2232846.855	1901051.614	1424124.045	1772625.752	1820468.09	711127.892
C_7	C_8	C_9	C_{10}	C_{11}	C_{12}
281877.462	2328357.781	378502.413	623.500	183.497	619.752

注:数字1~12分别代表急加速1、急加速2、急加速3、急减速1、急减速2、急减速3、急刹车、低挡高速阶段1、低挡高速阶段2、速度过高阶段1、速度过高阶段2、长时怠速这12个行为的参数值。

② 步骤2,求每项行为 i 的 Z_i 值:

$$Z_i = a_i \times W_i \tag{9-3}$$

具体 W_i 值如表9-4所示。

W_i 值具体取值　　　　　　　　　表9-4

W_1	W_2	W_3	W_4	W_5	W_6
0.08850	0.08850	0.08850	0.08850	0.08850	0.08850
W_7	W_8	W_9	W_{10}	W_{11}	W_{12}
0.3540	0.04425	0.04425	0.00885	0.00885	0.00885

③ 步骤3,确定 Z^+、Z^-;将 Z_i 值与以下对应数字 Z_i' 进行比较,取大者即为该项行为 i 所选取值 Z_i^+;具体公式如下。各项行为 i 的 Z_i^- 均取0,具体 Z_i' 值如表9-5所示。

$$Z^+ = (Z_{1\max}^+, Z_{2\max}^+, Z_{3\max}^+, Z_{4\max}^+, Z_{5\max}^+, Z_{6\max}^+, Z_{7\max}^+, Z_{8\max}^+, Z_{9\max}^+, Z_{10\max}^+, Z_{11\max}^+) \tag{9-4}$$

Z_i' 值具体取值　　　　　　　　　表9-5

Z_1'	Z_2'	Z_3'	Z_4'	Z_5'	Z_6'
0.01667	0.02650	0.02644	0.01808	0.03261	0.02954

续表

Z'_7	Z'_8	Z'_9	Z'_{10}	Z'_{11}	Z'_{12}
0.09382	0.01061	0.01282	0.00665	0.006258	0.00667

$$Z^- = (0,0,0,0,0,0,0,0,0,0,0,0) \tag{9-5}$$

④ 步骤 4，计算 D_i^+、D_i^-；将每项行为 i 的 Z_i 分别与步骤 3 所求出的 Z_i^+、Z_i^- 对应相减并平方，将 12 项行为分别累加并开方，具体公式如下：

$$D_i^+ = \sqrt{\sum_{i=1}^{12}(Z_i - Z_i^+)^2} \quad D_i^- = \sqrt{\sum_{i=1}^{12}(Z_i - Z_i^-)^2} \tag{9-6}$$

⑤ 步骤 5，计算驾驶人的综合评价值 B：

$$B = \frac{D_i^+}{D_i^+ + D_i^-} \tag{9-7}$$

⑥ 步骤 6，根据 B 值大小按以下范围进行评分：

当 $B \in [0.80, 1.00]$ 分值 $= 50 \times B + 50$；

当 $B \in [0.60, 0.79]$ 分值 $= 152.63 \times B - 25.47$；

当 $B \in [0.20, 0.59]$ 分值 $= 74.35 \times B + 15.13$；

当 $B < 0.2$ 分值 $= 29$。

5) 矫正建议（根据 5 项判定条件给出）：

(1) 如在行驶过程中存在 x 次急加速行为，建议驾驶人尽量避免急加速，加速时以 4s 内加速 15km/h 为宜；

(2) 如在行驶过程中存在 x 次急减速行为，建议驾驶人尽量避免急减速，观察前车速度，提前减速，以 5s 内减速 20km/h 为宜；

(3) 如在行驶过程中存在 x 次低挡高速行为，建议驾驶人尽量保持稳定车速，使用最高挡位，且使发动机中低速运转。

(4) 如在行驶过程中存在 x 次速度过高的行为，建议驾驶人在城市快速路尽量维持车速在 70~75km/h，保持车距大于 50m；在普通道路请保持车距大于 10m。

(5) 如在行驶过程中存在 x 次长时急速现象，建议驾驶人避免长时急速空转，观察道路交通状况或交叉口信号灯状态，当可能需要停车时间超过 1min 时，宜拉起手刹，停车熄火等待。

9.3.4.2 基于车辆运行事件的生态驾驶评价方法

1) 评分方法

需进行模拟测试，针对测试结果拟合模型进行评分。

2) 6 种车辆运行事件划分

依据车辆运行速度、加速度及工况持续时间三类参数，提出 6 种可操作、可识别的驾驶事件，包括低速运行、良好匀速、急加速、急减速、长时加速和长时急速。

(1) 低速运行

① 持续时段时长

持续时段时长阈值主要用于排除临时停车导致的低速运行状态。一般来说，交叉口处交通控制信号周期不超过200s,驾驶人停车等待时间一般低于1min,而临时的上下客停车时间一般也小于1min。因此,将判定的持续时段时长设定为60s较为合理。

② 平均运行速度阈值

为获取得用于判别低速运行事件的划分阈值,以车辆百公里油耗随速度变化率为指标进行分析,当变化率小于某一阈值ε时,认为达到高速状态,百公里油耗趋于稳定。变化率计算方法如下:

$$f = \frac{g(s) - g(s-1)}{g(s-1)}, s \in [2, 100] \tag{9-8}$$

式中　f——油耗变化率(%);

　　　s——运行速度(km/h);

　　$g(s)$——运行速度s下百公里油耗;

取ε=3%,分析获得低速运行速度划分阈值为$s \leqslant 23$km/h。

综上,低速运行事件判别参数条件为:

$$ave(s(t), s(t-1), \cdots, s(t-59)) \leqslant 23\text{km/h} \tag{9-9}$$

式中　$s(t)$——t秒时瞬时速度(%)。

判别方法可实现对低速运行事件的实时判别,然而,实际驾驶过程中一次拥堵可能导致车辆出现较长时间的低速运行(如持续10min),应用2式获得的判别结果将产生大量低速运行事件(61s内以20km/h速度运行,则将被判别为2次事件,62s为3次,以此类推),使评估结果出现误差。因此,将连续的低速运行事件视为1次事件。

(2) 良好匀速

良好匀速事件的判别涉及三个参数:持续时段时长、平均运行速度和速度变化率。

① 持续时段时长

实际驾驶中,由于不断变化的道路、交通条件,驾驶人难以长时间保持车辆高速稳定运行,因此将持续时段设置为5s。

② 平均运行速度

以车辆百公里油耗随速度变化率为指标进行分析,当变化率小于某一阈值ε时,认为达到高速状态,百公里油耗趋于稳定。取ε=1%,分析获得良好匀速速度划分阈值为$s \geqslant 60$km/h。

③ 速度变化率

本事件要求驾驶人在5s内稳定驾驶车辆,逐秒加速度控制在2km/h/s以内,且时段内起始速度与结束速度变化小于1km/h。通过穷举法,可使用5s内加速度之和及加速度标准差对此条件进行控制。

综上,良好匀速事件判别参数条件为:

$$ave(s(t), s(t-1), s(t-2), s(t-3), s(t-4)) \geqslant 60\text{km/h} \tag{9-10}$$
$$sum(a(t), a(t-1), a(t-2), a(t-3), a(t-4)) \leqslant 1\text{km/h} \tag{9-11}$$
$$std(a(t), a(t-1), a(t-2), a(t-3), a(t-4)) \leqslant 1 \tag{9-12}$$

式中　$a(t)$——t秒时瞬时加速度(%);

　　sum——求和;

　　std——求标准差;

判别时，将连续的良好匀速事件视为 1 次事件。

(3) 急加速

随加速度升高，平均瞬时油耗增加，因此在行车过程中通过避免急加速操作能够减少燃油消耗。急加速事件以瞬时加速度为参数进行判别。将急加速定义为使用平均瞬时油耗稳定后对应的加速度进行加速的行为。以车辆平均瞬时油耗随加速度变化率为指标进行分析，当变化率小于某一阈值 ε 时，认为平均瞬时油耗稳定，对应的加速度即急加速参数阈值。变化率计算方法如下：

$$f = \frac{g(a) - g(a-1)}{g(a-1)}, a \in [1, 20] \qquad (9\text{-}13)$$

式中　f——油耗变化率（％）；

$g(a)$——加速度 a 下平均瞬时油耗（L/h）。

急加速划分阈值为 $a > 4\text{km/h/s}$。判别时，连续的急加速事件将视为 1 次事件。

(4) 急减速

随着减速度升高，平均瞬时油耗降低。根据实际驾车经验，高减速操作需要踩下离合以避免发动机停转，浪费车辆本身惯性动力，造成不必要的燃油消耗。同时，高减速导致车辆运行速度降低，有可能导致较高的百公里油耗。基于以上考虑，即使加速度—油耗关系模型表明急减速条件下瞬时油耗较低，也将急减速考虑为导致油耗增加的可能事件。急减速事件的加速度判别阈值与急加速事件类似，取 $\varepsilon = 1\%$，分析获得急减速划分阈值为 $a < -5\text{km/h/s}$。判别时，连续的急减速事件将视为 1 次事件。

(5) 长时加速

车辆处于加速工况状态时，随着加速度升高，平均瞬时油耗呈线性增加。结合数据预处理时所观测到的长时加速导致高油耗的现象，将长时加速考虑为导致油耗增加的可能事件。将加速工况持续时间 $t > 5\text{s}$ 的驾驶操作定义为长时间加速。判别时，连续的长时加速事件将视为 1 次事件。

(6) 长时怠速

车辆处于怠速工况时，燃油消耗主要用于维持发动机转动，因此将长时怠速作为导致油耗增高的可能事件。国外节能宣传网站指出应避免多于 1min 的怠速空转，据此将长时怠速阈值判别条件定义为怠速持续时间 $t > 60\text{s}$。判别时，连续的长时怠速事件将视为 1 次事件。

3) 矫正建议

(1) 低速运行：做好出行规划，尽量绕行畅通路段；

(2) 良好匀速：在遵守限速的条件下，尽量保持高速匀速行驶；

(3) 急加速：避免急加速，加速时以 4s 内加速 15km/h 为宜；

(4) 急减速：避免急减速，观察前车速度，提前减速，以 5s 内减速 20km/h 为宜；

(5) 长时加速：避免长时加速，在加速过程中间或放松油门踏板，使车辆在加速时间或处于匀速或微减速状态，阶梯式提升速度。连续加速长时间以不超过 5s 为宜；

(6) 长时怠速：避免长时怠速空转，观察道路交通状况或交叉口信号灯状态，当可能需要停车时间超过 1min 时，宜拉起手刹，停车熄火等待。

9.3.5 效果评价

在生态驾驶培训示范过程中,将驾驶人分成三种不同类型进行测试。运用 GDE 框架对驾驶人进行了视频培训及模拟器针对性矫正优化培训,并计算培训前后的油耗、排放、不良驾驶行为以及评分结果,验证了培训系统的有效性,并对培训效果进行了评估。生态驾驶培训的有效性测试方案如图 9-24 所示。

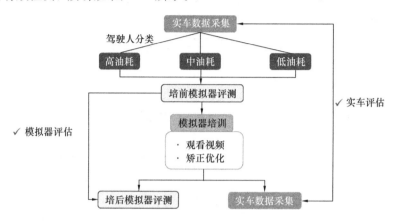

图 9-24 有效性测试方案

9.3.5.1 培训模式

模拟器培训模式应用综合框架（GDE 框架）于驾驶人教育,如图 9-25 所示。将驾驶行为教育分为四个等级：个人生活目标及生存技能、驾驶环境与目标、交通环境的把控、车辆操作技能。四个等级相应的培训内容如表 9-6 所示,通过多层次进行驾驶人生态驾驶培训,对于改善驾驶行为习惯具有重要意义。

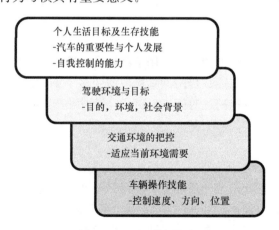

图 9-25 GDE 模型框架

生态驾驶 GDE 框架与培训内容　　表 9-6

驾驶人教育目标模型（GDE）	培训内容
个人生活目标及生存技能（一般性）	• 培养驾驶人对生态驾驶所带来的社会和个人利益的普遍认识 • 了解低排放车辆技术

续表

驾驶人教育目标模型（GDE）	培训内容
驾驶环境与目标 （行程相关）	• 驾驶前的准备工作 • 使用可替代的交通方式 • 避免短途行程 • 提前计划最直接的路线 • 避免高峰出行 • 检查轮胎 • 减少不必要的车辆载重 • 油量加到合适用量 • 在堵车时熄火 • 关闭窗户减少阻力 • 关闭空调
交通环境的把控	• 适当观察、预期计划，留有反应时间与空间 • 遵守限速 • 避免经常停车启动 • 操作时避免增加发动机转速
车辆操作技能	• 平缓加速 • 提前换挡保持低转速 • 控制合适转数 • 保持目标速度恒定速度 • 平缓刹车

9.3.5.2 培训方案

1）培训人员

培训人员均为祥龙出租客运汽车有限公司人员共 115 人，其中有 105 名出租车驾驶人，10 名管理人员参与测试。由于部分驾驶人存在模拟器眩晕，最终测试人数为 100 人。第一批培训时间为 2017 年 4 月 19 日～26 日，共计 52 人。第二批生态驾驶培训时间为 2017 年 11 月 6 日～17 日，培训人员共计 63 人。出租车驾驶人包括汽油车与混动车两种类型驾驶人，多数为高油耗驾驶人，并选取少量中低油耗驾驶人，对比测试结果。出租车培训人员分布如图 9-26 所示。

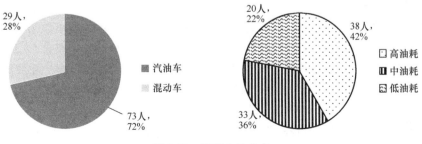

图 9-26 培训人员分布

2）培训流程

在培训准备阶段首先检查车辆状况，保证驾驶时车辆的横向和纵向动态传动；然后启动驾驶模拟器操作平台、车辆、投影仪及音箱设备等；最后对车辆方向盘进行校正，确保培训过程顺利进行。

在培训开始前需要对测试人员宣读培训指导语，让驾驶者了解和熟悉驾驶模拟器，尽量降低模拟器材和显示屏的视觉效应带来的不适感，为了保证培训数据的准确性，对严重不适的测试人员需要终止培训。待测试人员适应仪器后，为其讲解培训的流程，告知他们不能故意违反交通规则等注意事项，为其介绍培训过程中的行驶路线图，以帮助测试者顺利完成培训任务。

3）培训实施

培训前期准备做好之后，安排测试人员开始培训。为了避免周期性的顺序所产生的预测效应，此次生态驾驶培训将场景次序进行了随机编排。安排每名驾驶人驾驶一条城市道路。在培训过程中，驾驶模拟器的主车周围不允许他人旁观，以防谈话、视线干扰等因素介入。

（1）填写驾前问卷；

（2）驾驶人驾驶一段评价模式场景，会根据驾驶过程出现的不良（不生态）驾驶行为，生成相应的评价报告；

（3）观看生态驾驶教学视频；

（4）对于驾驶人在评价模式中的评测，给出个性化的培训方案，针对不同驾驶人予以不同的培训内容与课程，实现针对性的矫正优化；

（5）培训结束后，再驾驶一段城市道路场景，观察生态驾驶培训效果及驾驶行为提升情况；

（6）填写驾后问卷。在所有培训场景结束后，培训测试人员需要完成关于本培训的相关调查问卷，以记录测试人员对驾驶模拟器的适应程度、感受到的真实度等。

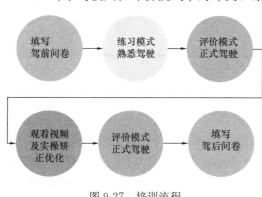

图 9-27 培训流程

驾驶人参与培训流程如图 9-27 所示：

9.3.5.3 培训数据收集

实车数据采集基于北京市出租车驾驶行为能耗排放监测平台，实车数据采集时间为培训前后 1 周，观察驾驶人生态驾驶的培训效果。通过在出租车上安装车载 OBD 及 GPS 终端，提取驾驶人驾驶行为及车辆运行数据，车辆数据的采样间隔为 1s，可采集驾驶人瞬时速度、瞬时油耗、GPS、前氧传感器状态、后氧传感器状态等指标。驾驶人的百公里油耗根据瞬时油耗的累加除以行驶里程获得。

模拟器采集数据频率 60Hz，即每秒采集 60 条数据，包括转速、位置、速度、加速度、方向盘转角、油门踏板深度、刹车踏板深度等一系列指标。其中，模拟器输出的油耗及排放数据通过 VSP 算法模型和碳平衡方法获得。

9.3.5.4 培训效果评估

1) 柯克帕特里克四层次培训评估模型

培训效果评估产生于 20 世纪 50 年代，经历了从定性评估到定量评估的发展，其中影响最大、使用最为广泛的是唐纳德·L·柯克帕特里克（Donald L. Kirkpatrick）于 1959 年提出的柯氏层次评估模型，该模型将培训效果评估标准分为 4 个递进的层次：反映层、学习层、行为层、效果层，并且提出在这四个层次上对培训效果进行评估，其中，反映层关注被培训者对培训的直接感受。反映层评估主要是在培训项目结束时，通过问卷调查来收集被培训人员对于培训的效果和有用性的反应。学习层关注被培训人员受培训后对知识、技能、态度等培训的相关内容的理解和掌握程度。学习层评估可以采用笔试、实地操作和工作模拟等方法来考查。培训组织者可以通过书面考试、操作测试等方法来了解受训人员在培训前后，知识以及技能的掌握方面有多大程度的提高。行为层关注被测试者在受培训后有多大程度上改变了自己的行为，是否在运用了培训中学到的知识。多大程度上应用了所学的知识、技能、技巧。效果层关注了培训带来了多大成效和变化。

对柯氏模型进行进一步设计，试探究生态驾驶行为培训所产生的效果。如表 9-7 所示，对各层进一步划分，对驾驶人的主观意识的反映与其产生的客观数据进行综合分析。

各层评估指标　　　　　　　　　　　　　　　　　　　　表 9-7

一级指标	二级指标	三级指标
A 反映层	A1 对培训主观反映	A11 生态驾驶对燃油的帮助
		A12 采用生态驾驶程度
	A2 场景真实度反映	A21 模拟器评分
B 学习层	B1 客观学习程度	B11 生态驾驶专业知识评分
C 行为层	C1 对客观的反映	C11 模拟器输出的非生态驾驶行为频次
D 效果层	D1 经济效益	D11 百公里油耗
	D2 生态环境	D21 百公里排放

2) 基于柯氏评估模型的综合评价

针对职业驾驶人基于驾驶模拟器的培训效果，利用柯氏评估模型进行培训效果的综合评价。通过综合化评价方法对反映、学习、行为、效果这四层综合验证培训的有效性。

(1) 反映层评估

反映层是评估、了解驾驶人对培训项目的满意程度的重要工具，是掌握其对于培训的反应积极程度的工具。对于反映层面的评估是在培训结束后，评估的内容主要包括对培训内容、培训方式、培训效果、培训设施等的满意程度；采用问卷调查的方法，对反映层面的评估采用定性量化分析。赋予的分值为"9~10 分——非常好、非常符合，7~8 分——好、符合，5~6 分——一般，3~4 分——差、不符合，1~2 分——非常差、非常不符合"，评估问卷的总数量为 115 份。针对主观方面对以下两个问题进行评价——问题 A：模拟器生态驾驶教育对您的生态行为的提升程度。问题 B：在以后的日常驾车中，会坚持采用学到的生态驾驶行为的程度。针对客观条件部分对问题 C 进行评价——问题 C：结合您日常开车时的真实感受，对模拟器油门、方向盘、刹车、离合、场景真实感、速度感等的真实度进行综合评分。问卷评分结果如图 9-28 所示。

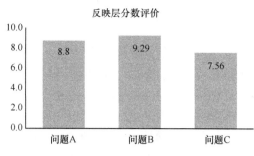

图 9-28　反映层问卷评分情况

由图 9-28 可知，模拟器的真实程度评分为 7.56 分，模拟器真实程度符合驾驶人在日常开车的实际情况，可以模拟驾驶人在日常生活中驾驶车辆的真实水平。生态驾驶教育对生态行为的提升程度为 8.8 分，表明驾驶人在培训后认为生态驾驶行为培训可以提升驾驶人驾驶行为的生态性，且在生态行为上有很大的提升。在以后驾车中会采取生态驾驶行为的问题上得分为 9.29 分，证明驾驶人在培训后学会相关生态驾驶知识并十分愿意采纳并应用于日常生活中。综上所述，表明驾驶人在主观问卷中表示通过生态驾驶教育学习到了生态驾驶行为并愿意在驾驶过程中采纳相应的生态驾驶行为。

(2) 学习层评估

学习层面的评估贯穿于培训的始终，需对培训前、后两个时间段对驾驶人的知识、能力等进行纵向对比，即在培训前后借助试卷对驾驶人的知识、能力等的变化情况进行比较。采取生态驾驶行为专业知识试卷对驾驶人进行专业知识测试。培训前后驾驶人所测试的试卷内容相同，对培训前、后生态驾驶行为专业知识试卷评分进行显著性分析，结果显示经过生态驾驶教育前后对生态知识具有显著影响（$F=18.788$，$p<0.001$），如表 9-8 所示。

生态驾驶行为专业知识测试情况　　　　　　　　　　　　　表 9-8

测试组	分数	提升比例
基础测试	45.57	—
培训后测试	60.29	32.3%

由表 9-8 可知：培训前专业知识评测平均分数为 45.57 分，培训后平均分数为 60.29 分，培训后有显著性提升，且平均分数增加了 32.3%。由此可知，生态驾驶行为培训可以使驾驶人学习到生态驾驶专业知识，且学习效果非常明显。

(3) 行为层评估

行为层面的评估主要是在培训结束后对驾驶人在培训中接受的知识、技能在实际中的应用或转化程度进行评估。行为层次的评估需要借助一定的评价标准来考察驾驶人在培训后的变化，从而判断驾驶人对所学的知识、技能在实际中的应用情况。选取急加速、急减速、急刹车、低挡高速、速度过高、低挡高速这 6 个非生态驾驶行为指标的频次进行行为层面的评估；其中急加速、急减速各根据大小分为 3 个阶段。其中各指标定义过程如下：

① 急加速

将驾驶人所产生的所有加速度从小至大进行排序，85%位加速度即在所有加速度中有 85%的加速度数值都在此之下。故提取 85%位数值以上的加速度作为判断依据。取 85%位加速度作为急加速 1；取 90%位加速度作为急加速 2；取 95%位加速度作为急加速 3。

② 急减速

将驾驶人所产生的所有减速度（速度不为 0）从大至小进行排序，取 85%位减速度作为急减速 1；取 90%位减速度作为急减速 2；取 95%位减速度作为急减速 3。

③ 急刹车

将驾驶人所产生的所有减速度（速度为 0）从大至小进行排序，取 85%位减速度作为急刹车。

④ 低挡高速

根据驾校在道路驾驶部分考核驾驶人要求判定：挡位为 1 时，车速范围为 10~20km/h；挡位为 2 时，车速范围为 20~30km/h；挡位为 3 时，车速范围为 30~40km/h；挡位为 4 时，车速大于 40km/h；即某一挡位所对应的车速大于以上车速范围即判定为低挡高速行为发生一次。

⑤ 速度过高

根据实际道路条件的限速标志规定，规定城市道路限速 100km/h；根据《中华人民共和国道路交通安全法实施条例》第七十八条规定：高速公路最高车速不得超过每小时 120km/h。

⑥ 长时怠速

根据实际驾驶经验，汽车停止但发动机转速不为 0 时，即定义为怠速，当怠速时长超过 1min 时即为长时怠速。

将以上 9 项非生态驾驶行为指标的持续时间分别进行从小至大进行排序，取 15%位的时间值，即有 85%的发生时间均在此时间之上，故采取 15%位的时间值作为非生态驾驶行为指标的持续时间。

其中，非生态驾驶行为的具体判定条件如表 9-9 所示：

非生态驾驶行为判定条件　　　　　　　　　　　　　　表 9-9

行为	判定条件
急加速 1	平均加速度介于 1.1~1.45m/s² 之间，且持续时间 1s 及以上
急加速 2	平均加速度介于 1.45~2.05m/s² 之间，且持续时间 1s 及以上
急加速 3	平均加速度为 2.05m/s²，且持续时间 1s 及以上
急减速 1	平均减速度介于 -0.98~-0.64m/s² 之间，且持续时间 1s 及以上
急减速 2	平均减速度介于 -1.92~-0.98m/s² 之间，且持续时间 1s 及以上
急减速 3	平均减速度为 -1.92m/s² 以上，且持续时间 1s 及以上
低挡高速	挡位=1，速度>20km/h；挡位=2，速度>30km/h 挡位=3，速度>40km/h；挡位=4，速度>50km/h 持续时间 1：2~10s 持续时间 2：10s 以上
速度过高	高速、山区道路车辆速度>120km/h 城市道路车辆速度>100km/h 持续时间 1：1~13s 持续时间 2：14s 以上
长时怠速	车辆停止但发动机持续运行时间超过 1min 且不超过 5min

经过生态驾驶模拟器培训后，不良行为频数如图 9-29 所示。驾驶人的急加速（降低 24.67%）、急刹车（降低 37.26%）、急减速（降低 31.43%）、长时怠速、低挡高速（降

低 26.15%)、速度过高（降低 51.03%）等不良驾驶行为均有明显下降。驾驶人在驾驶过程中产生的急加速、急减速及低挡高速不良行为较多，改善最明显。

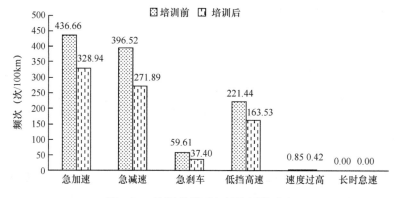

图 9-29 培训前后不良行为频数对比

实车的 6 种事件下的驾驶行为频数如图 9-30 所示。驾驶人的低速运行（降低 7.11%）、急加速（降低 10.79%）、急减速（降低 8.94%）、长时加速（降低 6.17%）、长时怠速（降低 7.25%）等不良驾驶行为均有明显下降，生态驾驶行为良好匀速（提高 6.22%）有所提升。结果表明，驾驶人在经过培训后，驾驶水平均有所提升，幅度可达到 6.17%~10.79%。驾驶行为的改善效果：急加速＞急减速＞低速运行＞长时怠速＞长时加速。

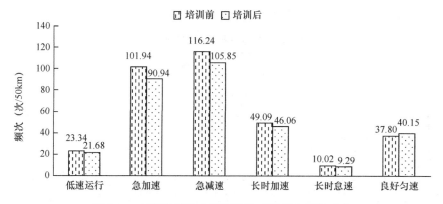

图 9-30 培训前后实车不同事件驾驶行为频数对比

行为层面的评价指标为：急加速 1、急加速 2、急加速 3、急减速 1、急减速 2、急减速 3、低挡高速、速度过高、长时怠速共 9 个非生态行为指标。由于不同驾驶人驾驶不同的场景，其所运行里程数也存在一定的差异，所以为实现数据的一致性和可比性，对各非生态驾驶行为指标采取百公里频次。利用 TOPSIS 评价方法对培训前、后各指标的百公里频次进行综合评价，从而确定培训前、后驾驶人驾驶行为生态性的变化程度。计算过程如下：

① 构建评价矩阵。设有 n 个评价方案，每个方案共有 m 个评价指标，在培训数据的基础上构成初始化判断矩阵：

$$X = X_{ij}(i=1,2,\cdots,n; j=1,2,\cdots,m) \tag{9-14}$$

② 数据标准化。统一指标数据单调性，对于越大越优型指标，则有：

$$X_{ij}^{\#} = \frac{1}{X_{ij}} \quad (9\text{-}15)$$

对于越小越优型指标，则有：

$$X_{ij}^{\#} = X_{ij} \quad (9\text{-}16)$$

然后用式（9-17）统一量纲处理数据，得到 X_{ij}^{*} 矩阵。

$$X_{ij}^{*} = \frac{X_{ij}^{\#}}{\sqrt{\sum_{i=1}^{n}(X_{ij}^{\#})^{2}}} \quad (9\text{-}17)$$

③ 确定各指标权重，构建加权决策矩阵。运用熵权法确定指标权重 W_j，熵权法是客观综合定权法，根据各指标传递给决策者的信息量大小来确定权重。在确定权重的基础上建立加权决策矩阵：

$$D_{i}^{*} = \sqrt{\sum_{j=1}^{n}(u_{ij} - U_{j}^{-})^{2}} \quad (9\text{-}18)$$

④ 计算评价方案与最优及最劣解的欧氏距离。正理想解：

$$U_{j}^{+} = \max\{U_{ij}\} \quad (9\text{-}19)$$

负理想解：

$$U_{j}^{-} = \min\{U_{ij}\}, j = 1,2,3,\cdots,m \quad (9\text{-}20)$$

可得各评价单元与正负理想解的距离，正理想解：

$$D_{i}^{+} = \sqrt{\sum_{j=1}^{n}(u_{ij} - U_{j}^{+})^{2}} \quad (9\text{-}21)$$

负理想解：

$$D_{i}^{-} = \sqrt{\sum_{j=1}^{n}(u_{ij} - U_{j}^{-})^{2}} \quad (9\text{-}22)$$

确定各评价方案与最优解的相对接近度：$C_{i}^{*} = \dfrac{D_{i}^{*}}{D_{i}^{+} + D_{i}^{*}}$；

可知，$0 \leqslant C_{i}^{*} \leqslant 1$，且 C_{i}^{*} 越大，说明该方案在其目标下的效果最好，反之则表示方案效果较差。

依据 TOPSIS 的评分结果，将分值映射到 0～100 之间，可得出驾驶人生态驾驶评分结果。培训前后生态性平均分数情况如表 9-10 所示。

培训前后驾驶人驾驶行为生态性变化　　　　　　　　表 9-10

测试组	分数	提升潜力
第一批基础测试	73.6	—
第一批培训后测试	80.3	8.34%
第二批基础测试	63.8	—
第二批培训后测试	79.2	19.47%

由结果可知，对基础测试与第一批培训测试中驾驶人发生的非生态驾驶行为（急加速 3 个阶段、急减速 3 个阶段、急刹车、低挡高速、长时急速、速度过高）频次进行综合评分，从而确定驾驶人平均生态性的改变情况。第一批培训前基础测试平均分数为 73.6，

培训后测试平均分数为 80.3，生态驾驶提升潜力为 8.34%；第二批培训前基础测试平均分数为 63.8，培训后测试平均分数为 79.2，生态驾驶提升潜力为 19.47%。由此可知，生态驾驶培训不仅能够减少驾驶人的不良驾驶行为，同时提升了个体驾驶行为的综合生态水平；在模拟器功能进一步完善与优化的基础上，培训效果得到进一步提升。由此可见，模拟器可以实现有效的生态驾驶培训。

(4) 效果层评估

效果层面的评估主要考虑驾驶人个人在通过培训所获得自我提升的基础上，除了对自身行为的影响外，还将通过日常工作对外界产生积极影响。因此，将组织效果层归纳为对生态环境及经济效益这两个层面的影响。利用每公里污染物排放与百公里油耗进行测算。由于不同车辆的运行里程与时间均存在着差异性，为实现数据的一致性与可比性，利用 VSP 模型将环境指标、经济效益采用车辆百公里污染物排放及百公里油耗进行测算。

VSP 是单位质量机动车瞬时功率，表示了发动克服车轮旋转阻力 F_R、空气动力学阻力 F_A 做功、增加机动车动能 E_k、势能 P_k 所输出的功率和内摩擦阻力 F_I 造成的转动系的机械损失功率。其数值与车辆自身（质量、挡风面积等）、行驶环境（海拔、坡度等）、行驶状态（速度、加速度等）计算方法如下：

$$VSP = \frac{\left[\frac{d(E_k + P_k)}{dt} + F_R v + F_I v\right]}{m}$$

$$= v[a(a + \varepsilon_i) + g\sin\theta + gC_R] + 0.5 p_a \frac{C_d A}{m}(v + v_m)^2 + C_I gv \quad (9\text{-}23)$$

式中 v——逐秒的运行速度（m/s）；

a——逐秒的加速度（m/s²）；

ε_i——质量因子，量纲为 1；

θ——道路坡度，量纲为 1；

g——重力加速度，取 9.81m/s²；

C_R——滚动阻力系数，量纲为 1；

p_a——环境空气密度，kg/s³；

C_d——风阻系数，量纲为 1；

A——车辆挡风面积（m²）；

m——车辆的质量（kg）；

v_m——风速（m/s）；

C_I——内摩擦阻力系数，量纲为 1。

由于研究车型为固定车型，因此在计算 VSP 时，车辆因素为常量。同时，暂不考虑海拔高度和道路坡度等外界因素的影响。经以上处理，得到 VSP 与车辆速度和加速度的关系为：

$$VSP = 0.105802v + 0.00135373v^2 + 0.00033311v^3 + va \quad (9\text{-}24)$$

由于逐秒计算得到的 VSP 分布较为离散且一定范围内排放率相差无几，利用聚类方法进行 VSP 区间划分得到不同 VSP 区间下的基准排放率，将排放按照行驶时间进行求和，得到车辆排放值。

依据以上排放计算方法对基础测试、两次培训后的平均尾气排放量进行计算，见表 9-11。

培训前后车辆尾气排放量（g/km）　　　　表 9-11

		CO_2	CO	HC	NO_X
第一批培训	基础测试	244.93	0.5401	0.0578	0.0369
	培训后测试	232.37	0.4918	0.0551	0.0332
	降低百分比	5.13%	8.93%	4.71%	9.97%
第二批培训	基础测试	257.56	0.4889	0.0588	0.0302
	培训后测试	236.16	0.4391	0.0536	0.0274
	降低百分比	8.31%	10.19%	8.90%	9.32%

结果表明，经过生态驾驶培训后，CO_2、CO、HC、NO_X 的排放量均有所下降，第一批培训排放减少比例为 4.71%～9.97%，第二批培训排放减少比例为 8.31%～10.19%。由此可知，生态驾驶培训对于减少污染物排放、改善环境有积极作用，同时模拟器优化改进后的减排效果更为明显，最高可达 10.19%。

根据测算的汽车尾气排放量，按照碳平衡方法，反推汽车的燃油消耗量，根据车辆行驶里程，计算出百公里油耗，计算方法如下：

$$FC = (0.866 M_{HC} + 0.4286 M_{CO} + 0.2727 M_{CO_2}) \times 0.156 \quad (9-25)$$

式中　M_{HC}——HC 的排放量（g/km）；

　　　M_{CO}——CO 的排放量（g/km）；

　　　M_{CO_2}——CO_2 的排放量（g/km）。

培训后，驾驶人模拟器计算油耗变化情况如图 9-31 所示。由油耗结果可知，驾驶人在培训后油耗均有所降低。模拟器优化后，第二批培训驾驶人的油耗降低更为明显。

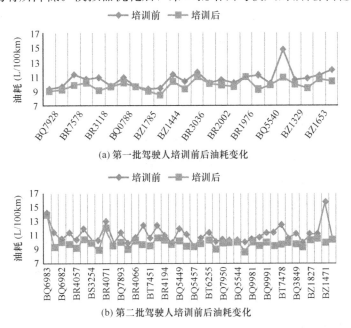

图 9-31　生态驾驶培训节油效果

对培训前后油耗进行显著性分析，结果显示经过生态驾驶培训前后对百公里油耗具有显著影响（$F=4.201$，$p<0.005$）。具体结果如表 9-12 所示。

培训前后模拟器油耗结果　　　　　　　　　　　　　表 9-12

测试组	平均油耗（L/100km）	降低比例
第一批基础测试	10.46	—
第一批培训后测试	9.93	5.13%
第一批基础测试	11.00	—
第一批培训后测试	10.08	8.36%

经过第一批培训培训，百公里油耗由基础测试的 10.46L/100km 下降至培训后的 9.93L/100km，油耗降低比例达 5.13%；第二批培训油耗由 11L/100km 降至 10.08L/100km，降低比例可达 8.36%。由此可知，模拟器优化后，进一步改善了生态驾驶行为培训效果；基于模拟器的生态驾驶培训可以有效降低燃油消耗，比例可达 8.36%。

采集出租车驾驶人培训前后一周的实车数据，经过对比，培训后实车油耗改善情况如表 9-13 所示。

培训前后实车油耗对比结果　　　　　　　　　　　　表 9-13

	平均油耗（L/100km）	降低比例
培训前	9.32	—
培训后	8.53	8.48%

由结果可知，经过培训，实车油耗由 9.32L/100km 下降至培训后的 8.53L/100km，油耗降低比例达 8.48%，进一步证明了生态驾驶模拟培训的有效性。

9.4 基于互联网技术的生态驾驶行为动态反馈系统

借助互联网技术，重点研发面向企业的生态驾驶行为综合管理平台和面向驾驶人个体的手机应用软件。

1）生态驾驶行为监管系统

面向企业及政府对车辆生态驾驶行为动态监管和数据对比分析需求，构建了生态驾驶行为分析平台，实现了单个车辆及不同车队的车辆运行轨迹、油耗信息、生态驾驶行为情况等方面的实时动态监控和历史数据查询。

2）生态驾驶行为手机 APP

以 INTERNET＋平台为基础，融合研究形成的生态驾驶行为评估及反馈优化方法，开发了基于安卓系统的专业化生态驾驶手机 APP，可实现车辆行驶过程中驾驶行为和车辆油耗数据的全方位对比与展示、非生态驾驶行为的甄别与矫正以及日常驾车过程中常见生态驾驶行为信息的静态推送等。

9.4.1 基础平台构建

如前文所述，基于 OBD＋GPS 车载感知终端，结合网络和云平台技术，完成车辆运行数据采集及汇聚，并研发生态驾驶行为综合管理平台和面向驾驶人个体的手机应用软件。

1) 数据采集终端

利用车辆 OBD 接口，集成 GPS 模块，实现如速度、瞬时油耗、转速、GPS 坐标等车辆运行数据的实时采集。

2) 数据传输方式

利用移动网络技术实现数据传输与平台各模块间的通信，包括数据实时上传、生态驾驶建议动态反馈等。

3) 数据存储与处理

利用云端数据服务器接收实时的车辆数据上传并存储，同时提供多种数据交互 API 接口，支持算法嵌入、信息发布等二次开发。

4) 数据发布

一方面，基于 Web 技术搭建面向企业的生态驾驶行为监管系统，实现车流生态驾驶运行状况监视、历史数据查询、可视化显示等；另一方面，研发面向个体驾驶人的生态驾驶反馈优化手机 App，实现驾驶人生态驾驶行为优化。

9.4.2 面向企业的生态驾驶行为监管系统

驾驶行为管理平台主要面向车载辅助系统管理者，提供整个系统的运行状况监视、历史数据查询、可视化显示等功能。

9.4.2.1 实时监控模块

此模块主要用于监控车载辅助系统运行情况，统计车载数据采集设备运行状态，作为总控监测系统的主界面。利用车载数据采集设备实时上传的车辆 GPS 信息，动态显示目前正在运行的车辆位置信息。提供安装有设备的车辆总体统计信息，包括运行车辆数、累计油耗、累计里程、里程分布、百公里油耗分布、生态驾驶得分等信息。主界面设计如图 9-32 所示。

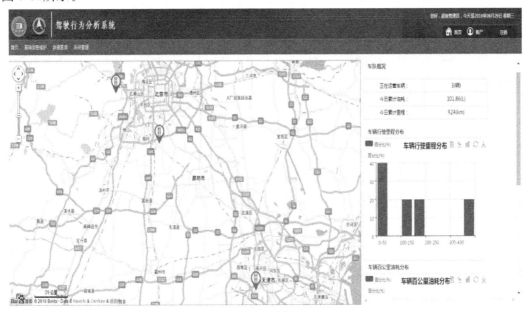

图 9-32　总控监测系统主界面

同时，系统提供个体车辆今日运行情况查询，如图 9-33 所示，包括：

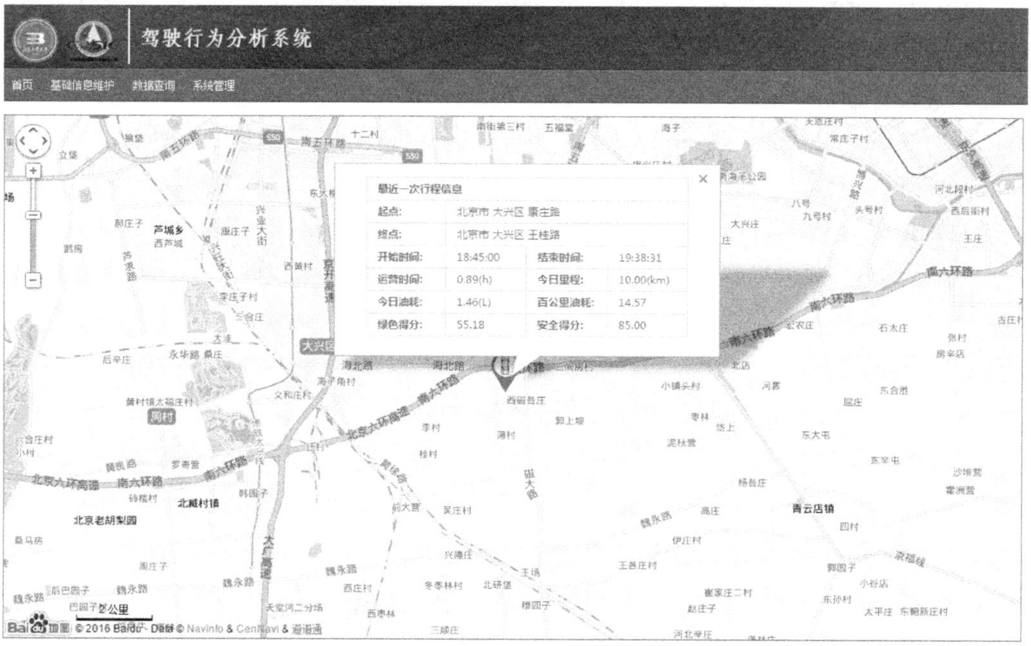

图 9-33　个体车辆信息查询

1）车辆基本信息

可以查询正在运行车辆的信息，包括车牌、驾驶人、运行时间、今日里程、今日油耗、今日百公里油耗、生态驾驶评分等。

2）车辆近期行程信息

可以显示车辆最近一次从车辆启动开始到车辆停止的行驶轨迹，并可提供此次行程的距离、时间、百公里油耗等信息。

3）驾驶人生态驾驶行为信息

提供所选车辆今日详细的运行信息，主要用于列表展示行驶过程中出现的非生态驾驶行为次数及矫正建议、今日数据与历史数据的可视化对比等。

9.4.2.2　历史查询模块

为方便管理者了解系统历史运行情况及驾驶人在某一时间点的车辆运行情况，管理系统提供了历史数据查询功能。历史查询模块为管理者提供了在选定日期内车辆整体运营情况及选定车辆在查询日期内的运行信息。如图 9-34 所示。

9.4.3　面向用户的生态驾驶行为手机 APP

面向个体驾驶人的生态驾驶反馈优化手机 APP，能够将研究成果及时推广至驾驶人，是车载辅助系统建设的重要组成部分。生态驾驶手机 APP 功能设计主要包括行程监测、数据对比、用户互动和矫正建议四部分。

9.4.3.1　行程监测模块

行程监测模块是手机 APP 的核心功能模块，为驾驶人提供了了解其出行行程概况以

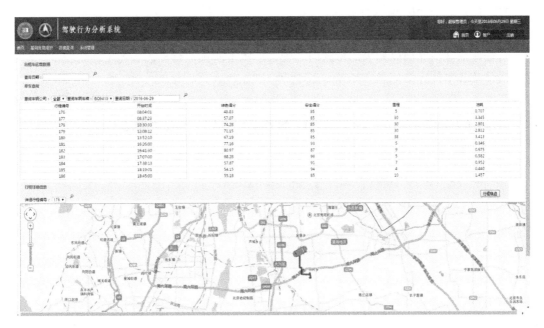

图 9-34　历史查询模块

及各行程内生态驾驶评估结果和矫正建议的窗口。

1）行程监测主界面

行程监测主界面主要由日期、今日总体数据概况和行程列表三部分组成，如图 9-35 所示。

（1）日期：位于主界面上方，可通过左右滑动查看不同日期下驾驶行为评价结果及车辆驾驶行程列表；

（2）今日总体数据概况：位于主界面中部，显示了所选定日期下生态驾驶行为评分、油耗统计、平均百公里油耗等数据。

（3）行程列表：位于主界面下部，显示了所选定日期下各行程起终点时间、起终点位置、百公里油耗、行驶距离、行驶时间等。考虑到驾驶人个体特征，面向自我型驾驶人推送燃油消耗量和对应的燃油费用参数；而面向公益型驾驶人则推送 CO_2 排放量及树木砍伐量。

2）行程信息界面

行程信息界面展示了各行程的详细信息，利用地图行驶展示了车辆运行轨迹，并在其上标示出不同驾驶事件的产生位置。点击驾驶事件标签，可查看各标签所代表的驾驶事件信息及矫正建议。此外，在界面左下部还提供了本次行程的生态驾驶行为评分。

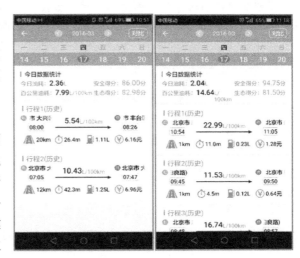

图 9-35　行程监测总界面

行程信息界面如图 9-36 所示。

3) 行程评估详情界面

行程评估详情界面以列表的形式向驾驶人展示了所选定行程内各项生态驾驶事件发生次数统计及各事件详细信息，如图 9-37 所示。

图 9-36　行程信息界面　　　　　　图 9-37　行程评估详情界面

9.4.3.2　数据对比模块

数据对比模块主要面向学习型驾驶推送，展示了随驾驶行程次数或时间变化，驾驶人生态驾驶行为总评分及各分项事件出现频数的变化趋势，使得驾驶人能够了解自身驾驶行为情况，有目标地提升节能驾驶技能。

数据对比模块提供了多种对比方式，包括按日期、行程、绿色和安全对比 4 种，其中，驾驶安全目前仅作为拓展接口设计，如图 9-38 所示。

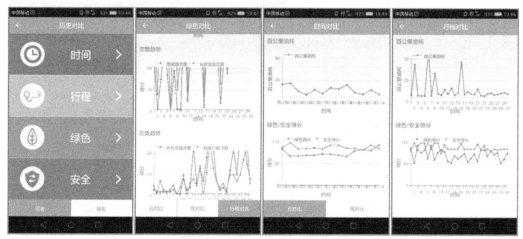

图 9-38　数据对比模块

1) 按日期对比：可按照时间顺序展示生态驾驶总评分变化趋势，统计周期为 1 天或 1 周，显示近 30 天或 4 周内生态驾驶总评分。

2) 按行程对比：提供了近 30 次行程内生态驾驶总评分的变化趋势。

3) 绿色对比：提供了以天、周和行程为统计周期的总评分和分项驾驶事件发生频数趋势。

9.4.3.3 用户互动模块

用户互动模块主要面向竞技型驾驶人推送，用于查看使用者与其他用户之间的生态驾驶评分排名比较，促使用户主动提升驾驶技能。模块提供了生态驾驶总评分及分项事件频数排名，如图 9-39 所示。

图 9-39 用户互动模块

9.4.3.4 矫正建议模块

矫正建议界面顶端为不同季节最应注意的生态驾驶建议，随季节而改变。页面中部提供了从车辆启动到收车整个过程如何进行生态驾驶操作的详细静态信息，以及定期进行车辆保养的注意事项，如图 9-40 所示。

9.4.4 效果评价

于 140 辆北京市出租车上安装移动终端数据采集设备，并在设备安装后 2 个月面向其中 60 名出租车驾驶人安装手机 APP 作为实验组，剩余驾驶人作为对照组；分别采集使用反馈优化技术前后两个月内车租车油耗，对基于 Internet＋的实车动态反馈优化技术进行测试。数据采集及手机 APP 安装现场如图 9-41 所示。

1) 系统使用前后油耗变化情况

实验组及对照组驾驶人在测试时段内油耗变化分布分别如图 9-42 和图 9-43 所示。数据结果表明对照组驾驶人车辆油耗在监测周期内百公里油耗变化分布比较平均；而实验组在利用 APP 进行反馈优化后，大多数驾驶人车辆油耗降低约 4.46%～11.49%，表明本方法能够促使驾驶人采取生态驾驶行为，实现车辆节能减排。

统计时段内，出租车平均每月运行 7050km，油耗 8.69L/100km，所监测 140 辆出租车每月平均每辆节省燃油 32.96L（平均节油 5.38%），约合人民币 213.91 元（汽油 6.49 元/L）。

图 9-40 矫正建议模块

图 9-41 出租车 OBD 数据采集设备及手机 APP 安装实施

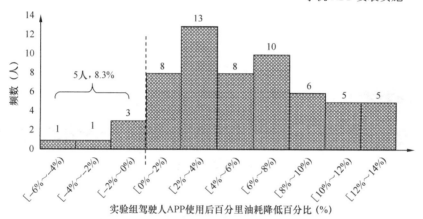

图 9-42 实验组驾驶人 APP 使用前后油耗变化分布

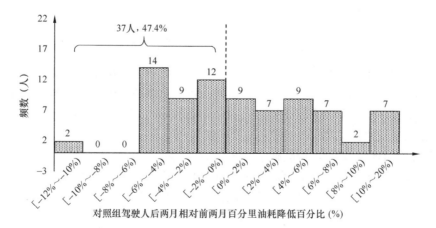

图 9-43 对照组驾驶人测试月油耗变化分布

2）系统节能效果长效性

统计 APP 安装后 1 月内，不同使用时间下车辆能耗情况如图 9-44 所示。数据结果显示，开始一周内，油耗基本不变；而在中间两周车辆油耗持续下降，而后稍微回升，并逐渐趋于稳定，表明驾驶人在不断的修正驾驶行为过程中逐渐习得了较平稳的生态驾驶行为习惯。

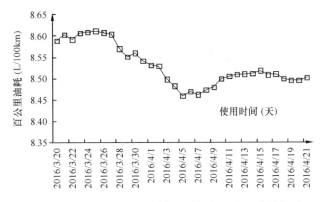

图 9-44　实验组 APP 不同使用时间与百公里油耗关系

3）不同使用次数与节能效果分析

统计一天内，APP 不同使用次数情况下的车辆能耗情况如图 9-45 所示，据结果显示，一天内，随着 APP 使用次数的增加，车辆百公里油耗降低，表明 APP 节油效果与使用次数成正比，使用次数越多，生态驾驶技能提升效果越明显。

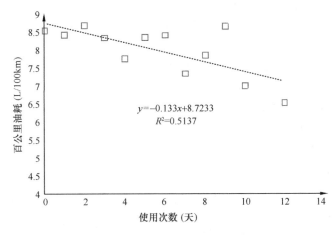

图 9-45　实验组 APP 不同使用次数与百公里油耗关系

4）与市面现有类似产品比较

为检验项目研发的生态驾驶行为手机 APP 节油效果与市场目前通用的类似产品的差异，项目对比采集了 20 名出租车驾驶人使用项目研发手机 APP 和市场类似产品的油耗数据，对比效果如图 9-46 所示。

数据结果显示，相对于市面现有类似产品，驾驶人使用该成果中反馈优化手机 APP 所带来的节能效果更为显著，表明考虑不同驾驶人个体特征，能够促使驾驶人自主提升其

257

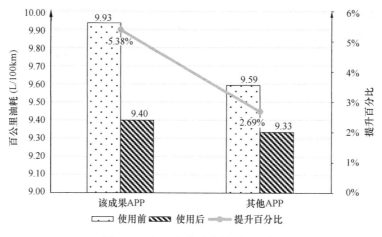

图 9-46 与现有产品节能效果比较

驾驶技能,获得良好的节能效果。

9.5 北京市生态驾驶行为实施效益分析

9.5.1 生态驾驶节能减排潜力测算

潜力测算主要分为 4 个方面:

(1) 驾驶人的节油潜力,即驾驶人生态等级提升潜力;

(2) 驾驶行为指标的提升潜力,包括平均速度、急加\减速频次、长时怠速频次、刹车频次、载重、温度、路径选择等指标;

(3) 综合提升潜力,即基于北京市道路不同服务水平及运行工况下的驾驶行为数据,推演出北京市生态驾驶的综合提升潜力。

(4) 培训提升潜力,即通过观看生态驾驶教育视频或手册(静态培训)、模拟器实操(动态培训)、手机 APP 动态反馈系统等培训方式培训后,驾驶人的节能潜力。

9.5.1.1 驾驶人生态等级提升潜力

依据前述介绍的驾驶人生态驾驶等级划分方法,可计算出驾驶人油耗提升潜力。潜力分析的思路为分别计算驾驶人从不良到一般、一般到生态、不良到生态的提升潜力,如图 9-47 所示。

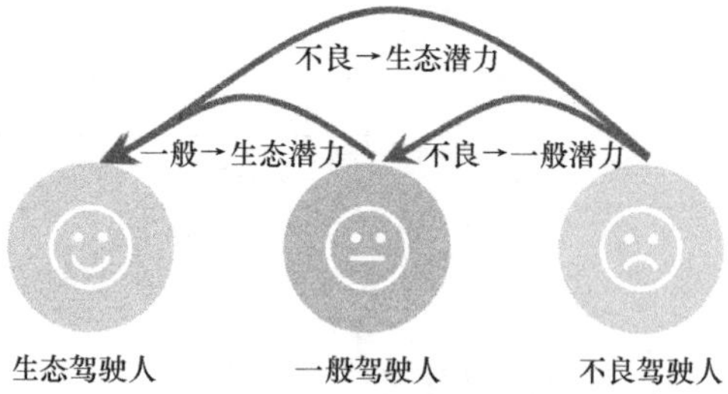

驾驶人生态等级提升潜力的计算方法见式(9-26):

图 9-47 潜力分析思路

$$Q_{gas} = \frac{AVgas_i - AVgas_j}{AVgas_i} \tag{9-26}$$

式中 Q_{gas}——油耗提升潜力;

$AVgas_i$——当前驾驶人分类的平均油耗;

$AVgas_j$——预计提升后驾驶人分类的平均油耗;

根据以上公式计算可得驾驶人生态等级提升潜力:

一般驾驶人均提升至生态驾驶人,油耗将降低 15.9%;

不良驾驶人均提升至一般驾驶人,油耗将降低 16.4%;

不良驾驶人均提升至生态驾驶人,油耗将降低 29.7%。

9.5.1.2 驾驶人行为指标提升潜力

依据本书前述内容确定驾驶行为指标阈值,可计算出每项驾驶行为指标的提升潜力。行为指标提升潜力分析的思路同生态等级提升潜力,分为不良到一般、一般到生态、不良到生态三种提升水平进行分析。驾驶人行为指标提升潜力的计算方法如下:

$$Q_{index} = \frac{AVgas_i - AVgas_j}{AVgas_i} \tag{9-27}$$

式中 Q_{index}——各项指标的提升潜力;

$AVgas_i$——当前驾驶人指标阈值分类下的平均油耗;

$AVgas_j$——预计提升后驾驶人指标阈值分类下的平均油耗。

8 项指标的三种提升潜力结果如图 9-48 所示。由结果可知,载重、温度与路径选择等指标的提升潜力相对较小,其余驾驶行为指标的提升潜力较大。

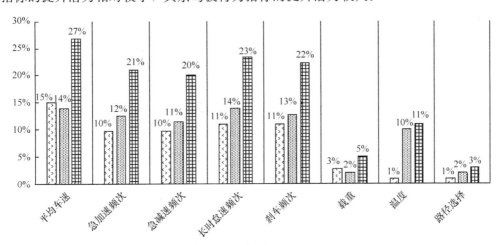

图 9-48 各项指标潜力提升百分比

各项指标的提升潜力与排序如表 9-14 所示。由表格可见,平均速度、长时急速频次、刹车频次、急加速频次及急减速频次的油耗提升潜力最大,可达到 10% 以上,在培训与优化驾驶行为过程中,应重点优化这 5 项指标。

各项指标潜力提升排序　　　　　表 9-14

	一般→生态		不良→一般		不良→生态	
	潜力	排序	潜力	排序	潜力	排序
速度	15%	1	14%	1	27%	1
长时急速频次	11%	2	14%	1	23%	2
刹车频次	11%	2	13%	3	22%	3

续表

	一般→生态		不良→一般		不良→生态	
	潜力	排序	潜力	排序	潜力	排序
急加速频次	10%	4	12%	4	21%	4
急减速频次	10%	4	11%	5	20%	5
载重	3%	7	2%	7	5%	6
温度	1%	8	10%	6	11%	7
路径选择	1%	6	2%	8	3%	8

9.5.1.3 驾驶人综合提升潜力

通过计算北京市城市道路不同工况与服务水平下的油耗分布特征，应用层次分析法建立综合提升潜力测算结构，进而通过计算不同工况与服务水平下的生态驾驶提升潜力，推演与估算出北京市生态驾驶行为的综合提升潜力。

1) 不同工况下油耗分布特征

将目标路段出租车运行数据按运行工况进行分割，各工况条件下数据分布及相应的油耗贡献百分比如图 9-49 所示。

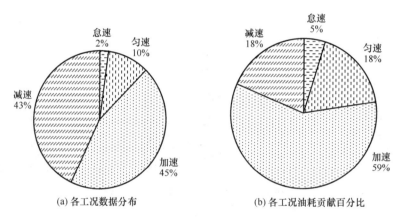

图 9-49 各工况下数据分布及油耗贡献百分比

图 9-49 表明，加速和减速工况数据比例达 88%，反映了出租车在城市快速路基本路段运行时呈现加、减速频繁的特点。加速工况油耗贡献百分比达 59%，是出租车油耗的主要来源。综合加速工况数据分布及油耗贡献百分比，表明在城市快速路基本路段加速工况条件下采取生态驾驶行为，对车辆总油耗的降低具有较为明显的效果。

2) 不同服务水平下油耗分布特征

依据《城市道路工程设计规范》CJJ 37—2012 要求，根据车辆运行速度将服务水平划分为四级，其中第四级服务水平分为饱和流和强制流。为方便数据分析，论文将强制流定义为五级服务水平。服务水平划分如表 9-15 所示。

将目标路段出租车运行数据按服务水平进行分割，各服务水平下数据分布及相应的油耗贡献百分比如图 9-50 所示。

第9章 生态驾驶行为实施案例

服务水平划分　　　　　　　　　　　　　　　　表 9-15

设计速度（km/h）	服务水平等级	速度（km/h）
80	一级（自由流）	≥72
	二级（稳定流上段）	≥64
	三级（稳定流）	≥55
	四级（饱和流）	≥40
	五级（强制流）	<40

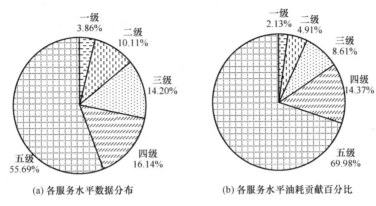

图 9-50　各服务水平下数据分布及油耗贡献百分比

图 9-50 显示出租车在快速路基本路段多处于低速运行状态。随服务水平（车辆运行速度）提高，油耗贡献百分比呈下降趋势；分析结果说明应更加关注拥堵条件下生态驾驶技能提升，也揭示了通过解决道路拥堵能够达到节能的效果。

3）综合节能潜力计算方法

车辆运行数据特征分析结果显示，不同条件下油耗贡献百分比不同，因此在潜力分析时，对比不同条件下生态驾驶行为对车辆总油耗的影响，应考虑不同条件下油耗贡献百分比。即便某条件下节能潜力较高，但其对车辆总油耗贡献百分比较低，采取生态驾驶行为所带来的能耗降低对出租车总油耗的影响将被削弱。

基于上述思路，利用层次分析法，将各条件下百公里油耗均值 95％置信区间上下限之差与置信区间上限的比值作为基础节能潜力，结合各条件下油耗贡献百分比，计算生态驾驶行为综合节能潜力。层次分析法结构如图 9-51 所示，层次分析法分为 3 个层次，每层次均包含有 2 种参数。

各层出租车运行油耗和及节能潜力计算式如下：

$$Q_{ij} = \frac{MAXgas_{ij} - MINgas_{ij}}{MAXgas_{ij}} \quad (9-28)$$

$$G_i = \sum_{j=1}^{5} G_{ij} \quad (9-29)$$

$$Q_i = \sum_{j=1}^{5} \left(Q_{ij} \cdot \frac{G_{ij}}{G_i} \right) \quad (9-30)$$

$$G_A = \sum_{i=1}^{3} G_i \quad (9-31)$$

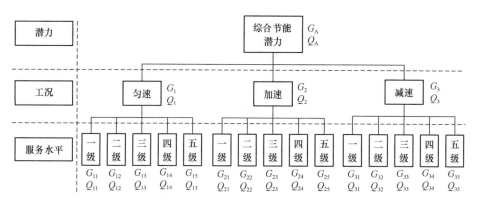

图 9-51　生态驾驶行为节能潜力层次分析法结构图

G—出租车在某条件下油耗；Q—出租车在某条件下节能潜力

$$Q_A = \sum_{i=1}^{3}\left(Q_i \cdot \frac{G_i}{G_A}\right) \quad (9\text{-}32)$$

式中　　　　i——工况状态，取 1、2、3，代表匀速、加速、减速工况；

j——服务水平，取 1、2、3、4、5，代表 5 种服务水平；

Q_{ij}——工况 i、服务水平 j 下生态驾驶行为基础节能潜力（%）；

$MAXgas_{ij}$、$MINgas_{ij}$——工况 i、服务水平 j 下出租车运行百公里油耗均值 95% 置信区间上下限（L/100km）；

G_{ij}——工况 i、服务水平 j 下出租车运行总油耗（L）；

G_i——工况 i 下出租车运行总油耗（L）；

$\dfrac{G_{ij}}{G_i}$——工况 i 条件下服务水平 j 对工况 i 的油耗贡献百分比（%）；

Q_i——工况 i 下生态驾驶行为节能潜力（%）；

G_A——出租车在快速路基本路段运行总油耗（L）；

$\dfrac{G_i}{G_A}$——工况 i 条件车辆总油耗的贡献百分比（%）；

Q_A——出租车在快速路基本路段生态驾驶行为综合节能潜力（%）；

实际上，$Q_A = \sum Q_{iA}$。依据表 9-13 中各工况条件下服务水平分类，计算不同条件下生态驾驶行为节能减排潜力及综合节能潜力，如表 9-16 所示。

各工况、服务水平条件下综合节能潜力　　　　表 9-16

工况（i）	服务水平（j）	Q_{ij}（%）（排序）	$\dfrac{G_{ij}}{G_i}$（%）	Q_i（%）	$\dfrac{G_i}{G_A}$（%）	Q_A（%）
匀速	高于四级	3.65%（5）	60.77%	8.24%	17.67%	11.18%
	五级	15.34%（2）	39.23%			
加速	高于三级	2.19%（7）	8.03%	15.59%	59.03%	
	四级	1.93%（8）	11.42%			
	五级	18.87%（1）	80.55%			
减速	一级	6.95%（3）	3.27%	2.79%	18.57%	
	二、三级	5.28%（4）	21.43%			
	四级	2.82%（6）	23.97%			
	五级	1.47%（9）	51.33%			

表 9-15 显示，加速工况条件下采取生态驾驶行为具有较高的节能潜力（15.59%），其次为匀速工况，减速工况条件下节能潜力较小。考虑各条件下油耗贡献百分比，计算获得生态驾驶行为综合节能潜力超过 10%。研究结果也指出在实施生态驾驶行为行动计划时，可优先考虑节能潜力较大的情况，以获得较大的综合效益。

9.5.1.4 培训提升潜力

根据前述研究内容，出租车驾驶人生态驾驶行为培训共分为静态培训、动态培训、静态+动态、手机 APP 动态反馈四种方式。由于不同实验目的和被试参与等差别，同一培训方式的节能减排效果可能存在一定差别。汇总不同培训方式的节能减排效果如表 9-17 所示。

不同培训方式的节能减排效果　　　　　　　　　表 9-17

	静态宣教	实操培训	先静态后动态	手机 APP
油耗	3.43%～6.02%	5.13%～9.78%	5.45%～9.95%	4.46%～11.49%
排放	3.39%～10.90%	4.71%～10.19%	5.37%～26.15%	—

9.5.2 经济社会效益概算

以 10% 的综合节能潜力，平均油耗按 8.46L/100km，推演不同行业每年节约能耗量及预计的经济效益。若北京市全行业驾驶人均采取生态驾驶行为，则每年共计节约油耗 4.09 亿升，约合 29.68 万吨，带来 24.27 亿元的经济效益。分行业估算效益如下：

1）出租车行业

北京市现有出租车 6.9 万辆，若将研究成果应用于 80% 的出租车，以 10%（8.88～7.99L/100km）的节能收益、9000 公里/月行程计算，每年可节省燃油 5293.9 万升，约 3.84 万吨；约合人民币 3.17 亿元。

节约油耗：6.9 万辆×80%×9000km/月×12 月×8.88L/100km×10%＝5293.9 万升。

经济效益：5293.9 万升×5.9795 元/L＝3.17 亿元。

2）公交行业

北京市公交车（约 2.33 万辆），以每辆车 8 万元/年的油耗费用计算（按市政补贴金额），10% 的生态驾驶节能将带来约 1.86 亿元的油耗费用降低，节油约 3117.3 万升，约和 2.26 万吨。

经济效益：2.33 万辆×8 万元/年×10%＝1.86 亿元。

节约油耗：1.86 亿元/5.9795 元/L＝3117.3 万升。

3）货运行业

目前北京市运营车辆 1.8 万辆，总体油耗 47 万吨（柴油 41 万吨、汽油 6 万吨）。若以货运车辆平均节能 10% 计算，则每年可节约柴油 4.1 万吨，汽油 0.6 万吨，约合人民币 3.27 亿元。

节约油耗：柴油：41 万吨×10%＝4.1 万吨（4940 万升），汽油：6 万吨×10%＝0.6 万吨（813 万升）。

经济效益：4.1 万吨×6835 元/t＋0.6 万吨×7820 元/t＝3.27 亿元。

4）社会私家车行业

若将本研究成果应用于北京市 30% 的私家车（现有小汽车 550 万辆），假设每辆小汽车平均每天运行 50km，则以 10%（8.88~7.99L/100km）的节能收益计算，每年可节省燃油 2.67 亿升，约合人民币 15.97 亿元。同时，相对于出租车，私家车驾驶人驾驶习惯更容易改变，所以其节能提升效果可能更大。

节约油耗：550 万辆×30%×500km/日×365 日×8.88L/100km×10%＝2.67 亿升。

经济效益：2.67 亿升×5.9795 元/L＝15.97 亿元。

本章参考文献

[1] 伍毅平. 生态驾驶行为特征甄别及反馈优化方法研究[D]. 北京：北京工业大学，2017.

[2] 伍毅平，赵晓华，荣建，等. 基于驾驶模拟实验的生态驾驶行为节能减排潜力[J]. 北京工业大学学报，2015(8)：1212-1218.

[3] ZHAO X H，WU Y P，RONG J，et al. Development of a Driving Simulator Based Eco-Driving Support System [J]. Transportation Research Part C：Emerging Technologies，2015，58：631-641.

[4] WU Y P，ZHAO X H，CHEN C，et al. Development and Application of an Ecodriving Support Platform Based on Internet+：Case Study in Beijing Taxicabs[J]. Transportation Research Record，2017，2645：57-66.

[5] KIRKPATRICK D L. Evaluating Training Programs：Evidence vs. Proof [J]. Training and Development Journal，1977，31(11)：9-12.

[6] KIRKPATRICK D L. Evaluating In-house Training Programs [J]. Training and Development Journal，1978，32(9)：6-9.

第10章　车路协同背景下生态驾驶探究

10.1　概述

车路协同综合利用先进的环境感知、无线通信、自动控制等技术，使车辆、基础设施、交通管控终端间的数据实时交互共享，实现了人-车-路-环境的有机融合，有助于提供更精准的驾驶决策指导，从而进一步提升生态驾驶的节能减排效用。我国对车路协同技术的发展格外关注，陆续出台相关政策与标准，逐步明确车路协同发展方向。其中，《中国制造2025》重点领域技术路线指出：预计到2025年，自动网联驾驶汽车装配率达30%，油耗和排放减少20%；到2030年，汽车联网率接近100%，高度自动驾驶、完全自动驾驶新车装配率达到10%，实现部分区域"零伤亡、零拥堵"，全国范围能耗排放大幅降低。

近年来，已有不少学者开展了车路协同条件下生态驾驶的相关研究工作。主要从影响分析、特征描述、车辆控制、驾驶行为优化等角度开展研究，针对自适应巡航控制、协同式换道、信号交叉口、匝道分合流、生态路由等场景进行生态驾驶评估及优化。研究指出，车路协同为提升生态驾驶效能提供了有力支持，但其中蕴含的挑战和待攻克的难关仍不容忽视。例如，当前对车路协同生态驾驶的应用场景不够细分、不同应用场景的最优模式及效能尚不清晰；车路协同在改善交通生态性的同时，对于交通运行效率、安全性的综合影响尚无明确定论等。同时，当前针对车路协同的研究主要应用软件仿真、虚拟场景测试、封闭式试验场等手段，与真实场景的一致性有待考证。因此，结合当前车路协同发展方向，选用合理高效的实验测试方法，开展针对不同应用场景的车路协同生态驾驶综合影响分析及效能评估显得尤为重要。

10.2　车路协同生态驾驶测试平台

由于受到政策、技术和工作机制等的限制，当前实际行车条件较难实现真正意义的车路协同。因此引入驾驶模拟技术，构建车路协同生态驾驶模拟测试平台。平台由驾驶模拟系统、协同处理中心、人机交互终端（Human Machine Interaction，HMI）三部分组成。其中，驾驶模拟系统具有道路场景开发、交通要素设计、实验数据采集等功能；协同处理中心能够对车辆和交通环境数据进行融合处理，生成驾驶预警信息；HMI以图形、文字和语音的形式为驾驶人提供实时驾驶反馈建议。为更好地评估驾驶人驾驶行为的生态性，将能耗排放计算模块嵌入协同处理中心，以便动态输出车辆运行所产生的能耗排放。车路协同生态驾驶测试平台的结构框架如图10-1所示，该平台的有效性已通过多轮实验测试验证。

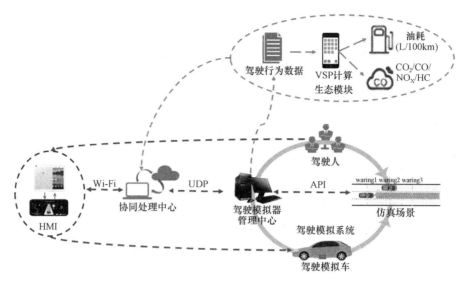

图 10-1 车路协同生态驾驶测试平台框架

10.2.1 驾驶模拟系统

驾驶模拟系统具体参数详见第 3.2 节。该系统提供可供二次开发的 API 接口，为实现道路场景和交通要素（车辆、交通设施等）的精细控制、实验数据与协同处理中心的交互等提供支持。车路协同环境中车与车（Vehicle to Vehicle，V2V）以及车与环境（Vehicle to Infrastructure，V2I）的通信同样依托 API 接口实现。

10.2.2 协同处理中心

协同处理中心融合、处理来自驾驶模拟系统的车辆、道路及环境信息，识别车辆运行状态并生成预警信息。预警信息通过无线通信传至 HMI，实现与驾驶人的交互。此外，协同处理中心嵌入了能耗排放计算模块。该模块为优化后的 VSP 模型，数据基于标定后的北京市车辆运行数据进行计算，可实现油耗、CO_2、CO、HC、NO_X 的逐秒输出。

10.2.3 人机交互终端

人机交互终端（HMI）基于安卓系统设计开发（图 10-2），以图形、文本和语音的形式向驾驶人提供实时动态预警信息，能够实现导航播报、交通状况提示、碰撞预警、超速预警、生态驾驶提示等功能。HMI 界面基于人因理论设计，遵循以用户为中心的原则，界面划分综合考虑功能重要性、实用性、使用频次等因素，其有效性已通过实验测试验证。

第 10 章　车路协同背景下生态驾驶探究

图 10-2　人机交互终端（HMI）示例

10.3　车路协同雾区预警系统

10.3.1　实验目的

以往车辆协同相关研究和应用主要集中在车辆避撞、车辆跟驰及换道预警、车辆运行状态协同控制、道路危险状况及拥堵状态预警等方面。然而，车路协同技术在努力提升交通安全和运行效率的同时，是否会带来诸如驾驶负荷增加、技术依赖度过高、车辆能耗排放升高等负面影响同样值得关注。为探究车路协同技术对车辆运行生态特性的影响效用，搭建车路协同条件下的人机共驾测试环境，开发以雾天场景为例的车路协同预警系统。研究有助于进一步掌握车路协同人机共驾模式下车辆运行特征，明确不同车路协同预警方式的有效性和适应性，进而为形成车路协同条件下车辆安全、效率和生态运行的一体化控制方案提供参考。

10.3.2　实验方案

10.3.2.1　被试选取

根据中心极限定理关于最小样本量不少于 30 的要求，参考以往驾驶模拟实验样本选取原则，本次研究招募并选取 43 名被试开展实验，包括 28 名男性驾驶人和 15 名女性驾驶人。所有被试均满足正常驾驶的视觉和听觉要求，并在实验前告知和填写知情同意书。利用主观问卷调查获取被试年龄、驾龄和年平均驾驶里程。被试基本属性信息统计结果如

表 10-1 所示。

被试基本属性信息统计表　　　　　　　　　　表 10-1

性别	统计值	年龄（年）	驾龄（年）	年平均驾驶里程（km）
男性	均值	37.5	16	18524
	标准差	13.1	10.2	3548.22
女性	均值	25	13	9584
	标准差	12.97	9.3	5514.21

10.3.2.2 场景设计

选用双向四车道高速公路基本路段为实验基础场景，设置交通流量为自由流状态，保证实验车辆可以不受其他车辆的影响而自由行驶。为保证行车安全，规定雾区外限速为 120km/h，浓雾区限速为 60km/h。浓雾条件通过能见度为 125m 进行控制。实验主要用于测试车辆在预警前、预警区、渐变区以及浓雾区 4 个关键区段的运行特征，雾天预警系统设置位置示意如图 10-3 所示。在车辆进入预警区段前，有足够距离使车辆进入高速公路正常驾驶模式。车辆驶出雾区后，可以继续正常行驶一段距离。

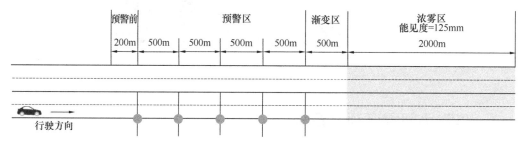

图 10-3　雾天预警系统设置位置示意

设置三种车路协同条件下的雾天预警方式，包括变化情报板（Dynamic Message Sign，DMS）、车载人机交互终端（Human Machine Interaction，HMI）以及 DMS＋HMI 组合形式，并设置空白对照组。参考高速公路导航预警前方事件的播报点位触发原则，结合工程实践对变化情报板最小设置间距的要求，在预警区，以 500m 为间距，等间距设置五组预警信息触发点。实验用 DMS 和 HMI 分别如图 10-4 和图 10-5 所示。其中，

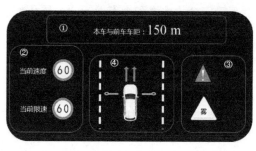

图 10-4　基于人机交互系统的
雾天预警系统界面

图 10-5　基于变化情报板的雾天预警系统场景

HMI 总体版面包含四个版块，分别为：①语音及文字提示；②限速提示；③危险预警；④车辆位置，预警信息随着车辆行进状态动态变化。在五处预警点位，DMS 分别显示距离雾区的距离。

10.3.2.3 实验流程

实验共分为五个步骤。首先，要求被试如实填写驾前问卷，一方面获取被试个人属性信息，另一方面通过问卷排查确保被试驾驶状态不受疲劳、酒精及药物等影响；其次，向被试介绍实验用 DMS 和 HMI 的作用和功能，确保被试明确二者含义；然后，要求被试试驾模拟器 3~5min，熟悉和适应基于模拟平台的车路协同驾驶环境和驾驶操作；再次，被试在实验人员的引导下按实际驾驶习惯完成驾驶任务；最后，被试填写驾后问卷，获取被试疲劳状态及对实验的整体效果评价，包括场景真实度及预警系统有效性等。

10.3.3 实验结果分析

根据简化后的五级卡罗林斯卡嗜睡量表采集的驾驶人疲劳状态数据（1-非常清醒，5-昏昏欲睡），驾驶人在正式实验前、后的疲劳状态值分别为 1.2±0.3、1.3±0.2，实验数据未受驾驶人疲劳状态影响。同时，驾驶人对实验整体效果评价打分为 3.8±0.3 分（1-非常不真实，5-非常真实），被试对实验的真实性具有较高认可。

10.3.3.1 能耗特征

统计不同预警方式下车辆总体能耗均值如图 10-6 所示。可以看出，加入雾天预警系统后，车辆整体能耗呈下降趋势。方差分析结果表明，图 10-6 中四种条件对应的车辆能耗存在显著差异（$F_{(3,936)}=11.581$；$p<0.001$），空白组的能耗显著高于其他三者，而 DMS、HMI 和 DMS+HMI 三种方式对于降低车辆总体能耗的作用不存在显著差别。

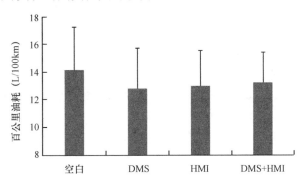

图 10-6 不同预警方式下车辆能耗均值

为进一步探究不同预警方式对车辆能耗在不同路段位置可能造成的差异影响，按照 5m 内的平均值为数据生成点，绘制不同预警方式下车辆能耗变化过程如图所示。图 10-7

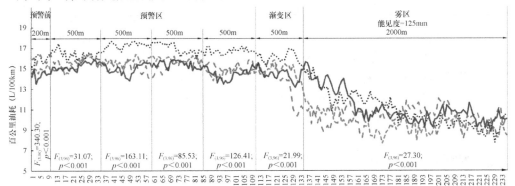

图 10-7 不同预警方式下车辆能耗变化过程

表明，不同预警方式下车辆能耗总体变化趋势大致相同，进入雾区后，车辆能耗明显降低。方差分析结果表明，对应不同道路区段，四种条件对应的车辆能耗均存在显著差异（$p<0.001$），但各预警方式对车辆能耗造成的影响并不一致。

为更明显对比不同预警方式在各关键路段影响车辆能耗的差异，基于不同预警方式与空白对照差异性检验 p 值，表 10-2 用三种颜色表示预警系统降低车辆能耗的效果，颜色越深代表降低车辆能耗的效果越明显（深色表示 $p<0.001$、浅色表示 $0.01<p<0.05$、白色表示 $p>0.05$）。由表 10-2 可知，空白组车辆能耗最高，三种预警方式在预警段及渐变段均有降低车辆能耗的效果。HMI 在进入预警段后开始生效，DMS 和 DMS+HMI 在第一次预警设置点之前已能有效降低车辆能耗。进入雾区前，DMS+HMI 的预警方式降低车辆能耗的效果最为明显，但进入雾区后却不能有效降低车辆能耗。

不同预警方式在各关键路段影响车辆能耗的差异性对比 表 10-2

预警方式 FC	预警前 (200m)	预警段				渐变段 (500m)	雾区 (2000m)
		500m	500m	500m	500m		
空白							
DMS							
HMI							
DMS+HMI							

10.3.3.2 排放特征

统计不同预警方式下车辆总体 CO_2、CO、HC 及 NO_x 的排放均值如图 10-8 所示。由此可知，对应不同排放物，加入雾天预警后，车辆排放整体呈降低趋势，但三种预警方式之间的差别并不明显。

进一步的统计分析结果表明，对应不同排放物，图 10-8 中四种条件对应的排放值总体存在显著差别（表 10-3）。空白组的排放值显著高于其他三者，而 DMS、HMI 和 DMS+HMI 三种方式对于降低车辆总体排放的作用效果无显著差异。

不同预警方式下车辆总体排放均值方差分析结果 表 10-3

排放物	CO_2	CO	HC	NO_x
统计分析结果	$F_{(3,936)}=11.541$; $p<0.001$	$F_{(3,936)}=15.698$; $p<0.001$	$F_{(3,936)}=11.357$; $p<0.001$	$F_{(3,936)}=13.658$; $p<0.001$

与车辆能耗变化过程类似，图 10-9 给出了不同预警方式在不同路段位置对车辆排放造成的影响。图 10-9 表明，不同预警方式下车辆排放总体变化趋势基本相同，进入雾区后，排放值明显降低。四种条件对应的车辆排放在不同道路区段均存在显著差异（$p<0.001$），不同预警方式对车辆排放造成的影响程度不完全一致。

表 10-4 为不同预警方式降低车辆排放效果差异性分析的三色表，颜色越深表示排放降低效果越明显（统计方法与上述能耗分析一致）。与车辆能耗降低情况类似，三种预警方式在预警段及渐变段均可以有效降低车辆排放。HMI 从预警开始生效，DMS 和 DMS+HMI 可在进入预警段前产生效果。对比三种预警方式，DMS+HMI 的预警方式在预警段的效果最为显著，但进入雾区后并不能有效降低车辆排放。

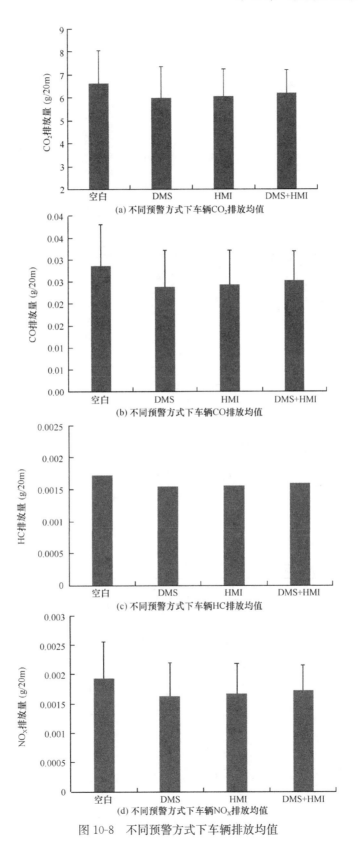

图 10-8 不同预警方式下车辆排放均值

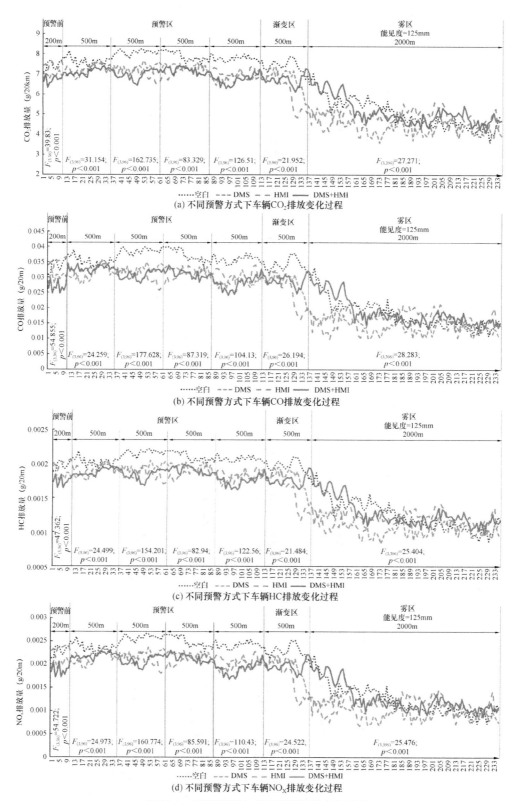

图 10-9　不同预警方式下车辆排放变化过程

不同预警方式在各关键路段影响车辆排放的差异性对比　　　表 10-4

排放物	预警方式	预警前(200m)	预警段 500m	预警段 500m	预警段 500m	预警段 500m	渐变段(500m)	雾区(2000m)
CO_2	空白							
	DMS							
	HMI							
	DMS+HMI							
CO	空白							
	DMS							
	HMI							
	DMS+HMI							
HC	空白							
	DMS							
	HMI							
	DMS+HMI							
NO_X	空白							
	DMS							
	HMI							
	DMS+HMI							

10.3.3.3　综合效用分析

综合以上统计分析结果可知，DMS、HMI 和 DMS+HMI 三种预警方式均能明显降低车辆驶过雾区影响区段的整体能耗和排放。但是，以道路不同区段车辆能耗及排放特征为约束，综合考虑信息预警成本、信息刺激程度、预警信息反馈方式等因素，则不同预警方式的影响效用存在明显差别。

DMS 通过视觉刺激发布雾天预警信息，使得车辆在进入预警区前便具有能耗排放显著降低的现象，并且 DMS 的节能减排效用可一直持续到车辆驶出雾区。由于 DMS 采用面向群体车辆统一预警的信息给予模式，且对相关技术支撑要求相对较低，使得该方式具有较好的成本效益，应是当前技术背景下发布动态预警信息的一种重要方式。实际应用中需综合考虑安装位置、安装方式、信息内容及形式等因素，以便引起驾驶人注意预警信息，避免单一文字信息在外界环境干扰下导致驾驶人错过预警信息。

作为车路协同预警系统影响效用的初步探索，本研究按照点位触发的方式面向所有驾驶人实施相同的 HMI 预警。可以发现，待车辆进入雾天预警区以后，HMI 开始生效，并且 HMI 降低车辆能耗及排放的作用可持续到车辆驶出雾区。实际上，作为车内人机交互的重要手段，HMI 可以更好地满足不同驾驶个体对信息反馈内容和形式的差异需求，从而提升驾驶人的接受和服从度，更好地发挥预警效果。同时，HMI 预警方式也对信息感知与通信技术、数据处理算法、人机交互设计等提出了更高要求，准确及时向驾驶人反馈预警信息并最大限度降低驾驶负荷是关键核心。随着车路协同技术的进一步发展，个性和差异化的 HMI 预警系统将是未来预警信息反馈方式的主流发展趋势。

在本项研究中，虽然DMS+HMI是车辆进入雾区前降低车辆能耗及排放的最有效方式，但该预警方式并不能保证车辆在雾区行驶时也具有良好的生态特性。一方面，DMS+HMI的预警信息刺激程度最强，使得驾驶人更容易接收到预警信息。多次预警可能导致驾驶人进入雾区后驾驶自信度增加，从而产生更加激进的驾驶操作行为，引发车辆能耗及排放升高。另一方面，DMS+HMI采用车端和路端同步发布雾天信息的预警方式，投入成本相应最高。因此，DMS+HMI并不一定是车路协同条件下降低车辆能耗排放的最佳选择。

综上，车路协同雾天预警系统对车辆运行生态特性的影响是预警方式、预警信息触发时机及点位、驾驶人接受和服从程度等因素的综合作用结果。单一增加预警信息刺激强度或改变预警方式并不能有效保证整个雾天影响区域不同区段均具有节能减排效用。应充分结合不同信息预警方式的特点，并综合考虑驾驶人特性及技术支撑程度等内在与外在因素，设计更加科学合理的车路协同预警模式，提升预警系统信息干预效能。

10.4 车路协同生态驾驶预警系统（Ecolane-HMI-CVIS）

10.4.1 实验目的

生态驾驶已被证明能够有效降低机动车能耗排放，车路协同技术被誉为进一步提升生态驾驶节能减排效益的重要手段。但事实上，面向生态驾驶的车路协同系统其节能减排潜力并不清楚，车路协同生态驾驶系统对车辆运行安全和效率的影响也不明确。因此，设计开发以生态车道（Ecolane）为路端、生态驾驶人机交互系统（Eco-HMI）为车端的车路协同生态驾驶预警系统（Ecolane-HMI-CVIS），通过对比驾驶模拟实验综合分析Ecolane-HMI-CVIS对车辆运行生态性、安全性和运行效率的影响。以期探索Ecolane-HMI-CVIS的工作机理和有效性，并为交通管理部门实施和优化车路协同系统提供参考和建议。

10.4.2 实验方案

10.4.2.1 被试选取

研究共招募40名被试，要求被试拥有C2及以上等级驾照。为测试实验场景合理性，选取3名被试参与预实验，共有37名被试参与正式实验。所有被试均签署实验知情同意书。被试基本属性信息如表10-5所示，其年龄和性别分布符合我国驾驶人分布结构。

被试基本属性信息统计表　　　　　　　　　　表10-5

性别	数量	年龄（岁）		驾驶经验（年）		驾驶里程（km）	
		均值	标准差	均值	标准差	<30000	≥30000
全部	37	36.11	11.26	12.27	8.78	22	15
男性	22	37.18	11.13	13.03	8.76	10	12
女性	15	35.32	11.22	11.50	8.59	12	3

10.4.2.2 场景设计

实验组除有 Ecolnae-HMI-CVIS 系统外，其他与控制组保持一致。实验基础场景参照京礼高速搭建。京礼高速于 2018 年底正式投入使用，计划服务于 2022 年北京冬奥会，是我国致力打造的智慧高速公路。实验场景包括雾区、隧道、施工区、长大下坡等共 12 个场景。如图 10-10 所示，道路为双向四车道高速公路，全长 46km，横断面宽度 26m，限速 120km/h。本次实验设计生态车道为专用车道，车道长度为 3.5km，限速 90km/h。生态车道铺有绿色路面，绘制"生态车道"标识，并在车道起终点的路侧设有相应交通标志。

实验场景共设置 7 个虚拟区域以更加细致地探究 Ecolane-HMI-CVIS 的影响。控制区（Zone1 和 Zone7，各 200m）、预警前区域（Zone2，500m）、生态车道区域（Zone3-Zone6，共 3500m）。设置 Zone1 在于验证受 Ecolane-HMI-CVIS 影响前实验组和控制组的车辆运行状态是否一致；Zone2 为正常驾驶到生态车道预警的渐变段；在生态车道路段，Zone4 设置了跟驰慢速车辆事件（慢速车辆为 70km/h），当跟驰事件结束后，慢速车辆加速驶离，以免影响剩余实验数据。此外，实验段的交通流条件设定为自由流，车辆不允许随意变道超车。预警信息触发点根据工程经验设置在实验路段的关键位置（图 10-10 中的红点 W1~W5），各预警点的预警信息见表 10-6。当车辆触发预警点时，预警信息通过 HMI 传递给驾驶人。

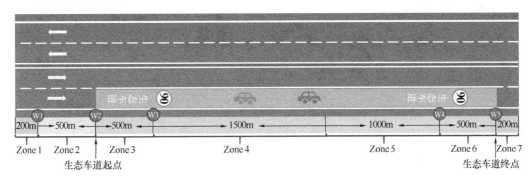

图 10-10 实验场景设计

被试基本属性信息统计表　　　　　　　　　　表 10-6

预警点	预警信息
预警点 1	前方 500m 为生态车道，限速 90km/h，请生态驾驶
预警点 2	您已进入生态车道，限速 90km/h，请生态驾驶
预警点 3	前方 500m 有慢速车辆，限速 70km/h，请避免急减速
预警点 4	前方 500m 生态车道结束，避免急加速
预警点 5	您已驶离生态车道
—	限速 90km/h，您已超速（仅在车辆超速时触发）

依据上述实验场景，研究设计开发基于生态驾驶理念的生态驾驶人机交互系统（Eco-HMI）。如图 10-11 所示，EcoHMI 分为四个功能区。Part1 是预警信息提示区，显示生态驾驶相关预警信息，并进行语音提示。Part2 是路线导航提示区，显示车辆的实时位置、

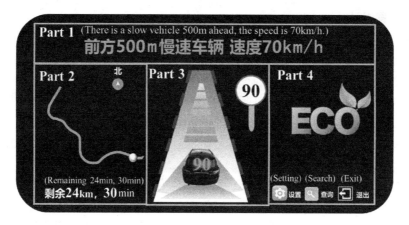

图 10-11 ECO-HMI 界面设计

剩余里程和剩余行驶时间。Part3 是交通状态预警区，显示当前速度、限速和周围交通状况。当车辆实际速度大于限速，该功能区中的速度图标变为红色并闪烁，除此常为绿色。如果检测到距离前车的碰撞时间小于 2s，距离图标变为红色并闪烁，并发出蜂鸣声，除此常为绿色。Part4 是带有"ECO"字样的生态驾驶图形显示区，以提示驾驶人采用生态驾驶行为。

10.4.2.3 实验流程

实验共分为三个步骤：(1) 驾驶前问卷、实验指导和驾驶练习；(2) 两组驾驶模拟实验（空白组和实验组顺序随机）；(3) 实验后问卷。

第一步，利用问卷收集被试姓名、性别、年龄、驾驶经验和驾驶里程等信息；调查被试是否有视觉、疲劳、酒后等可能影响实验测试的相关问题；研究人员向被试讲解实验流程，并介绍 Ecolane-HMI-CVIS 系统相关概念和功能，以确保被试理解生态驾驶和生态车道含义；被试进行大约 3~5 分钟的驾驶练习，以减少因不熟悉 Ecolane-HMI-CVIS 或驾驶模拟器等所造成的影响。

第二步，为了研究 Ecolane-HMI-CVIS 对车辆能耗排放的影响，被试在相同的实验场景中分别完成实验组（实验组）和控制组（空白组）共两组实验。被试被随机分配至两组，部分被试首先进行空白组实验，其余先进行实验组实验。此外，除 Ecolane-HMI-CVIS 的影响外，两组实验其余条件完全相同。两组实验之间的间隔设置为一周，以避免被试对场景熟悉度的影响。

第三步，协助被试完成实验后问卷。设置驾后问卷的目的在于调查被试对 Ecolane-HMI-CVIS 的主观感受。问卷基于技术可接受模型（Technology acceptance model，TAM）设计，采用李克特五级量表进行评分。问卷包括四个部分：态度、感知有用性、感知易用性和分心感知。为了确保被试理解问卷中的所有问题并提供真实答案，必要时实验人员向被试解释问卷问题。完成实验全部任务后，被试将获得一定的报酬。

10.4.3 数据分析思路

研究旨在探索 Ecolane-HMI-CVIS 对车辆运行生态、安全和效率的影响。考虑到速度和加速度是驾驶行为和车辆运行的直接反映，进而演化为不同的车辆运行状态，因此将速度和加速度选为基础分析指标。指标体系搭建思路如图10-12所示，首先对速度和加速度数据进行描述性分析，然后从生态性、安全性和交通流特性三个方面建立从车辆运行行为到影响结果的特征指标体系。两组实验数据使用配对样本t检验进行显著性分析，当数据不符合正态分布时，选用威尔科克森符号秩检验方法。

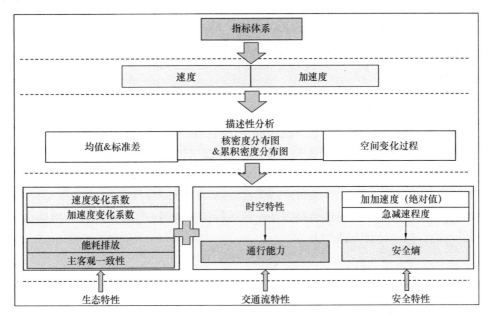

图10-12 指标体系框架

1）描述性分析

从整个实验路段、各关键区域（Zone）、空间变化过程（每5m）三个维度对速度和加速度数据进行统计分析。同时，分析速度和加速度的核密度分布和累积密度分布，观察速度和加速度在各关键区域的集散程度。

2）生态特性

(1) 速度变化系数

由于车辆运行生态性与速度及其波动情况有关，选取同时反映速度大小和速度波动的速度变化系数以探讨Ecolane-HMI-CVIS对生态驾驶行为的影响。速度变化系数为单位时间或空间的速度标准差和速度均值的比值。速度变化系数越小，表明车辆运行越稳定，驾驶生态性越好。

$$C_{vi} = \frac{S_{Di}}{v_i} \tag{10-1}$$

式中 C_{vi}——速度变化系数；

S_{Di}——速度标准差；

v_i——速度均值。

(2) 加速度变化系数

与速度变化系数相似，加速度变化系数为单位时间或空间的加速度标准差与加速度均值的比值。加速度变化系数越小，表明车辆运行越稳定，驾驶生态性越好。

$$C_{ai} = \frac{S_{Di}}{a_i} \tag{10-2}$$

式中 C_{ai}——加速度标准差；

a_i——逐点加速度值。

(3) 能耗排放

选取车辆油耗（FC）以及 CO_2、CO、HC、NO_x 等排放物反映 Ecolane-HMI-CVIS 对能耗排放的影响。能耗排放数据由协同处理中心计算生成，详细计算方法参见第 3.5 节。

3) 交通流特性

(1) 时空轨迹图

时空轨迹图综合时间、空间和速度三个维度反映车辆运行状态和交通流运行的有序性。时空轨迹绘制方法如下：假设 35 名被试为同一车流在同一场景下进行实验，到达第一个距离场景开始的 5m 点的车辆排序为距离和速度的比值，车头时距为车辆到达时间由小到大排序与最小车头时距（1.5s）之和，据此按照运行时间、距离和速度绘制时空轨迹图。

(2) 通行能力

与时空轨迹相对应，通行能力是表征车流运行特性的另一个重要指标。根据道路通行能力手册，通行能力计算方法如下。

$$C_i = \frac{3600}{h_i} \tag{10-3}$$

式中 C_i——逐点通行能力；

h_i——逐点车头时距。

4) 安全特性

(1) 加加速度

加加速度是影响交通安全甚至导致交通事故的重要影响因素之一，同时也是表征激进驾驶行为的程度的指标之一。加加速度反映了加速度在时间维度上的变化率，加加速度的绝对值越大，代表行车安全性越低。

$$\vec{j} = \frac{d\vec{a}}{dt} = \frac{d^2\vec{v}}{dt^2} = \frac{d^3\vec{r}}{dt^3} \tag{10-4}$$

式中 $\vec{j}$——逐点加加速度；

$\vec{a}$——逐点加速度；

t——单位时间；

$\vec{v}$——逐点速度；

$\vec{r}$——逐点位移。

(2) 急减速程度

急减速也属于激进驾驶行为的一种，当驾驶人突然减速，会导致后方车辆反应不及时从而可能引发追尾事故。急减速程度的计算方法见式（10-5）。其中，急减速定义为：将实验和控制组的减速度数据从小到大排序，选取 15% 位减速度值为急减速值（本实验为 $-0.68 m/s^2$）。

$$C_{rd} = \frac{Dec_i - Dec_{15\%}}{Dec_{15\%}} \tag{10-5}$$

式中 C_{rd}——逐点急减速程度；

Dec_i——逐点减速度值；

$Dec_{15\%}$——15%位减速度值。

(3) 安全熵

安全熵从样本熵概念演变而来，用于衡量时间序列中速度和加速度复杂程度，已广泛用于评价交通安全性。样本变化越复杂，熵值越高。因此，安全熵越高表明Ecolane-HMI-CVIS对交通安全性的负面影响越大。

样本熵可用 $S(m,r,N)$ 表示，其算法如图10-13所示。其中 N 为数据长度，m 为嵌入位数，r 为相似容限。M 和 r 是样本熵的两个参数，通常情况下 m 取1或2，但优先选择 $m=2$，在此条件下，不容易遗漏一些详细信息，$m>2$ 时，要求的数据量较多，N 最好在100～5000之间，本文中取 $N=1000$ 个点，建议取 $r=0.1\sim$

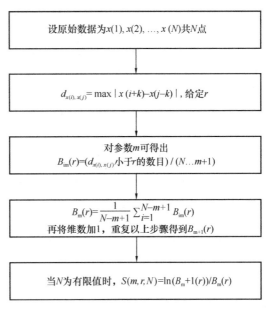

图 10-13 样本熵计算过程

0.25E，其中：E 为原始数据的标准差，经过比较分析后取 $r=0.2E$。设 $d_{x(i),x(j)}$ 为元素 $x(i)$ 和 $x(j)$ 差值中最大的一个距离设置参数。$B_{im}(r)$ 为 $d_{x(i),x(j)}$ 小于 r 的数目和距离总数目 $N-m+1$ 的比值，$i=j=1,2,\cdots,N-m+1$，$k=0,1,2,\cdots,m-1$。

10.4.4 实验结果分析

10.4.4.1 描述性分析

1) 平均速度和平均加速度

在整个实验路段中，实验组的平均速度显著低于空白组（$p=0.009$）。实验组的平均加速度低于空白组，但不呈现显著性。在各关键区域，除Zone2和Zone5外，实验组的平均速度均显著低于空白组（表10-7）。实验组的平均加速度在Zone2明显低于空白组，其余各关键区域无显著差异（表10-7）。

实验路段及各关键区域速度及加速度统计结果　　　表 10-7

实验路段	速度（均值（标准差））		显著性（p 值）	加速度（均值（标准差））		显著性（p 值）
	空白组	实验组		空白组	实验组	
Zone1	103.22(14.55)	99.12(14.93)	0.062*	0.03(0.31)	0.14(0.17)	0.136
Zone2	101.78(15.10)	97.43(16.82)	0.169	−0.13(0.14)	−0.20(0.18)	0.039**
Zone3	88.11(11.96)	80.15(7.04)	0.001**	−0.20(0.21)	−0.19(0.20)	0.712
Zone4	69.64(13.7)	64.83(5.53)	0.040**	−0.02(0.08)	−0.01(0.05)	0.661
Zone5	80.28(9.67)	77.84(8.36)	0.136	0.10(0.11)	0.03(0.35)	0.320
Zone6	88.87(10.12)	84.57(5.21)	0.021**	0.03(0.10)	0.004(0.07)	0.184
Zone7	90.32(11.08)	86.62(5.96)	0.085*	0.11(0.21)	0.15(0.16)	0.394
Whole	82.46(8.77)	78.03(4.55)	0.009**	−0.01(0.04)	−0.03(0.08)	0.313

注：速度单位=km/h，加速度单位=m/s²，**$p<0.05$，*$p<0.1$，空白组(人数=35)，实验组(人数=35)

2) 速度、加速度核密度与累积密度

如图 10-14 所示，在整个实验路段中，空白组和实验组的核密度分布和累积分布趋势大致相同。在各关键区域，实验组速度的核密度分布在 Zone1 和 Zone7 中呈现平缓分布，表明实验组的速度值在这两个区域内波动较大。在 Zone2-Zone6，实验组速度的核密度估计比空白组更集中，表明在 Ecolane-HMI-CVIS 的影响下驾驶人进行了更好的速度管理。此外，实验组的加速度核密度分布在 Zone6 较为集中，Zone7 较为扁平，与空白组表现出相反的趋势。

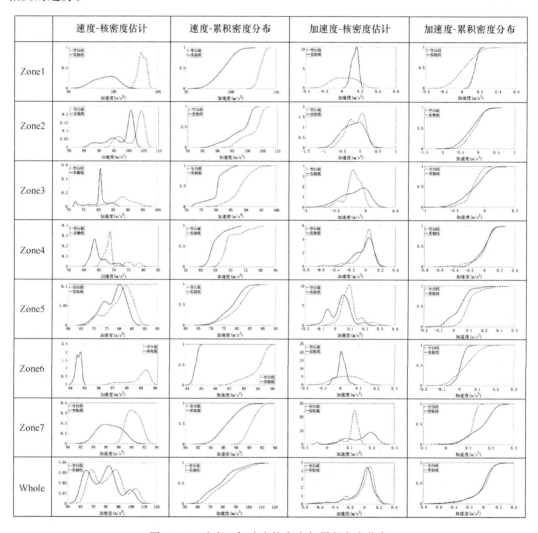

图 10-14 速度、加速度核密度与累积密度分布

3) 速度和加速度空间变化过程

图 10-15 显示实验组的速度低于空白组，并且可以发现，实验组被试在进入生态车道前已降至限速，而空白组被试在进入生态车道后大约 150m 才将速度降至限速，这可能与 Ecolane-HMI-CVIS 提前告知驾驶人前方路况从而使得驾驶人提前将车速降至限速有关。

另外，实验组的被试在离开生态车道后有加速现象，这可能与 Ecolane-HMI-CVIS 预

警信息有较大关系。Ecolane-HMI-CVIS 敦促驾驶人在生态车道保持生态驾驶行为,但一旦离开生态车道,驾驶人便立即恢复日常驾驶状态,并且急于将车辆加速到 120km/h。因此,如何从生态驾驶车道平稳过渡到正常车道的驾驶状态同样值得深入研究。

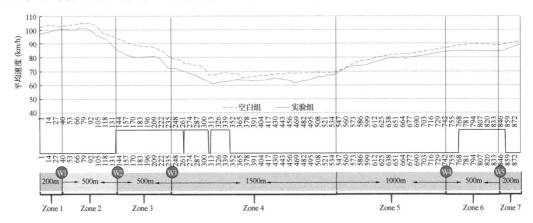

图 10-15　速度空间变化过程

图 10-16 展示了车辆加速度空间变化过程,在 Zone1 和 Zone2 中可以发现,实验组的减速行为比空白组滞后,但被试在预警信息的作用下已有提前减速行为。由此可以推测,Ecolane-HMI-CVIS 使驾驶人能够更好地预测前方路况,从而提前采取驾驶行为操作。

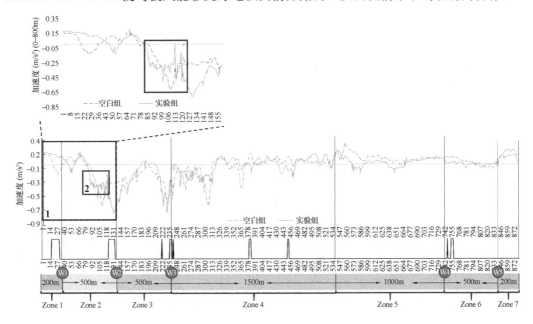

图 10-16　加速度空间变化过程

10.4.4.2　生态特性分析

1)速度变化系数

从图 10-17 可以看出,在进入生态车道和开始跟驰事件前,实验组速度变化系数的波动先于空白组。此现象表明,当交通条件发生变化时,预警信息的播报使驾驶人能够提前将速度调整到可控的状态。因此，Ecolane-HMI-CVIS 的引入促使驾驶人能够从传统的视觉刺激反应行为转变为基于心理预期的主动反应行为。

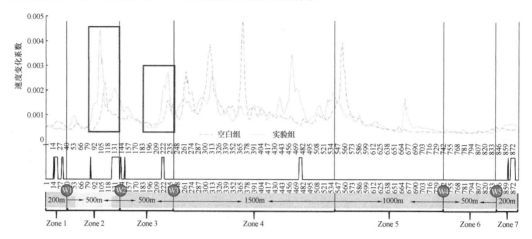

图 10-17　速度变化系数空间变化过程

2）加速度变化系数

在图 10-18 中，实验组的加速度变化系数更加稳定，在 0 值附近波动。而空白组的加速度变化系数比实验组波动更为剧烈。结果表明，Ecolane-HMI-CVIS 显著减少了驾驶人加速行为的次数。值得注意的是，当预警信息第一次播报时，实验组的波动十分强烈。通过回看实验视频发现，预警信息的语音播报比较突然，一些被试受到预警信息影响变得稍有慌乱。因此，何时以及如何触发预警信息从而满足驾驶人认知需求同样值得深入研究。

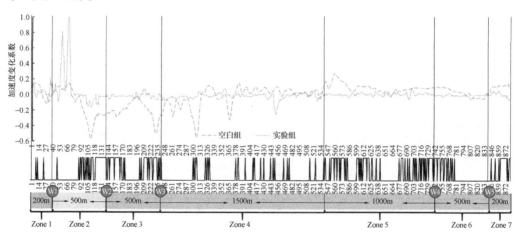

图 10-18　加速度变化系数空间变化过程

3）能耗排放

由表 10-8 和表 10-9 可知，在整个实验路段，实验组的能耗排放量低于空白组。实验组的总能耗比空白组约低 1.03%。实验组 CO_2、CO、HC、NO_X 的总排放量分别比空白组低 1.01%、10.72%、1.52% 和 9.83%。在 90% 的置信水平下，实验组和空白组的 CO

和 NO_X 排放分别呈现为显著性（$p=0.062$）和边际显著性（$p=0.103$）。

实验路段及各关键区域能耗统计结果　　　　　　　　　　表 10-8

实验路段	FC（均值（标准差））		显著性（p 值）
	空白组	实验组	
Zone1	8.27(2.48)	8.83(1.81)	0.31
Zone2	6.95(1.29)	6.89(1.54)	0.987
Zone3	5.83(1.97)	6.38(1.82)	0.142
Zone4	7.72(2.22)	7.57(1.25)	0.726
Zone5	8.82(1.76)	8.46(1.03)	0.269
Zone6	8.04(0.97)	7.59(1.00)	0.379
Zone7	8.56(1.98)	9.02(1.59)	0.272
Whole	7.77(1.23)	7.69(0.57)	0.719

注：FC unit=100L/100km，**$p<0.05$，*$p<0.1$，空白组($n=35$)，实验组($n=35$)。

实验路段及各关键区域排放统计结果　　　　　　　　　　表 10-9

实验路段	CO_2（均值（标准差））		显著性（p 值）	CO（均值（标准差））		显著性（p 值）
	空白组	实验组		空白组	实验组	
Zone1	193.31(57.82)	206.55(42.17)	0.295	0.59(0.40)	0.57(0.35)	0.909
Zone2	162.60(30.11)	161.34(35.94)	0.974	0.40(0.20)	0.36(0.17)	0.342
Zone3	136.67(46.15)	149.56(42.68)	0.14	0.21(0.13)	0.20(0.07)	0.534
Zone4	180.80(52.03)	177.32(29.18)	0.73	0.30(0.19)	0.26(0.09)	0.252
Zone5	206.71(41.10)	198.35(24.12)	0.268	0.30(0.12)	0.28(0.07)	0.593
Zone6	188.29(22.69)	178.06(23.42)	0.088*	0.30(0.20)	0.21(0.03)	0.015**
Zone7	200.31(46.07)	211.20(36.87)	0.28	0.43(0.36)	0.42(0.26)	0.9
Whole	181.91(28.80)	180.08(13.33)	0.725	0.32(0.10)	0.28(0.06)	0.062*

实验路段	HC（均值（标准差））		显著性（p 值）	NO_X（均值（标准差））		显著性（p 值）
	空白组	实验组		空白组	实验组	
Zone1	0.050(0.02)	0.055(0.01)	0.213	0.046(0.028)	0.048(0.024)	0.935
Zone2	0.041(0.011)	0.041(0.011)	0.819	0.032(0.015)	0.030(0.015)	0.451
Zone3	0.016(0.006)	0.017(0.006)	0.225	0.016(0.012)	0.015(0.009)	0.659
Zone4	0.059(0.021)	0.056(0.015)	0.429	0.021(0.016)	0.018(0.010)	0.234
Zone5	0.047(0.012)	0.046(0.008)	0.707	0.026(0.011)	0.025(0.008)	0.584
Zone6	0.021(0.005)	0.020(0.003)	0.098*	0.025(0.015)	0.018(0.005)	0.02**
Zone7	0.049(0.017)	0.053(0.014)	0.272	0.036(0.026)	0.038(0.022)	0.768
Whole	0.042(0.008)	0.041(0.005)	0.655	0.025(0.009)	0.023(0.006)	0.103*

注：CO_2 unit = g/km，CO unit = g/km，FC unit=L/100km，**$p<0.05$，*$p<0.1$，空白组($n=35$)，实验组($n=35$)。

4）主客观一致性

（1）综合分析

由于驾驶人对 Ecolane-HMI-CVIS 的态度和使用意愿直接影响 Ecolane-HMI-CVIS 的效用，因此本节分析了在 Ecolane-HMI-CVIS 影响下，驾驶人主观认知与客观行为的一致性。主观感知包括态度、感知有用性、感知易用性和分心感知。除了分心感知外，较高的分数代表了被试对 Ecolane-HMI-CVIS 有更积极的态度和看法。

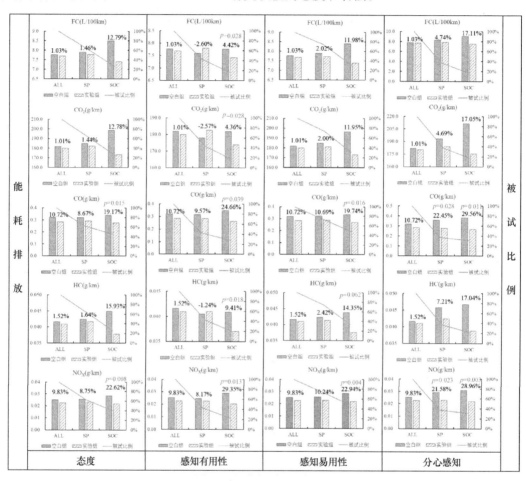

图 10-19　主客观一致性分析结果

为了分析主客观一致性影响下 Ecolane-HMI-CVIS 的效用，首先将实验中所有被试被设定为 ALL 组；然后找出在态度、感知有用性和感知易用性方面平均得分>4 分，且在分心感知方面得分<2 分的被试，该组被认为在主观方面对 Ecolane-HMI-CVIS 有积极的接受，即主观积极组（Subjective Positive，SP）；从 SP 组中进一步筛选实验组在整个实验路段的能耗排放低于空白组的被试，被定义为主客观一致组（Subjective and Objective Consistency，SOC）。

主客观一致性分析结果如图 10-19 所示，左侧主坐标轴表示能耗排放值，右侧副坐标轴表示人员比例。实体填充柱形表示空白组的能耗排放，斜线填充柱形表示实验组的能耗排放。此外，还显示了空白组和实验组之间的下降比例和显著性结果（p 值）。

对应态度、感知有用性、感知易用性和分心感知，SP 组被试所占比例分别下降至 62.86%、42.86%、74.29% 和 37.14%，SOC 组被试所占比例由 48.57% 下降到 17.14%。空白组的能耗排放逐渐增加，SOC 组达到最大；实验组，ALL 和 SP 组的能耗排放基本相同，SOC 组的能耗排放最低；SOC 组比 ALL 组和 SP 组具有更强的节能减排能力。

在态度方面，FC、CO_2、CO、HC 和 NO_x 的减少比例分别为 12.79%、12.78%、19.17%、15.93% 和 22.62%。SOC 组中 CO（$p=0.015$）和 NO_x（$p=0.008$）有显著差异。

在感知有用性方面，FC、CO_2、CO、HC 和 NO_x 的减少比例分别为 4.42%、4.36%、24.66%、9.41% 和 29.35%。SOC 组中 FC 和各类型排放均有显著差异（FC（$p=0.028$）、CO_2（$p=0.028$）、CO（$p=0.039$）、HC（$p=0.0184$）、NO_x（$p=0.013$）。而在 SP 组中，实验组的 FC、CO_2、HC 均高于空白组。

在感知易用性方面，SOC 组中 FC、CO_2、CO、HC 和 NO_x 的减少比例分别为 11.98%、11.95%、19.74%、14.35% 和 22.94%。SOC 组中 CO（$p=0.016$）、HC（$p=0.062$）和 NO_x（$p=0.004$）有显著差异。

在分心感知方面，SOC 组中 FC、CO_2、CO、HC 和 NO_x 的减少比例分别为 17.11%、17.05%、29.56%、17.04% 和 28.96%。SP 组中 CO（$p=0.028$）和 NO_x（$p=0.023$）有显著差异。SOC 组中 CO（$p=0.011$）和 NO_x（$p=0.008$）有显著差异。

综上所述，可以发现：(1) 被试所占比例按 ALL、SP、SOC 的顺序依次递减，SOC 组的被试人数最少；(2) 在 Ecolane-HMI-CVIS 的干预下，节能减排效果按 ALL、SP、SOC 依次递加，SOC 中实验组的节能减排效果最显著；(3) 在感知有用性方面，SOC 组中 Ecolane-HMI-CVIS 对能耗排放有显著影响，但超过一半的被试认为 Ecolane-HMI-CVIS 无用。

在车辆运行生态性方面，Ecolane-HMI-CVIS 可以帮助驾驶人做出更好的驾驶决策，有助于驾驶人生态驾驶。值得注意的是，驾驶人对预警信息需要适应过程，当预警信息第一次播报时，驾驶人会产生应激反应；其次，如何使驾驶人在没有 Ecolane-HMI-CVIS 干预下，继续保持生态驾驶需要探索更好的办法；另外，驾驶人对 Ecolane-HMI-CVIS 的接受和服从度会显著影响其节能减排效果，应注重提升 Ecolane-HMI-CVIS 的用户黏度。

10.4.4.3 交通流及安全特性分析

1) 交通流特性

（1）时空轨迹

根据第 10.4.3 节中时空轨迹图绘制方法，分别绘制实验组和空白组的车辆时空轨迹如图 10-20 所示。在 Ecolane-HMI-CVIS 的影响下，实验组的车头时距小于空白组。此外，实验组车辆的时空轨迹更加有序和集中。仿真结果显示，实验组比空白组节省约 3.9% 的行程时间。时空轨迹的面积值在一定程度上反映了 Ecolane-HMI-CVIS 对车辆运行特性的影响，其值越小，通行效率越高。对比表明，实验组的面积小于空白组，说明实验组的交通效率优于空白组。

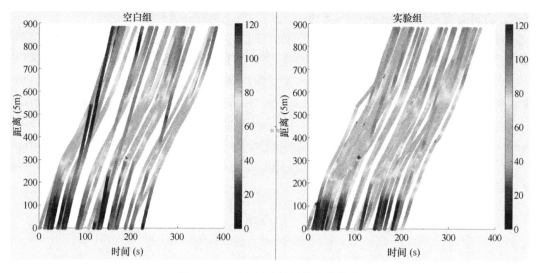

图 10-20 时空轨迹的最佳聚合模式

（2）通行能力

根据式（10-3）由车头时距计算通行能力，实验组和空白组逐 5m 的通行能力如图 10-21 所示。其中，空白组的平均通行能力为 579 辆/h，实验组的平均通行能力为 638 辆/h，Ecolane-HMI-CVIS 能够提高 10%左右的通行能力。

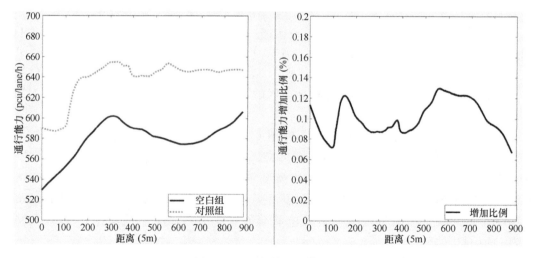

图 10-21 通行能力概算结果

2）安全特性

（1）加加速度（绝对值）

图 10-22 显示，对于两组实验，加加速度主要在实验路段前半程产生波动，在下半程相对稳定。当交通条件发生变化或播报预警信息时，Ecolane-HMI-CVIS 导致加加速度发生变化。此外，分析预警信息引起的加加速度变化与预警信息内容的关系可以发现，进入生态车道前空白组波动大于实验组，进入生态车道后两组差异相似，两组波峰相差大约 110m（左侧）；跟驰事件刚发生时，空白组波动大于实验组，随后实验组加加速度波动总

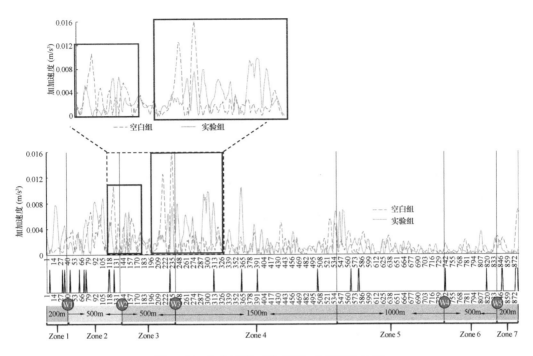

图 10-22　加加速度（绝对值）空间变化过程

体大于空白组，两组波峰相差 295m 左右（右侧）。因此，Ecolane-HMI-CVIS 通过向驾驶人提供前方预警信息，使得驾驶人有心理预期应对前方状态改变，从而更加自信地操控车辆。

（2）安全熵

由图 10-23 可知，实验组和空白组的速度安全熵和加速度安全熵均较低，总体无显著性差异。速度安全熵和加速度安全熵的变化呈"凹"形，表明生态车道对车辆的安全运行具有一定的积极作用。在 Zone1 和 Zone7 区域，实验组的速度安全熵和加速度安全熵略高于空白组，在 Zone1 到 Zone6 区域，实验组的速度安全熵和加速度安全熵略低于空白组。两组的加速安全熵仅在 Zone2 中表现出显著性，说明 Ecolane-HMI-CVIS 能够在一定程度增强车辆运行安全性，但效果并不显著。

总体而言，Ecolane-HMI-CVIS 对车辆运行安全性未造成显著影响。Ecolane-HMI-CVIS 能够在交通状况发生变化时告知驾驶人前方的道路信息，从而提高驾驶人的心理预期，更从容地调整车速，但在交通条件发生变化的路段也会增加急减速程度。因此，应加强对车辆在进入和驶离生态车道前后进行合理有效引导，以帮助驾驶人适应道路条件变化。

10.4.5　总结分析

为了更好地观察和分析 Ecolene-HMI-CVIS 的整体影响，选取 FC、CO、通行能力、加速度安全熵四个指标分析 Ecolene-HMI-CVIS 的综合效用，并将其在各关键区域的结果分别进行汇总排序。如图 10-24 所示，ECO-HMI-CVIS 对四个指标的影响越积极，在图中的颜色越浅。由此可知，在 Ecolane-HMI-CVIS 的影响下，实验组的生态、安全性和通

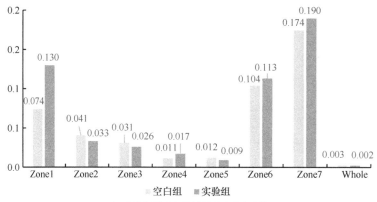

(a) 实验路段及各关键区域速度安全熵

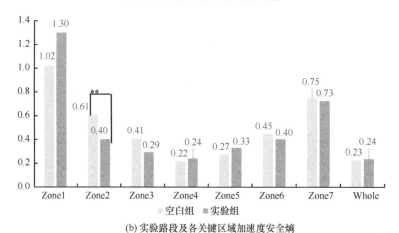

(b) 实验路段及各关键区域加速度安全熵

图 10-23 实验路段及各关键区域安全熵

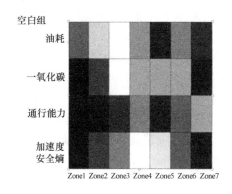
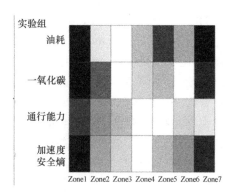

图 10-24 Ecolane-HMI-CVIS 综合效用评估

行能力均明显优于对照组，驶入生态车道前（Zone2）和在生态车道路段（Zone3-Zone6）的结果明显优于控制路段（Zone1 和 Zone7）。以上结果表明，总体上，Ecolane-HMI-CVIS 对驾驶行为具有正向影响，但驾驶人对第一次预警信息存在适应过程，而且无 Ecolane-HMI-CVIS 作用时驾驶行为会立即回到日常驾驶状态。

10.5 未来展望

前文研究已经证明,生态驾驶具有较大的节能减排潜力,通过线下驾驶培训和在线反馈优化,可以有效降低单车能耗排放。车路协同、车联网和自动驾驶技术的发展,为进一步提升单车生态驾驶节能减排效果提供了技术支撑,并为从车队和车群的角度系统提升生态驾驶节能减排效果带来了新机遇。研究初步探究了车路协同生态驾驶预警系统的综合影响,未来可以重点考虑从以下三个方面,以更加系统地提升生态驾驶节能减排效益:

1) 单车优化向群体协同升级方面

借助车路协同和车联网信息互感互馈优势,通过提前向驾驶人和车辆反馈前方交通状态,从而使得目标车辆能够更加平稳行驶,是当前车路协同和网联生态驾驶研究的重点并取得积极进展。但是,面向单车生态驾驶的节能减排效果毕竟有限,需要进一步考虑车队及车群生态驾驶优化问题。然而,单车行为到群体状态并非简单的线性叠加关系,个体生态驾驶最优叠加至群体的思路可能并不满足个体与群体协同最优的要求,需要进一步探讨生态驾驶优化方法由单车独立向群体协同升级。

2) 群体车辆构成异质性方面

借助车路协同和车联网技术开展群体生态驾驶优化是未来主流趋势,但车群车辆构成并非单一类型同质车辆,传统人工驾驶车辆(Human Driving Vehicle,HV)、网联人工驾驶车辆(Connected Vehicle,CV)、网联自动驾驶车辆(Connected Automated Vehicle,CAV)混行必将是未来相当长时间内道路交通运输的主要模式。由于人驾驶车辆和机器驾驶车辆行为特征具有明显不同且在网联条件下呈现高度耦合关系,导致车群内部车辆的运动关系变得更为复杂,并影响到不同场景车流演化特征异于传统交通系统,如何实现混驾车群生态驾驶协同优化需要重点关注。

3) 生态驾驶优化策略与算法方面

面向单车的生态驾驶行为优化策略和反馈优化手段已经较为成熟,但以往研究较少考虑目标车辆与外部车辆及环境信息的交互。面向车队和车群生态驾驶优化,需要重点攻克外部场景、车群结构、个体行为高度耦合和动态变化条件下的生态驾驶优化策略和优化算法,以期实现动态应对影响要素变化的个体与群体生态驾驶特性协同最优的滚动优化。

本章参考文献

[1] 冉斌,谭华春,张健,等. 智能网联交通技术发展现状及趋势[J]. 汽车安全与节能学报,2018,9(2):119-130.

[2] 陆化普. 智能交通系统主要技术的发展[J]. 科技导报,2019,37(6):27-35.

[3] 鲁光泉,宋阳. 车路协同环境下驾驶行为特性与交通安全综述[J]. 交通信息与安全,2014,32(5):13-19.

[4] 汪光焘,王婷. 贯彻《交通强国建设纲要》,推进城市交通高质量发展[J]. 城市规划,2020,44(3):31-42.

[5] TAIEBAT M, BROWN A L, SAFFORD H, et al. A Review on Energy, Environmental, and Sustainability Implications of Connected and Automated Vehicles [J]. Environmental Science & Technology,2018,52(20):11449-11465.

[6] 杨澜, 赵祥模, 吴国垣, 等. 智能网联汽车协同生态驾驶策略综述[J]. 交通运输工程学报, 2020, 20(5): 58-72.

[7] KOPELIAS P, ELISSAVET D, VOGIATZIS K, et al. Connected & Autonomous Vehicles-Environmental Impacts-A review[J]. Science of The Total Environment, 2019, 712: 135237.

[8] 朱冰, 张培兴, 赵健, 等. 基于场景的自动驾驶汽车虚拟测试研究进展[J]. 中国公路学报, 2019, 32(6): 1-19.

[9] 余荣杰, 田野, 孙剑. 高等级自动驾驶汽车虚拟测试: 研究进展与前沿[J]. 中国公路学报, 2020, 33(11): 125-138.

[10] 赵晓华, 陈雨菲, 李海舰, 等. 面向人因的车路协同系统综合测试及影响评估[J]. 中国公路学报, 2019, 32(6): 248-261.

[11] 杨家夏, 李雪玮, 赵晓华, 等. 基于视觉的高速公路施工区车路协同系统的驾驶分心[J]. 汽车安全与节能学报, 2020, 11(4): 493-502.

[12] CHANG X, LI H J, RONG J, et al. Effects of on-Board Unit on Driving Behavior in Connected Vehicle Traffic Flow [J]. Journal of Advanced Transportation, 2019: 1-12.

[13] ZHAO X H, XU W X, MA J M, et al. Effects of connected vehicle-based variable speed limit under different foggy conditions based on simulated driving [J]. Accident Analysis and Prevention, 2019, 128: 206-216.

[14] 伍毅平, 赵晓华, 荣建, 等. 基于驾驶模拟实验的生态驾驶行为节能减排潜力[J]. 北京工业大学学报, 2015(8): 1212-1218.

[15] TATCHIKOU R, BISWAS S, DION F. Cooperative vehicle collision avoidance using inter-vehicle packet forwarding[C]. IEEE Global Telecommunications Conference, 2005.

[16] WU Y, ABDEL-ATY M, PARK J, et al. Effects of Connected-Vehicle Warning Systems on Rear-End Crash Avoidance Behavior Under Fog Conditions [J]. Transportation research, 2018, 95: 481-492.

[17] 刘锴, 贾洁, 刘超, 等. 车路协同环境下道路无信号交叉口防碰撞系统警示效果[J]. 中国公路学报, 2018, 176(4): 226-234.

[18] DING H, ZHAO X H, RONG J, et al. Experimental research on the effectiveness of speed reduction markings based on driving simulation: A case study [J]. Accident Analysis & Prevention. 2013, 60: 211-218.

[19] WU Y P, ZHAO X H, CHEN C, et al. Modeling the Influence of Chevron Alignment Sign on Young Male Driver Performance: A Driving Simulator Study [J]. Accident Analysis & Prevention, 2016, 95: 479-486.

[20] YAO X L, ZHAO X H, LIU H, et al. An Approach for Evaluating the Effectiveness of Traffic Guide Signs at Intersections [J]. Accident Analysis & Prevention, 2019, 129: 7-20.

[21] ALI Y, SHARMA A, HAQUE M, et al. The impact of the connected environment on driving behavior and safety: A driving simulator study [J]. Accident Analysis & Prevention, 2020: 144, 105643.

[22] BAGDADI O, VARHELYI A. Development of a method for detecting jerks in safety critical events [J]. Accident Analysis & Prevention, 2013(50): 83-91.

[23] YAO Y, ZHAO X H, ZHANG Y L, et al. Development of Urban Road Order Index Based on Driving Behavior and Speed Variation [J]. Transportation Research Record, 2019 (7): 466-478.

[24] CHANG X, LI H J, RONG J, et al. Spatiotemporal Characteristics of Vehicle Trajectories in a Connected Vehicle Environment—A Case of an Extra-Long Tunnel Scenario [J]. IEEE Systems

Journal,2020,99:1-12.

[25] BRACKSTONE M,MCDONALD M. Car-following:A historical review[J]. Transportation Research Part F,Traffic Psychology & Behaviour,1999,2(4):181-196.

[26] 任福田,刘小明,荣建. 交通工程学-第 2 版[M]. 北京:人民交通出版社,2008.

[27] National Research Council. HCM 2010:highway capacity manual. 5th ed[M]. Transportation Research Board,2010.

[28] WALI B,KHATTAK A J,KARNOWSKI T. Exploring microscopic driving volatility in naturalistic driving environment prior to involvement in safety critical events-Concept of event-based driving volatility[J]. Accident Analysis & Prevention,2019,105277.1-105277.25.

[29] FENG Z,JI Y,LUO Y,et al. Questionnaire Survey-based Evaluation of Public Traffic Safety Awareness[J]. China Journal of Highway and Transport,2020(33):212-223.

[30] LUO H,QIU T,LIU C,et al. Research on fatigue driving detection using forehead EEG based on adaptive multi-scale entropy[J]. Biomedical Signal Processing and Control,2019(51):50-58.

[31] 赵晓华,许士丽,荣建,等. 基于 ROC 曲线的驾驶疲劳脑电样本熵判定阈值研究[J]. 西南交通大学学报,2013,48(1):178-183.

[32] 赵晓华,李佳辉,万钰涵,等. 基于相对熵模型的交通安全设施比选方法研究[J]. 重庆交通大学学报(自然科学版),2016,35(1):167-171.